決定版

面白いほどよくわかる!

家紋と名字

家紋監修 高澤 等
名字監修 森岡 浩

西東社

【知れば知るほど奥が深い 家紋の世界】

日本家紋研究会会長
高澤 等

世界には数多くの紋章文化が存在しますが、国単位で国民のすべてが所有してきた紋章文化としては、日本の家紋が世界唯一のものです。貴族社会の厳しい階級制度の中から生まれ、およそ千年の長きにわたり大切に紡ぎ続けてきた家紋は、時代ごとにさまざまな場面、用途で使われてきました。日本人の習俗や精神文化を簡潔で多彩なデザインに込め、現代では３００種類以上のモチーフに、家紋独自のルールに従ったアレンジが加えられて、その数は5万種類以上あるのではないかと思われます。そうした誇るべき家紋の文化を、本書では詳細に紹介したいと思います。

第1章では家紋のはじまりと、家紋が歩んできた歴史を紹介します。第4章は家紋の素材となったカテゴリーごとに紹介する家紋図鑑で、ここでは人気のある戦国武将の家紋なども紹介します。

大切な文化である家紋も、明治時代以降は徐々に忘れ去られつつある文化でもあります。今では冠婚葬祭の時以外に目にする機会も減っています。ですが家紋は、今生きている私たちまで血をつないでくれた先祖の一人ひとりの喜びや悲しみを見つめてきた証人なのです。

いわば家紋は、一族の想いが込められた過去と未来を結ぶバトンにほかなりません。

どうか読者の皆様も、本書を手に取り、いま一度自分の家紋を見つめ直し、そして気が遠くなるほど長い時間、私たちに血をつないでくれた先祖たちに想いを馳せてほしいと思います。

知れば知るほど奥が深い

名字の世界

姓氏研究家
森岡 浩

NHKのバラエティ番組『日本人のおなまえっ!』がはじまり、名字が話題になることが増えてきました。これまでは珍名さんの話題がほとんどでしたが、最近はいろいろな名字について取り上げられることが増えたような気がします。というのも、この番組でさまざまな方の名字について取材すると、別に珍名さんや由緒正しい名字でなくても、きちんとその由来を伝えている家が多いことから、「どんな名字にも由来はある」ということが再認識されたのだと思います。

日本には実にたくさんの名字があります。ただ、ネット上には三十万種類と書くところもありますが、そんなにはありません。とはいっても十万種類以上はあるのは確実で、百万種類を超すというアメリカには遠く及びませんが、世界有数の名字大国であることには間違いありません。

また、江戸時代以前、武士以外の階層でも名字を持っていたことは、今では歴史的事実として認識されています。ただし、公の場所では名字を名乗れず、公文書などにも記載されませんでした。本書では、2章でこのような名字のはじまりと歴史を解説、3章ではランキング形式で日本全国と都道府県別の名字の傾向を紹介します。資料や図表を用いた解説で、とりあえず名字についてひと通りの知識を得られるようになっています。本書に自分の名字が取り上げられている人も、そうでない人も、本書をきっかけに名字のルーツについて思いをはせて頂ければ、と思います。

❖CONTENTS

❖CONTENTS

CONTENTS

Column
誰かに話したくなる！
家紋と名字の豆知識

＜参考文献＞
『日本の名字・家紋大事典』監修：高澤 等、森岡 浩（ユーキャン）
『家紋の事典』監修：千鹿野茂、著：高澤 等（東京堂出版）
『日本人のおなまえっ！ 日本がわかる名字の謎』監修：森岡 浩（集英社インターナショナル）
『知っておきたい家紋と名字』監修：菅野俊輔、高澤 等、森岡 浩（宝島社）
『県別名字ランキング事典』森岡 浩（東京堂出版）
『47都道府県・名字百科』森岡 浩（丸善出版）
『名字でわかる あなたのルーツ』森岡 浩（小学館）
『日本紋章学』沼田頼輔（人物往来社）
『姓氏家系大辞典』太田 亮（角川書店）
『武家の家紋と旗印』高橋賢一（秋田書店）
『家紋・旗本八万騎』高橋賢一（秋田書店）
『大名家の家紋』高橋賢一（秋田書店）
『苗字と名前を知る事典』奥富敬之（東京堂出版）
『平安文様素材CD-ROM』八條忠基（マール社）

1、2章 欄外のマークの意味

- 用語　本文中に太字で示した用語の解説です。
- 雑学　テーマに関連した雑学の紹介です。
- 家紋　テーマに関連した別の家紋の紹介です。

【本書掲載の家紋について】
- 家紋は長い歴史を経て受け継がれてきました。元は手書きで、形や名称は時代とともに変化し、正しいものを確認するのが困難です。
- 本書は可能な限り、一般的な形と名称で家紋を掲載しております。線の太さや数、家紋の名称に関しては、他書と異なることがあります。以上の点を踏まえて、本書をご利用ください。

1章

家紋のはじまり、家紋の歴史

文様から一族の紋章へ。家紋はシンボルとして
約1000年の時を経て受け継がれてきました。
その歴史をさかのぼってみましょう。

家紋 01

家紋とは何か？　そのルーツは？

文字が読めなくても相手を認知できる

家紋とは、その家や一族の者たちが共有する紋章で、アイデンティティを示すものとして用いられてきました。また、識字率の低かった昔は、名字だけでは相手を見分けることができない者が多くいました。衣服や調度品、屋敷の表札に家紋を描いておけば、文字が読めなくても他者との識別がしやすくなるため、家紋が重宝されたのです。

厳しい身分制度によって、庶民が名字を名乗れなかった江戸時代も、家紋の使用は許されていました。そのため日本人の間では、先祖代々からの家紋を受け継ぐ文化が発展しました。諸外国にはあまり例がなく、日本独自の文化といえるでしょう。

土器に描かれた文様が家紋のルーツ？

日本には2万を超える家紋が存在するといわれ、デザインも多種多様。その多くは自然や植物、花鳥風月などをモチーフに描かれています。これらの家紋の源流は、どこにあるのでしょうか？

文字を持たない太古の時代には、文字の代わりに、絵を描いて何かを表現して伝えようとしました。縄文時代の土器に描かれた文様《もんよう》にも、さまざまな意味やメッセージが含まれています。日本に漢字が伝えられてからも、古墳の壁画や祭事の道具などには文様が描かれました。文様で何かを伝え、文様から何かを感じとる。人にはその感性が強く残っているのです。

奈良時代には中国から多くの文物が伝えられ、外来の文様も多く目にするようになります。その影響で、日本人が描く文様はさらに多様化しました。これらの文様がルーツとなり、やがて家や一族の印である家紋へと変化するのが、平安時代のことだといわれています。

雑学　縄文土器の文様の意味は、①文様で人のつながり、狩りの様子など物語を表現した、②共通の土器の形・文様によって、自分たちの文化や仲間意識を示した、などの理由が考えられる。

自然、植物に由来する家紋が多い

家紋のもとになった文様は、自然や草花、動物をモチーフに単純化したものが多い。

【青海波《せいがいは》文様】

写真：Getty Images

写真：TNM Image Archives

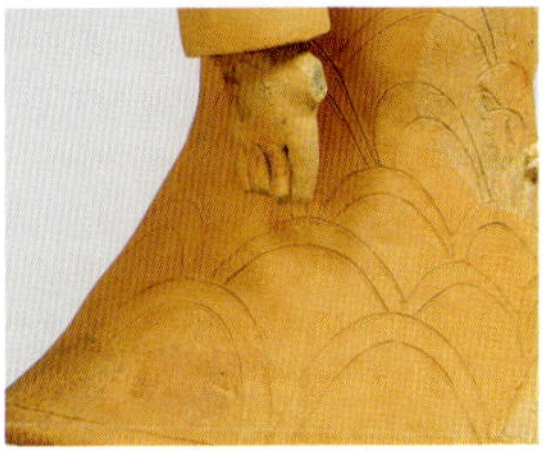

埴輪の文様（東京国立博物館蔵）

波模様は世界各地で見られ、青海波の文様は日本でも埴輪、絵巻物、着物などで用いられた。

【龍胆《りんどう》文様】

龍胆は平安時代から観賞花として親しまれ、貴族の着物の模様などによく用いられた。

【亀甲《きっこう》文様】

写真：Getty Images

着物の亀甲文様（京都染織文化協会蔵）

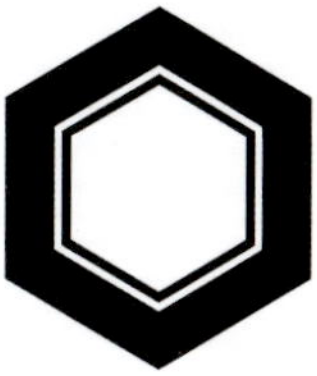

亀甲は古くから世界中の史跡で見られ、日本でも長寿の亀を連想させる吉祥文様として使われた。

COLUMN

公家社会が生んだ有職《ゆうそく》文様《もんよう》

公家社会で衣装、調度、建築で用いられた文様を、ほかの文様と区別して「有職文様」と呼ぶ。有職とは公家生活の規範や法式を指す言葉。

平安時代、公家の家柄によって特有の文様を使う習慣が生まれ、これが家の紋章である家紋の意義につながっていく。

有職文様は、「浮線綾《ふせんりょう》」「亀甲文」「小葵」「唐草文」などがあげられる。

『源氏物語絵巻』（国立国会図書館蔵）

家紋

02 公家の家紋は牛車《ぎっしゃ》を区別するため

家紋の起源は平安時代後期頃

貴族の**牛車**《ぎっしゃ》が道に列をなす眺めは、都の風物でした。しかし、誰が乗る牛車なのか見分けがつかないと困ることも多々あり、そのため平安時代の後期になると、牛車に各家の目印を描いて見分けをつけるようになりました。これが、家紋の起源だといわれています。

承久2年（1220）頃に成立した『愚管抄《ぐかんしょう》』には「春宮大夫《とうぐうのだいぶ》公実《きんざね》ノ嫡子ニタテテ、トモエノ車ナド伝エケルナリ」と、西園寺公実の牛車に巴《ともえ》紋が描かれていた記述があります。

また、系図集『尊卑分脈《そんぴぶんみゃく》』には、その祖父にあたる藤原実季《さねすえ》も、自分の牛車に巴紋を描いていたことが書いてありました。ここから、11～12世紀頃すでに、巴紋が代々の紋章として使われていたことがわかります。

衣装にも家紋を入れて家の権勢を誇示した

鎌倉時代初期の故実書『鎊抄《かざりしょう》』には「当家壮年ノ間龍胆《りんどう》多須岐《たすき》ヲ着シ」とあります。「当家」とは村上源氏の久我《こが》家のことで、龍胆を描いた文様を衣服に描いていた様子が記されています。牛車だけではなく、衣服にもどこの家の者かわかるように文様を描いていたようです。公家の力関係は家格や血脈がすべて。それだけに、常にそれがわかるような目印が必要でした。代々受け継ぐ家紋は、威勢を誇示するのに便利なものとして、貴族社会に定着していくようになります。

先祖にゆかりのある花などの文様が、家紋にはよく採用されました。菅原道真が愛した梅の花が、その末裔である菅家の家紋となったのは、その典型的な例です。しかし、複雑な図柄のものが多く、時代が進むにつれて簡略化されていきました。

用語

牛車：牛に引かせた屋形の乗り物。延暦13年（794）、平安京への遷都で道路が整備され、利用が盛んになった。乗る人の身分、公私によって車の種類が定められるなど、細かい作法があった。

公家の家紋

公家は牛に引かせた屋形車を愛用した。乗り物として利用しつつ、各々の文様を描くなど、屋形を飾りつけて華やかさを競い合ったという。

『平治物語絵巻』（国立国会図書館蔵）

平治元年（1159）に起こったクーデター「平治の乱」の様子。御所・三条殿の焼き討ちで、あわてて逃げ惑う公家の牛車には九曜文様が描かれている。家紋成立以前は、ほとんどの牛車が九曜文様をつけていた。

菅原氏

【梅鉢《うめばち》】

菅原道真は梅の花を好み、屋敷に多くの梅の木を植えて「白梅御殿」と呼ばれた。そのため菅原一族の家紋は梅紋で、道真をまつる天満宮も梅紋を用いている。

亀戸天満宮（国立国会図書館蔵）

西園寺家

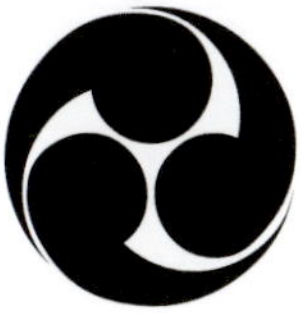

【左《ひだり》三《み》つ巴《ともえ》】

藤原北家の一門で、清華家の家格を持つ。京の北山に建立した西園寺が家名。庶流の橋本家、梅園家も巴紋。

久我家

【久《こ》我《が》龍胆車《りんどうぐるま》】

清華家の家格を持つ。龍胆紋は村上源氏の一族の文様として、中院家、岩倉家、六条家、久世家などが用いる。

徳大寺家

【徳《とく》大《だい》寺《じ》木瓜《もっこう》】

藤原北家一門で、清華家の家格を持つ。京衣笠の徳大寺が家名の由来で、車紋が御簾木瓜であるとされている。

家紋

03

目印を描いた旗で味方を識別した

目印を描いた旗で味方を識別した

戦場で味方の識別をつけるために、自軍の目印となる旗を掲げる風習が昔からありました。天武天皇元年（672）に起きた壬申《じんしん》の乱でも、大海人皇子《おおあまのおうじ》（天武天皇）の軍勢は赤色の旗を掲げて戦ったと伝えられています。

平安時代になると、武士たちは竿の先に目印を描いた布をつけ、これを戦場で掲げるようになりました。「流れ旗」と呼ばれ、合戦の必需品となってゆきます。旗は無地で紋章は描かれず、自軍の印となる色で染められていました。

源平合戦では、平氏が赤旗、源氏が白旗を掲げて戦っています。色にはそれぞれ意味があり、赤旗は朝廷の軍勢であることを意味するもので、天武天皇も使用していました。また、白は清和源氏が信奉する八幡神《はちまんじん》を象徴する色だったのです。

頼朝による白旗独占が家紋の発展を促した

平家の滅亡後、源頼朝は鎌倉幕府を開いて武家の頂点に立ちます。白旗は源氏の嫡流である頼朝だけのものと決められ、他者の使用を禁じました。そこで源氏一党は目印となる文様を流れ旗に描くようになります。『**吾妻鏡**《あづまかがみ》』によれば、鎌倉幕府軍が奥州の藤原氏を攻めた時、源氏の一党である佐竹氏は白旗を掲げて遅れて参陣しましたが、これを頼朝が見咎《みとが》めます。頼朝は扇を与えて、これを竿の上につけて白旗の代わりとするよう命じました。これが後に佐竹家の扇紋となるのです。

源平合戦の頃から、独自の文様やマークを描いた旗を掲げて戦った武士も一部にいました。戦場で活躍をアピールするには、自己を主張する目印が必要です。鎌倉時代には、武士は独自の文様を旗に描くことが普及し、これが家紋へと発展していきます。

用語

吾妻鏡：初代将軍源頼朝から６代将軍宗尊《むねたか》親王までの鎌倉幕府の事績を記した歴史書。歴代将軍と東国の武家の歴史にくわしく、徳川家康が愛読した。

源氏の白旗と平氏の赤旗

源平合戦の屋島の合戦では、白旗を掲げる源氏が陸側、赤旗を掲げる平氏が海側に布陣した。旗の位置によって、ひと目で軍容がわかる。

『源平合戦図屏風（一の谷・屋島合戦図）』（神戸市立博物館蔵）　写真：Kobe City Museum / DNPartcom

頼朝が与えた家紋

『吾妻鏡』などには、白旗を掲げる武士をとがめ、頼朝が印を与える場面が描かれている。

【五本骨扇《ごほんほねおうぎ》に月《つき》の丸《まる》】

佐竹氏が授かった紋。常陸国の武将で、平氏に味方したため頼朝から嫌われたが、奥州征伐に参加し許された。

【小紋村濃《こもんむらご》】

畠山氏が授かった紋。畠山氏は古くから頼朝の味方として鎌倉幕府を支えたが、北条氏の策略で滅亡。

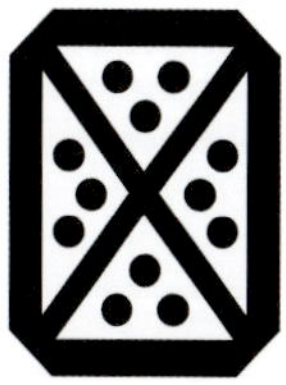

COLUMN

頼朝の家紋は笹龍胆ではない？

源氏の家紋は笹龍胆といわれるが、これまで見たように、頼朝は無紋の白旗をシンボルとし、笹龍胆は用いていない。

龍胆は村上源氏や宇多源氏の一族が使った家紋であるが、なぜか頼朝や足利尊氏など将軍家を出した清和源氏も龍胆紋を使っているという認識が定着。これにより生まれた誤解である。

笹龍胆《ささりんどう》

家紋

04 天皇家の家紋① 菊紋が皇室紋章になるまで

菊紋よりも古い皇室紋章が存在する

皇室の紋といえば菊紋というイメージがありますが、もっとも古くから皇室が紋章として用いたのは日月紋《じつげつもん》でした。皇祖神である天照大神《あまてらすおおかみ》とその弟神・月読尊《つくよみのみこと》は、太陽と月の化身。日本古来の自然崇拝の象徴でもあります。皇室の象徴として用いるには、もっとも適している紋とされたようです。

菊紋のほうは、鎌倉時代初期に後鳥羽上皇が好んで用いたのがその起源となります。菊は中国からの渡来植物です。延命長寿の薬用効果があるとされ、薬の原料として各地で栽培されました。菊は秋の季節を象徴する花として平安貴族に愛され、さまざまな形の菊紋も生まれました。『北野天神縁起絵巻』には、菅原道真に下賜《かし》された衣装箱に菊紋が描かれ、絵巻が描かれた鎌倉時代には菊紋が天皇家の紋章になっていたことがわかります。

明治維新後には正式な皇室紋章となる

菊をこよなく愛した後鳥羽上皇は、衣服や調度品にこの菊紋を使用したといわれます。『増鏡《ますかがみ》』には、皇室の神輿に菊紋があしらわれていたという記述もあります。また、上皇は刀剣に関心が高く、自ら刀を打つことを趣味としていました。自作の刀には菊の銘をつけ、これを味方の武士たちに贈っています。上皇が幕府との対立を深めるようになると、菊紋は勤王の象徴ともなっていきます。

承久3年（1221）、上皇は承久の乱に敗れて隠岐諸島に配流《はいる》されますが、菊紋のほうはその後も皇室で使用され続けました。16枚の花弁が表を向いて重なる「十六葉八重表菊紋《じゅうろくようやえおもてきくもん》」が皇室の紋として認知され、維新後の明治2年（1869）には、十六葉八重表菊紋が正式な皇室紋章であると太政官布告がされています。

家紋

菊水紋：菊水は中国河南省《かなんしょう》を流れる河川名で、その上流・甘谷《かんこく》に咲く菊花の露が落ちて流れ込んだ川の水を飲むと長寿になるという伝説から生まれた瑞祥《ずいしょう》紋。楠木正成の使用紋。

日月紋とは

太陽と月をかたどった家紋で、「日」は天照大神、「月」は月読尊を表すともいう。古来、東洋では広く皇帝を象徴する紋章で、皇帝では現在も日月紋を入れた旗が行事で使われる。

天照大神《あまてらすおおかみ》

日本神話の最高神で、太陽神にして皇室の祖神。日本の国土と神々を生んだ伊弉諾尊《いざなぎのみこと》・伊弉冉尊《いざなみのみこと》の娘。

日月紋《じつげつもん》

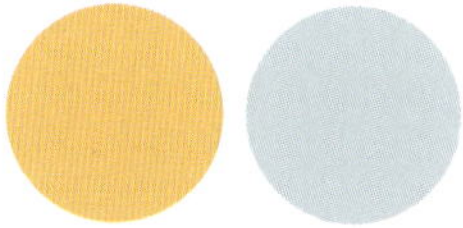

官軍の印である錦の御旗には日月紋が入る。また天皇の即位礼の時、日月紋を入れた旗が掲げられる。

月読尊《つくよみのみこと》

日本神話に登場する月の神で、天照大神の弟。父神に命じられて、夜の世界を支配する。

後鳥羽上皇と菊紋

後鳥羽上皇は刀剣をはじめ、身の回りのものに菊花の意匠をあしらった。

『太刀　菊御作』
（京都国立博物館蔵）

後鳥羽上皇が作製した「太刀 菊御作」には、二十四葉の菊花が刻まれている。これが、菊花紋のはじまりともいわれる。

【十六葉八重表菊《じゅうろくようやえおもてぎく》】

天皇家が使用する家紋。明治時代に天皇の紋章として定められ、他者の使用が制限された。現在は使用制限はないが、商標などに登録はできない。

家紋

05

個々の武士が家紋を持つ時代に

❖恩賞を得るにも家紋が必要だった

平安時代末期になると、大規模な合戦が頻発します。武士は味方を識別するために、自軍の目印となる旗を掲げて戦いました（⬇P14）。

戦場で武士が命を賭けて戦うのは、活躍に応じた所領や恩賞を得るためです。恩賞にありつくには、手柄を認めてもらわねばなりません。そのためには、遠くの本陣にいる大将の目にとまる印が必要だったのです。

『吾妻鏡《あづまかがみ》』（⬇P14）では、寛喜《かんぎ》2年（1230）に執権・北条泰時《やすとき》が夜中に軍勢を召集し、忠誠を誓う者は旗を預けるよう命じた記述があります。預けられた旗を見れば個人が特定され、自分に従う武将が誰なのかわかるというわけです。このことから、当時からすべての武士が個人の特定できる家紋を旗につけていたことがわかります。

❖戦場に張る陣幕にも家紋がつけられた

鎌倉時代後期の『蒙古襲来絵詞《もうこしゅうらいえことば》』には、島津氏が「十《じゅう》の字《じ》」、菊池氏は「並《なら》び鷹《たか》の羽《は》」など、九州の御家人たちが家紋を描いた旗印を掲げて戦う様が描かれています。全国の武士が家紋を持つようになり、また、分家は本家の紋を原形に新しい紋を作ることもありました。これにより、家紋の種類もどんどん増えていきます。

また、武士たちは旗だけではなく、あらゆるものに家紋をつけて戦場に持ち込むようになりました。鎌倉時代には合戦場の作法などもしだいに完成されていきます。

陣地に幕を張り巡らして飾るのもそのひとつ。これを陣幕と呼ぶようになりますが、陣幕には必ずそこに陣取る武将の家紋がつけられ、誰の陣であるか即座に判別できるようになっていました。

用語

蒙古襲来絵詞：鎌倉時代、元（中国）が日本に侵攻した事変（元寇）に参加した肥後（熊本県）の御家人竹崎季長《すえなが》が、自分の活躍を描かせた絵巻。戦闘の様子や武装の描写が正確といわれる。

家紋のついた旗

鎌倉時代に起こった文永・弘安の役の様子を描いた『蒙古襲来絵詞』には、家紋をつけた旗を持った武士が描かれる。なお、旗を持つ武士は「旗指《はたさし》」と呼ばれる。

肥後国の御家人、竹崎季長の旗には「三つ目結に吉文字」の家紋が描かれる。

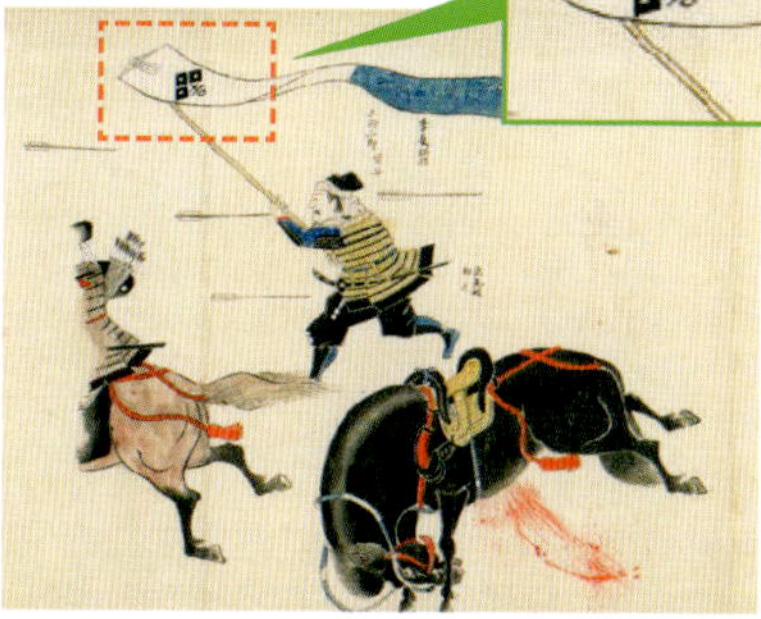
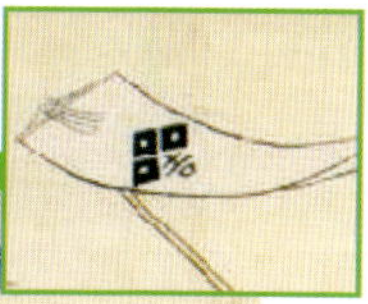

薩摩国守護、島津久親《ひさちか》の兵船には、「鶴紋と十の字」を描いた旗が見られる。

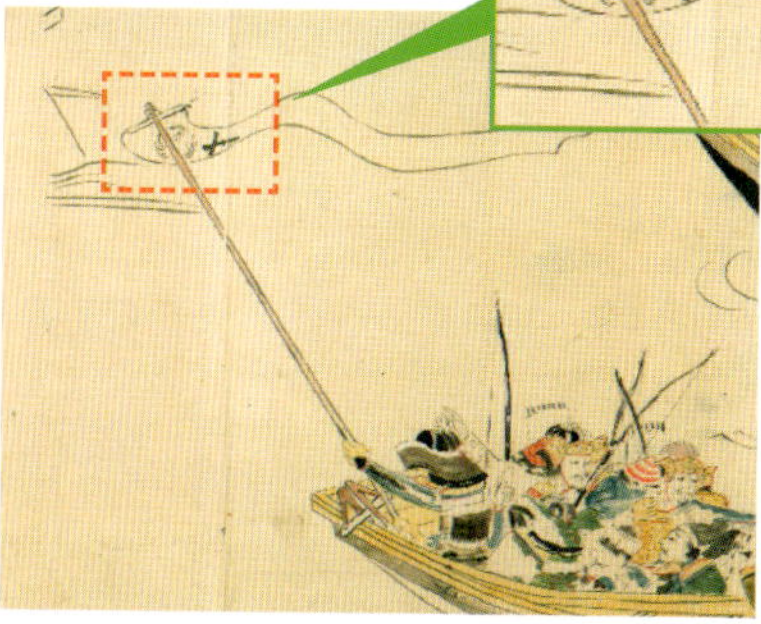
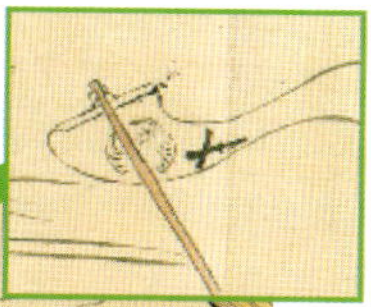

肥後国の御家人、菊池武房《たけふさ》の旗には「並び鷹の羽」の家紋が描かれる。

大宰少弐を務める少弐《しょうに》経資《つねすけ》の兵船には「四つ目結」を描いた旗が見られる。

『蒙古襲来絵詞』（九州大学附属図書館蔵）

陣幕とは

『前九年絵巻物』（国立国会図書館蔵）

合戦地にて野営する際、陣地に幕を張り巡らせた。鎌倉時代に描かれた『前九年合戦絵巻』には、家紋をつけた陣幕を使う様子が描かれている。

【対《むか》い鳩《ばと》】

源義家の陣地の陣幕には義家の家紋「対い鳩」が染められている。

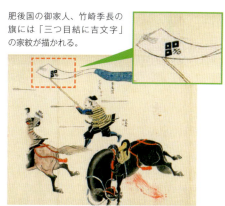

家紋

06 南北朝、室町時代の家紋の扱い

家紋入りの礼服が武士の作法となる

名字と同じように家紋は代々受け継がれ、個々の家の象徴となりました。武士は戦場の旗や陣幕だけではなく、あらゆるものに家紋をつけて家格を誇示するようにもなります。

南北朝時代の頃、武士の普段着だった直垂《ひたたれ》は、絹などの高価な素材を用いて改良され、礼服としても使われるようになります。これにも家紋を入れたものが見られるようになりました。室町幕府第3代将軍・足利義満も家紋入りの直垂を好み、功績のあった家臣に与えることもしていきます。

やがて、礼服の直垂に家紋をつけることが、武家社会の流行になります。直垂の背中や胸、袴の膝に大きな紋を入れることから「大紋《だいもん》」と呼ばれ、武士の礼装として定着するようになりました。また、この時代は武家の儀式や礼法が整えられ、小笠原流や伊勢流などいくつもの武家礼式の流派が生まれましたが、いずれの流派でも、礼服は家紋を入れた大紋ということになっています。

下級武士の間にも家紋入りの礼服が普及

大紋に入れる家紋の位置についても、細かな規定が設けられるようになります。また、大紋を簡素化した「素襖《すおう》」と呼ばれる衣服も考案され、下級武士はこちらの素襖を礼装に用いるようになりました。こうして、すべての武士階級に、家紋入りの衣服が浸透していきます。

武家政権が成立すると、武士の仕事場は戦場だけではなくなります。政治を行うには、儀式や礼法も整えねばなりません。優れた所作を見せる者は誰か、衣服の家紋を見れば一目瞭然です。戦場を離れても、武士は名誉を賭けた戦いを繰り広げることになるのです。

雑学 大紋は麻布で作られ、家紋は大きく白く染め抜きにして入れられた。家紋の位置は背中、左右の袖の中央、両胸（左右の前面袖付）、袴の両膝の上、左右の股立ち、袴の腰で計10個付けた。

家紋のついた衣服

家紋は家をアピールする印として、戦場から政治・儀礼の場での活用が進んだ。武家の礼服・直《ひた》垂《たれ》に家紋がつき、簡略化した素襖が生まれ、普及した。

【素襖】

『装束着用之図』（国立国会図書館蔵）

大紋《だいもん》

直垂に家紋をつけた武家の衣服。大きな家紋を要所につけた。室町時代から使われ、直垂、大紋、素襖の順で服装の格が決められた。

素襖《すおう》

直垂から生まれた武家の衣服。胸紐と菊綴（縫い目を補強する組紐）に革を用い、革緒の直垂とも。

【大紋と素襖の違い】

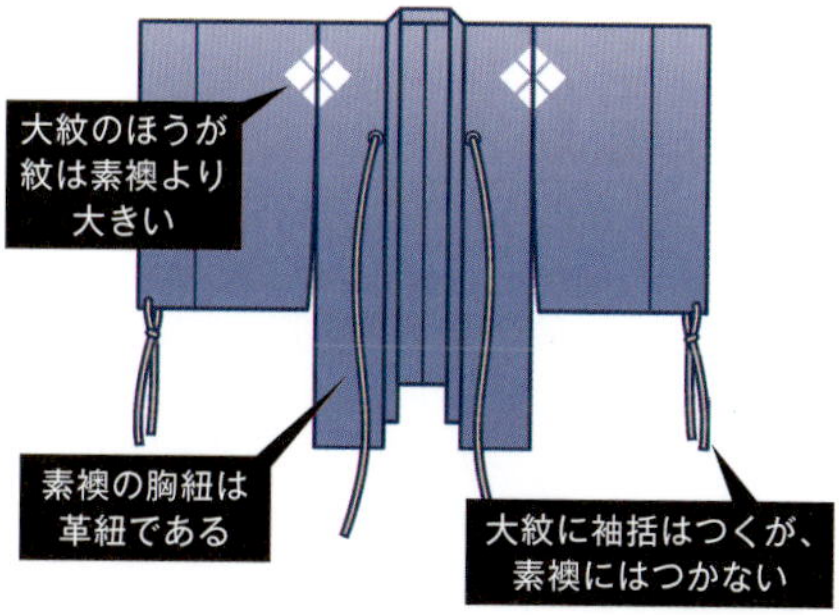
大紋のほうが
紋は素襖より
大きい
素襖の胸紐は
革紐である
大紋に袖括はつくが、
素襖にはつかない

武家の礼法

武家社会では弓馬術をはじめとする軍学、礼節・作法など礼式を武家の正式の礼法として定め、これに従った。小笠原流、伊勢流などの流派がある。

正月に行われた弓術始の儀式。小笠原流は江戸時代に武家の礼式として一般化し、明治以降も礼儀作法の基礎として、また学校教育に採用され、女性の礼式として普及した。

『千代田之御表　御射場始』（国立国会図書館蔵）

家紋

07

最古の家紋本『見聞諸家紋《けんもんしょかもん》』とは?

家紋について記した書物が増えてくる

代々受け継いできた家紋は、父祖の武功を示すもの。また、朝廷から下賜《かし》されたり、主君から与えられる家紋には、**家の権威を高める効果もあります。** 家紋は名字とならんで、武家社会になくてはならないものとなりました。

室町時代になると、旗や陣幕に家紋を入れて戦場に持ち込むだけではなく、**平時の調度品や衣服に家紋を入れる風習が定着**するようになります。

幕府にとっても個人の特定がしやすくなることは、都合のよいことでした。そのため、武士に家紋の使用を広める意図から、この頃には絵画や書物にも家紋がよく登場するようになります。たとえば、永享2年(1435)に鎌倉公方が常陸国《ひたち》(茨城県)の長倉城を討伐した様子を描いた『**羽継原合戦記《はねつくはらかっせんき》**』には、参陣した120氏の名と家紋が記してありました。また、天文元年(1532)に成立した事典である『**塵添壒嚢抄《じんてんあいのうしょう》**』にも、陣幕に描かれる幕紋が多数掲載されています。

日本最古の家紋集は室町時代に編纂

さらに、室町幕府8代将軍・足利義政の治世になると、応仁の乱で東軍が参集した武士を記録した名簿『**見聞諸家紋《けんもんしょかもん》**』が編纂されます。将軍家や守護大名はもちろんのこと、地方の国人領主など、310家に伝わる260の家紋が網羅されています。**家紋を図入りで収録した書物としては、これが日本最古のもの**とされています。

時代が進むにつれて家紋の数がますます増え、これを把握するのが難しくなってきました。合戦の論功行賞や式典をスムーズに執り行うには、武士たちの素性や家格がひと目でわかる家紋を知っておく必要が生まれます。

用語

塵添壒嚢抄:室町時代に編纂された百科事典。当時の風俗、故事や言葉の由来、寺社の縁起などが書かれている。その中で「幕紋事」としてどんな文様の幕紋があったか列記されている。

見聞諸家紋とは

1460～1470年頃に作られた日本最古の家紋集。足利将軍家、守護大名、国人など310家261紋が手書きで記されている。原本は失われ、写本のみが残る。

長尾氏

【九曜巴《くようどもえ》】

山内氏

【柏《かしわ》】

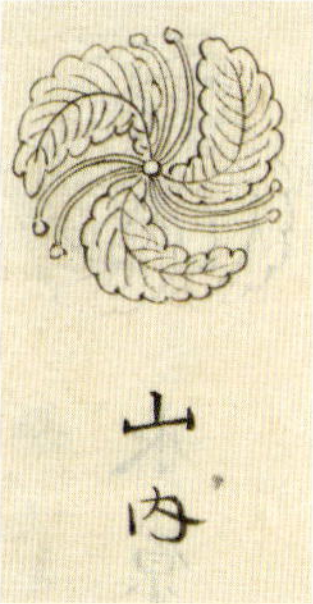

蒲生《がもう》氏

【対《むか》い鶴《つる》】

長井氏

【筥形《はこがた》に井筒《いづつ》】

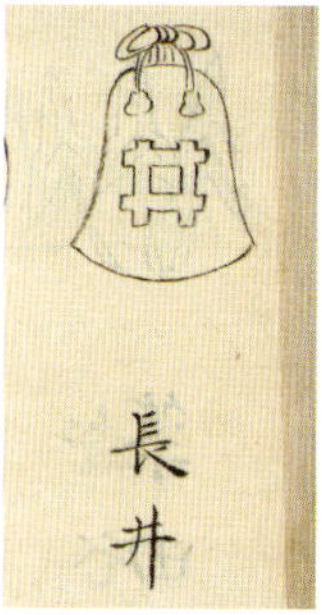

熊谷氏

【寓生《ほや》に鳩《はと》】

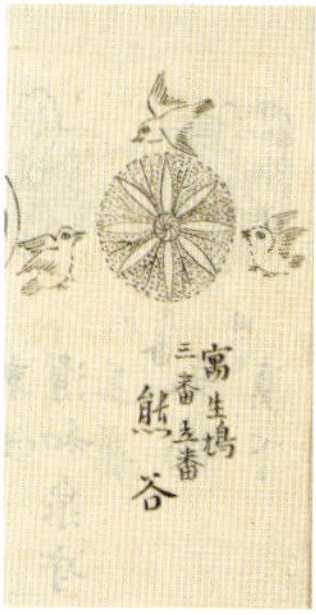

関氏

【揚羽蝶《あげはちょう》】

小笠原氏

【三階菱《さんかいびし》】

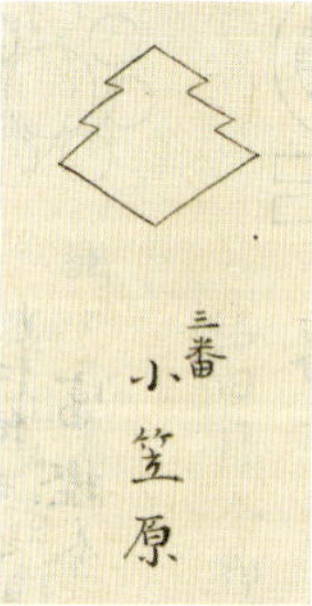

粟屋《あわや》氏

【花菱《はなびし》に扇《おうぎ》】

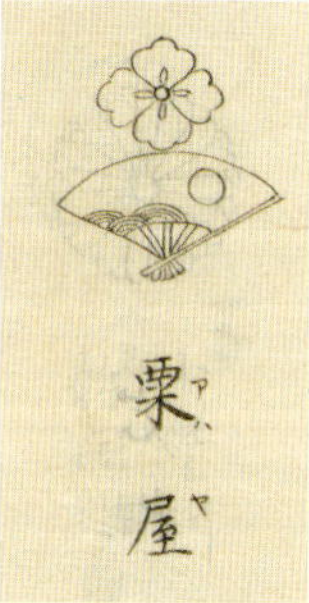

三吉氏

【吉《きち》の字《じ》に並《なら》び弦巻《つるまき》】

大竿氏

【雁金《かりがね》に菊水《きくすい》】

大友氏

【抱《だ》き杏葉《ぎょうよう》】

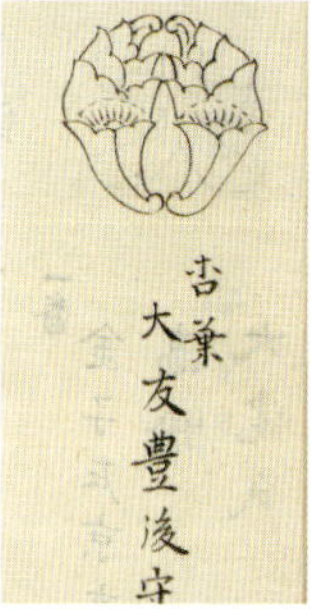

飯田氏

【並《なら》び矢《や》に三階松《さんかいまつ》】

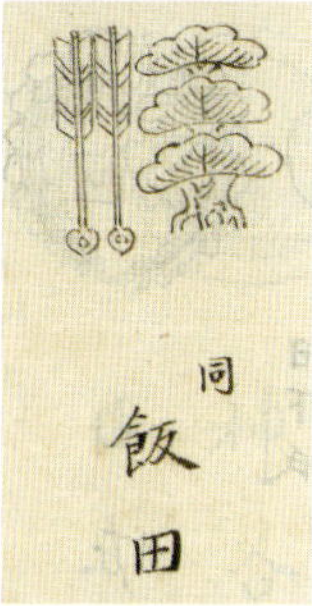

伊勢氏

【対《むか》い蝶《ちょう》】

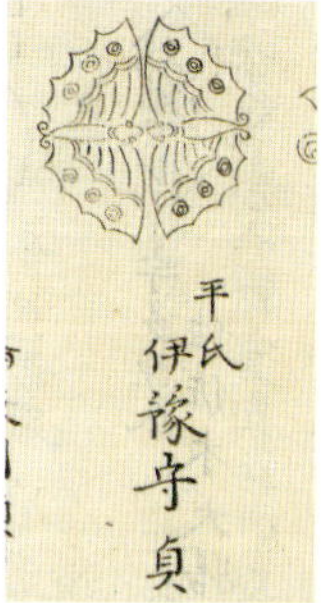

千葉氏

【九曜《くよう》】

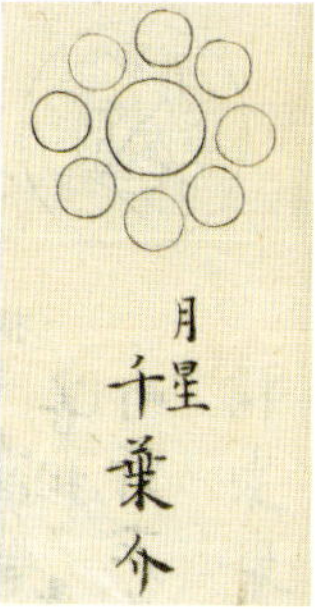

久世氏

【轡《くつわ》に星梅鉢《ほしうめばち》】

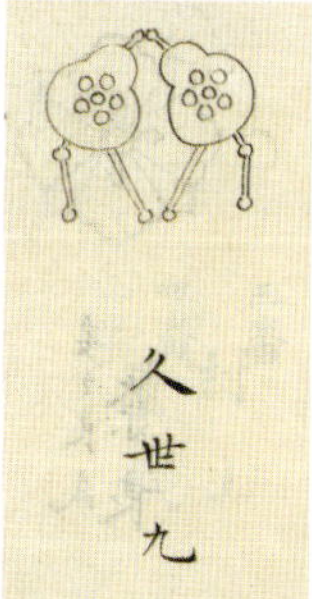

『見聞諸家紋』（国文学研究資料館蔵）

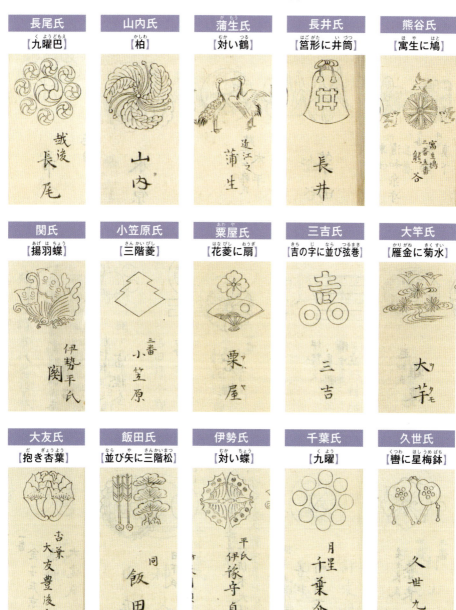

家紋 08

戦国時代、戦が増え家紋の種類が急増

世が乱れると家紋の数が増える!?

応仁の乱では大量の足軽が動員され、騎馬による一騎打ちから大軍が入り乱れて戦う集団戦へと、合戦の戦術は大きく転換しました。旗《はた》指《さし》物《もの》や足軽の甲冑に家紋を入れておけば、乱戦の中でもすぐに敵軍と友軍が判別できます。このため、ますます家紋は重宝される存在となりました。

また、乱世では親兄弟や親族が相争うことも増えました。同じ家紋を使っていると、戦場で見分けがつかずに混乱します。そのため、団結の印として同じ家紋を使っていた一族は、分家や庶子家が新しい家紋を作って使うようになります。多くの場合は本家の家紋を原形として細工をくわえました。徳川家の場合も、宗家の将軍家と御三家は「丸《まる》に三《み》つ葉《ば》葵《あおい》」の家紋ですが、水戸徳川家では茎なしの三つ葉葵を使用し、紀州徳川家でも茎なしで葉の数を変えるなどして、将軍家の家紋と見分けがつくようにしていました。

戦国武将の軍略にも家紋は大きく役立った

戦術の変化で、家紋は戦場の目印としてより重視されるようになりました。大将は家紋の入った旗指物を見て諸将の現在位置を知り、戦況を分析します。また、戦後の論功行賞のためにも諸将の家紋を把握しておく必要があります。しかし、乱世の時代状況が家紋の数を増やし、その判別をいっそう難しくしていきます。

そのため戦国大名は、独自の家紋入りの名簿を作成するようになりました。たとえば、上杉謙信が関東へ出陣した時には、２００家を超える在地の諸将を臣下としましたが、上杉氏はその家紋をすべて記録した『関東幕注文』を急いで作成。諸将の管理や指揮系統の整備に役立てたということです。

家紋

水戸三つ葵：常陸国（茨城県）水戸藩の徳川家の家紋で、徳川葵と比べると茎が丸の囲みと同化し、茎なしに見えるデザインにアレンジされている。

家紋の展開

本家の家紋はアレンジされ、分家などの新しい家紋として用いられた。

【武田菱《たけだびし》】

武田氏

武田宗家は定紋として武田菱と花菱を使った。武田氏の祖は武田義清で信義《のぶよし》はその孫。

【花菱《はなびし》】

甘利《あまり》氏

【割《わ》り菱《びし》】

信義の次男一条忠頼の次男行忠が祖。

秋山氏

【松皮菱《まつかわびし》】

信義の弟加賀美遠光の長男光朝が祖。

小笠原氏

【三階菱《さんかいびし》】

信義の弟加賀美遠光の次男長清が祖。

柳沢氏

【柳沢菱《やなぎさわびし》】

戦国期に武田氏家臣になった。

米倉氏

【米倉菱《よねくらびし》】

米倉氏は四方にヒシの葉の紋を作った。

溝口氏

【溝口菱《みぞぐちびし》】

越後国(新潟県)新発田藩溝口氏の家紋。

板垣氏

【地黒菱《じぐろびし》】

信義の三男板垣兼信が祖。

穴山氏

【三《み》つ盛《も》り花菱《はなびし》】

南北朝の甲斐守護信武の子義武が祖。

米倉氏

【隅《すみ》切《き》り花菱《はなびし》】

甲斐国米倉に土着。甘利氏に仕えた。

柳沢氏

【柳沢花菱《やなぎさわはなびし》】

柳沢吉保が川越藩に入封時に用いた紋。

COLUMN

家紋のカタログいろいろ

『関東幕注文』は、上杉謙信が関東地方に兵を進めた際に参集した諸将をまとめたもの。誌面には、上州国・白井衆の外山民部少輔は桔梗、岩下衆の齋藤越前守は六葉柏など、名前と家紋が列記されている。

図柄で表した家紋資料は戦国時代以降に多く登場する。旗指物の一種で馬印《うまじるし》（大将の位置を示す旗）をカタログ化した「御馬印」は、約170名の戦国武将の旗が描かれており、家紋も多く登場する。

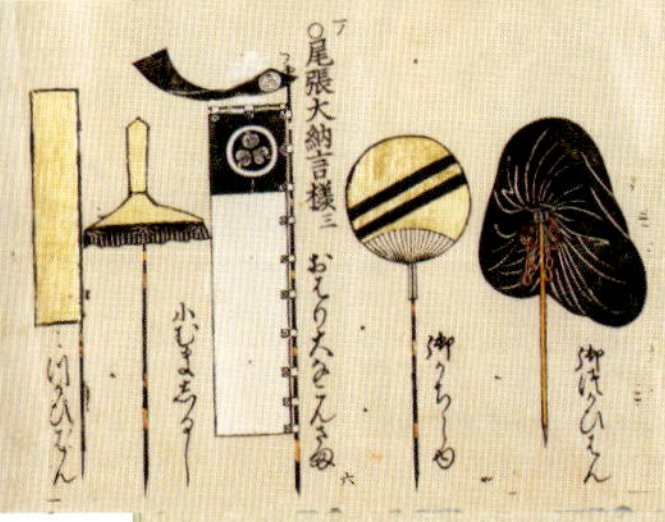

『御馬印』（国立国会図書館蔵）

家紋

09

関ヶ原合戦図屏風で見る家紋

【対《むか》い蝶《ちょう》】

1 大谷吉継《よしつぐ》

幼少より秀吉に仕え、西軍三成方として参戦。西軍を裏切った小早川秀秋の攻撃を受けて戦死した。

【福島沢瀉《ふくしまおもだか》】

2 福島正則

幼少より秀吉に仕えた勇猛な武将で、東軍家康方として参戦。指物旗は「山道」と呼ばれる図柄。

【剣片喰《けんかたばみ》】

3 宇喜多秀家

備前57万石の大名で秀吉死後の政権を支えた。西軍方で最大の兵力を率いた。秀家の右下に片喰紋がある。

❖ 40家超の武将が描かれる

江戸時代には、戦国時代の大規模な戦闘の様相を描いた屏風がブームとなります。大名家では先祖の活躍を誇るように、その家紋を掲げた軍団を中心に構図をまとめたものを絵師に依頼しました。関ヶ原合戦については井伊家に伝わる『関ヶ原合戦図屏風』など有名なものが多くあります。

東西両軍あわせて約16万人、40家を超える大名や諸将が集まって繰り広げられた天下分け目の戦いです。合戦図にもさまざまな軍団が入り乱れていますが、これも家紋を見れば伝承の通りに描かれていることがわかります。描かれた家紋で見てみましょう。

雑学 岐阜市歴史博物館が所蔵する『関ヶ原合戦図屏風』は「軍記物」には登場しない武将を陣地の配置図にこだわらず自由に置き、一般人でも楽しめるよう描かれたという。

『関ヶ原合戦図屏風』（岐阜市歴史博物館）

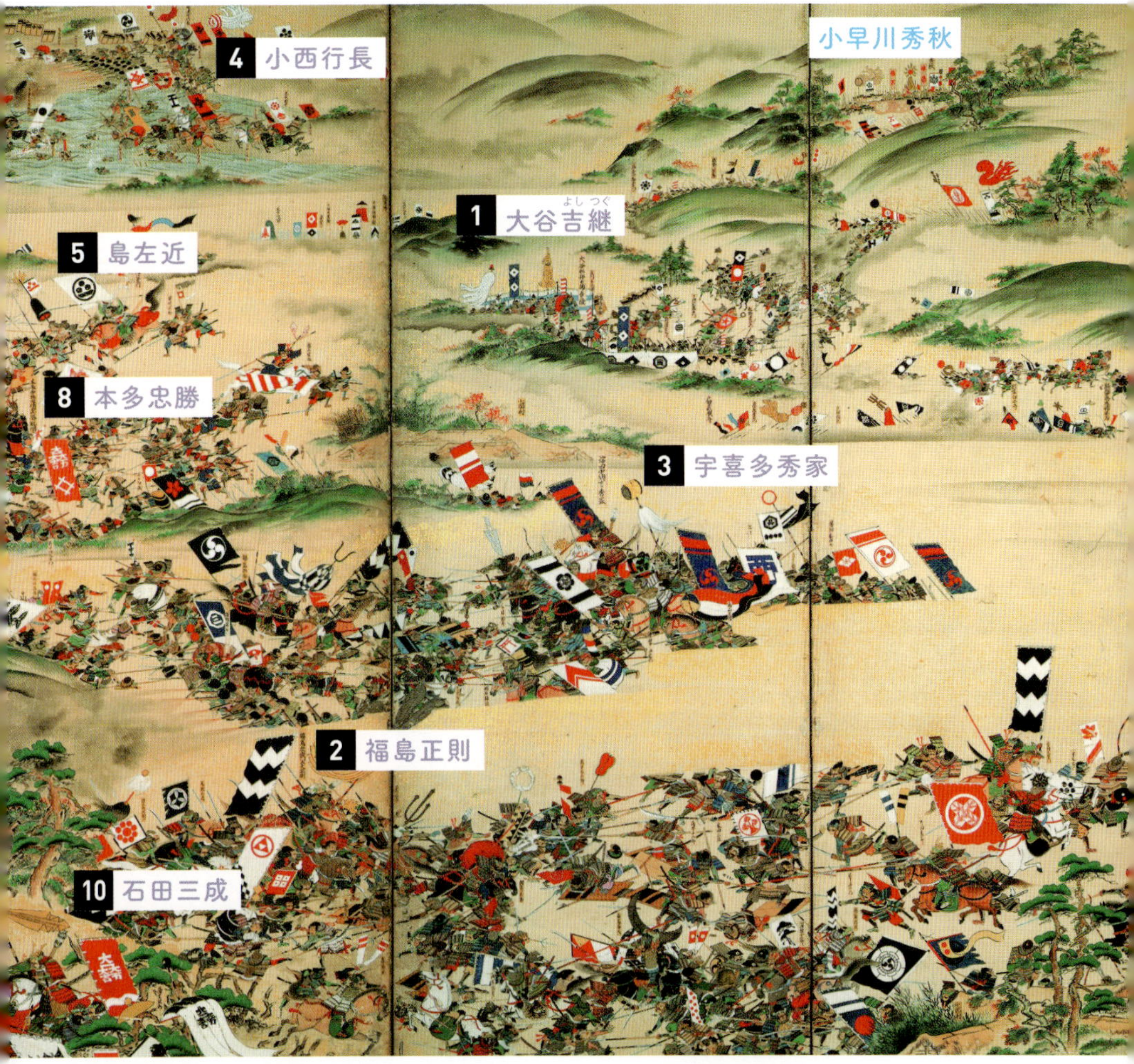

5 島左近

【丸《まる》に三《み》つ柏《かしわ》】

「治部少（三成）に過ぎたるもの」「鬼左近」とも呼ばれる三成の家臣。馬印は「丸に渡辺星」。関ヶ原では先鋒を務め、西軍の士気を高めた。

4 小西行長

【花《はな》久《く》留《る》子《す》】

肥後24万石のキリシタン大名。西軍として三成を支えたが、三成とともに京で処刑された。家紋は十字架をアレンジしたもの。

『関ヶ原合戦図屏風』（岐阜市歴史博物館蔵）

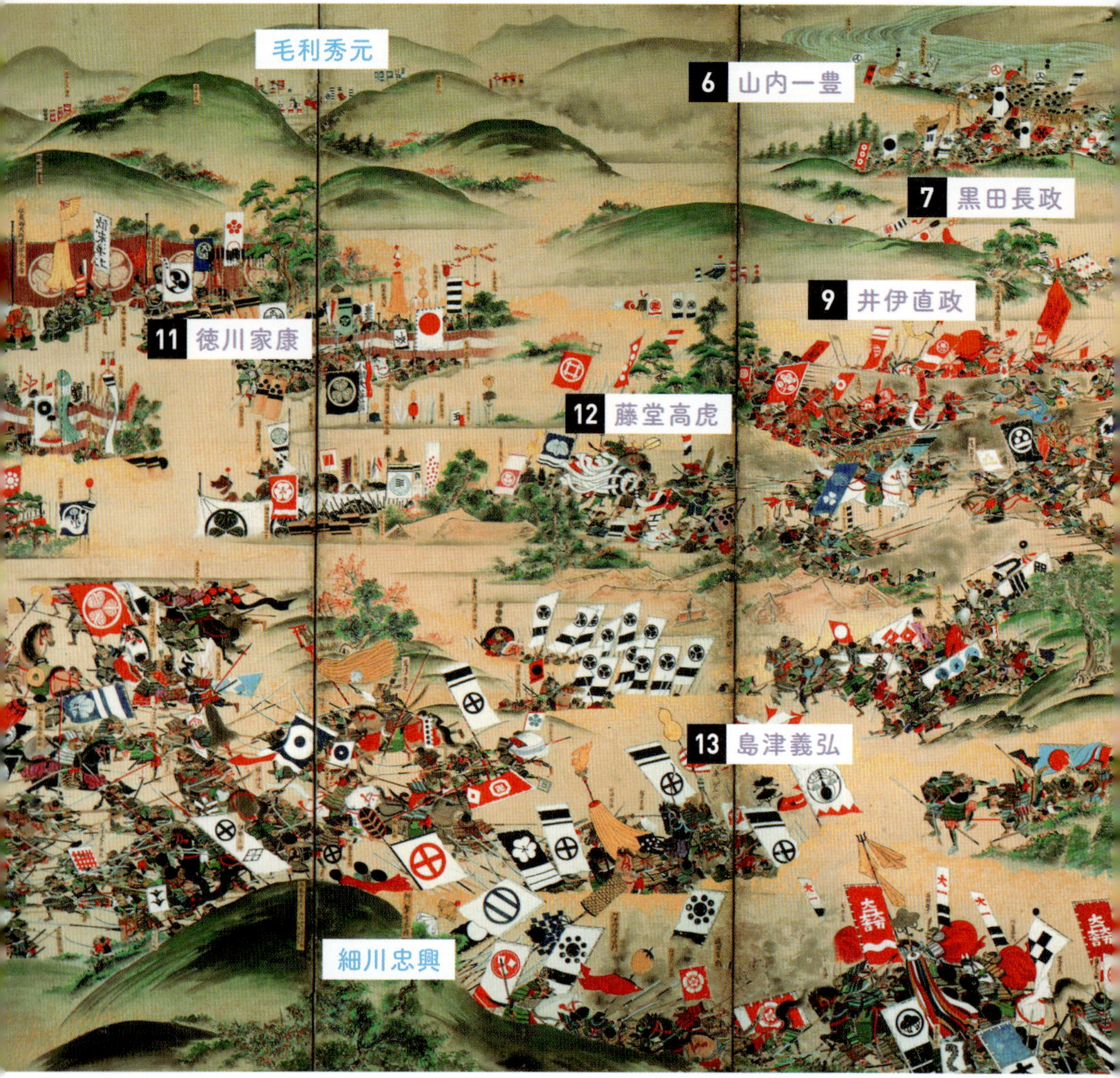

11 徳川家康

【徳《とく》川《がわ》葵《あおい》】

秀吉の死後に三成と天下を争い勝利し、江戸幕府を開く。陣幕に「三つ葵（徳川葵）」が描かれている。

10 石田三成 ▶P27

【大《だい》一《いち》大《だい》万《まん》大《だい》吉《きち》】

秀吉の家臣で、家康討伐の兵をあげて関ヶ原で対陣。旗印には「大一大万大吉」が描かれる。

【土《と》佐《さ》柏《かしわ》】

6 山内一豊

信長と秀吉に仕え、東軍家康方につき、戦後は土佐20万石を領した。旗印には「丸に三つ柏（土佐柏）」が見られる。

【藤巴《ふじどもえ》】

7 黒田長政

秀吉の家臣で東軍家康方につき、戦後は筑前52万石を領した。黒田氏は「藤巴」と「黒餅」を用いた（旗印は黒餅）。

9 井伊直政

【彦《ひこ》根《ね》橘《たちばな》】

家康に見いだされ家臣に。旗や武具を赤色に統一し「井伊の赤備え」と呼ばれ、合戦では先鋒をつとめた。

8 本多忠勝 ▶P27

【丸《まる》に立《た》ち葵《あおい》】

幼少より家康に仕えた生涯無傷の武将。戦後は伊勢桑名15万石を領した。旗印に「丸に立ち葵」が見られる。

13 島津義弘

【丸《まる》に十《じゅう》の字《じ》】

薩摩・大隅の大名。西軍三成方につき、敵中突破しての退却戦を行う。旗印には「丸に十の字」の紋が描かれる。

12 藤堂高虎

【蔦《つた》】

浅井長政と秀吉に仕えた武将。東軍家康方につき、伊勢津32万石を領した。馬印に「蔦」紋が見られる。

家紋
10

天皇家の家紋② 天皇家と桐紋

❖菊紋よりも古い桐紋の歴史

天皇家はさまざまな紋章を使っていますが、桐紋もまたそのひとつ。菊紋よりも歴史は古く、天皇家がこれを身につけるようになったのは平安時代初期の第52代嵯峨天皇の代にまで遡ります。

後の天皇が儀式に用いる衣服に桐の図柄を入れたことが、天皇家における桐紋のはじまりです。天皇が儀式で着用する衣服は「黄櫨染御袍《こうろぜんのごほう》」と呼ばれました。櫨の樹皮で赤みがかった黄色に染めてあり、この色は天皇以外には着用できない禁色とされ、天皇を象徴するものです。そのため衣服にあしらわれた桐紋も、皇室の家紋として強く印象づけたのです。

❖下賜された桐紋は2種類

桐紋はまた、天皇家から時の権力者にも下賜《かし》されました。足利将軍や豊臣秀吉らは、賜った桐紋を一族や家臣にも与えています。天皇から直接賜った紋は5、7、5の配列で桐が並ぶ「五七桐《ごしちきり》」ですが、これがその家臣などに渡る時には5、3、5に配列された「五三桐《ごさんきり》」になります。

武家社会では、世の中で認められる武功や忠義の証として、桐紋が尊重されていきます。特に秀吉は主従の絆を強めるため、臣下の武士に官位を授ける際、豊臣朝臣の姓とともに桐紋を与え、桐紋を持つ武士の数を増やしました。

江戸時代、徳川家は葵紋の権威を保つために、天皇家からの家紋の下賜を断っていました。一方で、旗本や大名には先祖から受け継いだ桐紋を使う者が多く、幕府が編纂《へんさん》した公式家紋集に掲載された家の20%が桐紋で占められました。

明治維新後は政府高官が大礼服《たいれいふく》に桐紋をあしらうのが慣例となり、日本政府の紋章として定着していきます。

雑学　桐紋は内閣府以外でも見られ、法務省、皇宮警察の標章が五三桐であるほか、検察事務官、司法書士、土地家屋調査士は五三桐をアレンジしたバッジ、弁理士は菊と桐をあわせたバッジである。

皇室と桐紋

皇室で桐紋が使われたのは、嵯峨天皇が桐文様の入った皇室祭儀の装束を着たのがはじまりといわれる。武家にとって桐紋をもつことは武功があった証明であり、さらに秀吉が勲功に桐紋を乱発したことで、多くの武家が桐紋を持った。

五七桐《ごしちきり》

天皇の用いた桐紋。室町時代以降、足利尊氏、豊臣秀吉に下賜された。秀吉はたびたび桐紋の乱用を禁止する旨の定めを出している。

【五三桐《ごさんきり》】

五七桐をアレンジし花を少なくした桐紋。「丸に五三桐」の使用家は桐紋全体の70%を占める人気紋。

【太閤桐《たいこうぎり》】

豊臣秀吉は下賜された桐紋に独自のアレンジを加え、「太閤桐」と呼ばれる桐紋をいくつか使用した。

【桐竹鳳凰文《きりたけほうおうもん》】 桐、竹、鳳凰を配した吉祥文様。太平の世を治めた善君の証を表す。

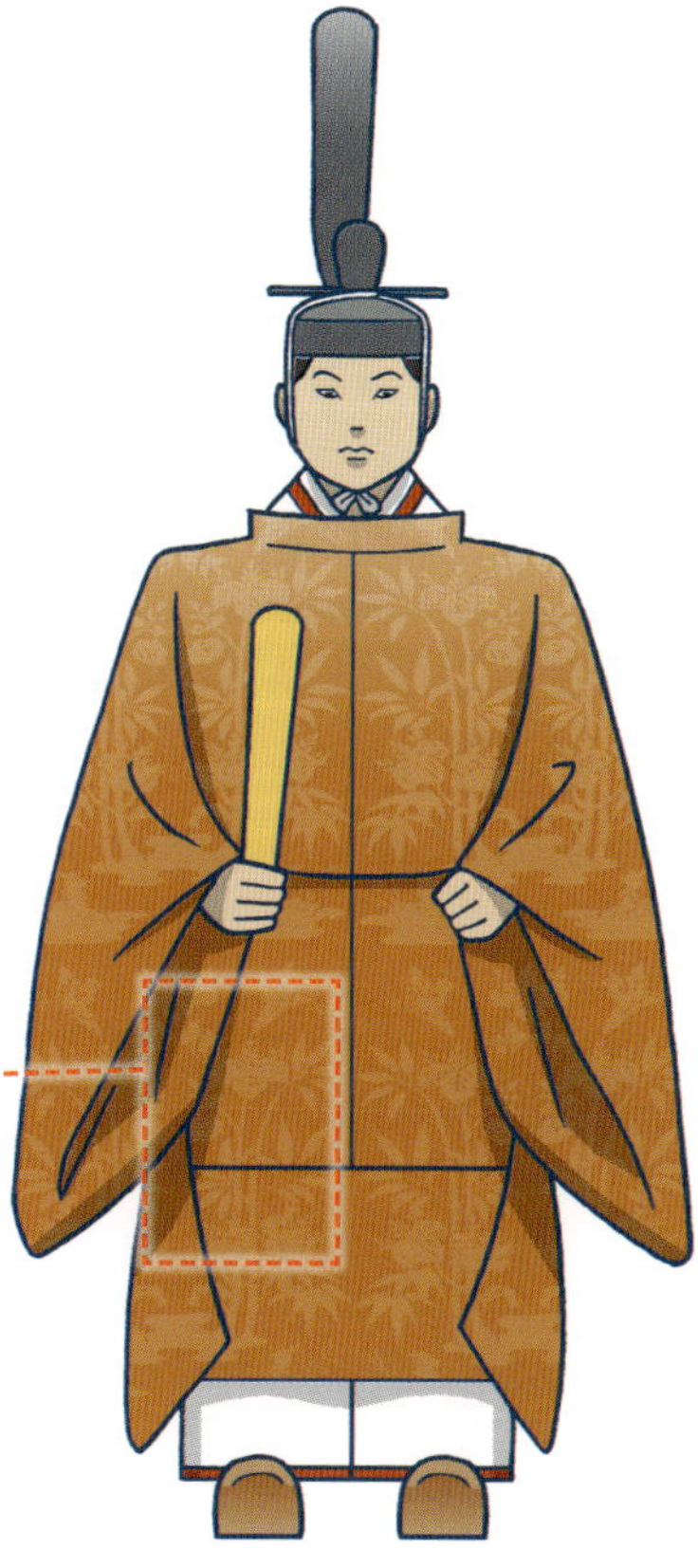

【黄櫨染御袍《こうろぜんのごほう》】

皇室祭儀用の装束には、桐竹鳳凰文と呼ばれる文様が入っている。

家紋

11

江戸時代、家紋はステータスシンボルに

❖太平の世になっても武士は家紋を重視

江戸幕府が開かれ太平の世が訪れると、家紋を入れた旗指物《はたさしもの》を翻《ひるがえ》して戦場を駆けることもなくなりました。しかし、儀礼の場などでは家紋がより重視されるようになります。

江戸時代になると武家の礼儀作法は、約束事が増えてより複雑になっていきました。家格や役職、立場によって挨拶のやり方や口上が違ってきます。間違えると大変な失礼となり恥をかき、悪くすれば出世にもかかわります。そのため会議や式典では、出席者の家格や役職、そして家紋を知っておく必要がありました。大勢が集まり顔を知らない者が多い席でも、衣服にあしらわれた家紋を見ればすぐに何者なのか判別できます。

大名行列でも提灯《ちょうちん》や駕籠《かご》には、家紋が入っています。江戸城の大手門には、諸大名の家紋を熟知した下座見役《げざみやく》を配置していました。下座見役が登城してきた大名の家紋を確認し、城中の応対役に到着を知らせるシステムができあがっていたのです。

❖家紋を見間違えて殺人事件が起こる?

諸大名や旗本の間では、親交が深くない人物でもない限り、相手の顔よりも家紋を見て個人を特定する習慣がついていたようです。それが時として悲劇をまねくこともありました。

延享《えんきょう》4年(1747)に肥後熊本藩主・細川宗孝《むねたか》が、江戸城内で旗本・板倉勝該《かつかね》に背後から斬られて殺害される事件が起きました。これがとんでもない人違い。細川家の九曜紋が、勝該の恨みの相手と同じ家紋だったことから、人間違いをしたのです。事件後、細川家では家紋の見間違えを防ぐため、九曜をアレンジ。さらに礼服につける紋を5つから7つに増やし、「**細川の七つ紋**」と呼ばれるようになります。

用語

細川の七つ紋：「五つ紋」は、裃《かみしも》の両胸、両袖の裏（後側）、背中の５か所に家紋をつけるが、細川家では両袖の表（前側）にもつけて計７か所にして、どこから見ても紋がわかるようにした。

家格を家紋で判断

江戸幕府は大名の間にも厳格な上下関係をつけて、その家格を家紋で判断した。また年始祝い（下図）などの年中行事や参勤交代で、大名たちを江戸城に登城させ、武家礼法を守らせた。

玄関先に供できる家臣の人数は
5人までの制限
玄関から先は
大名1人だけで行動した

『千代田之御表 正月元日諸侯登城御玄関前之図』（国立国会図書館蔵）

COLUMN

家紋で人違い!?

板倉勝該は板倉家の「九曜巴」を見間違え、細川宗孝を斬った。

【九曜巴《くようともえ》】

板倉勝該が恨みを持ったのは板倉家当主。板倉家の家紋は「九曜巴」。

↓

【九曜《くよう》】

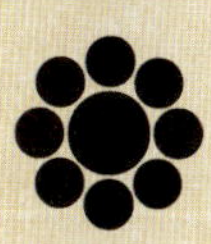

細川家の家紋は「九曜」。見誤った勝該は、細川宗孝を斬り殺す。

↓

【細川九曜《ほそかわくよう》】

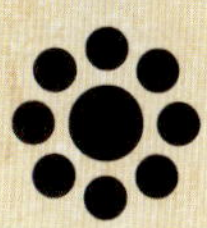

事件後勝該は切腹。細川家は中央と周囲の星を離した家紋に変更。

武士の公服、裃

江戸時代の武家の礼装で、長袴《ながばかま》をはく長裃《ながかみしも》は格式の高い武家の礼装、切袴《きりばかま》をはく半裃《はんかみしも》は普通の武士の公服とした。家紋は両胸と背中、袴の腰につけた。

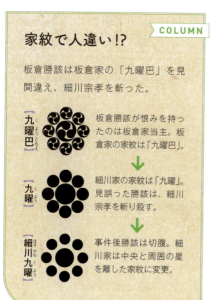

袴の腰板にも
紋をつけた

家紋

12 江戸時代に作られた3大家紋集

家紋集は江戸時代のベストセラーだった

室町時代～戦国時代に比べると、江戸時代は家紋の数や活用場面はさらに増えました。時代に対応するため、3冊の家紋集が出版されています。

江戸は大勢の武士や町人たちが混住する巨大都市です。商人や職人は武士相手の取引もさかんに行っていました。しかし、武士とのつき合いには、町人といえども相手の役職や家格を把握しておかねばなりません。そのため、旗本の氏名と役職や石高、家紋を記した『武鑑《ぶかん》』が重宝されました。

『武鑑』がはじめて出版されたのは、寛永年間（1642～1644）のことです。旗本たちの人事異動にあわせて1年ごとに出版され、京や大坂など全国各地でも売られました。地方から江戸を訪れた者にとって、『武鑑』はガイドブックとしても利用されたのです。

十数年を費やした究極の系譜集

幕府は、十数年の歳月を費やして、文化9年（1812）に『寛政重修諸家譜《かんせいちょうしゅうしょかふ》』を完成させます。2133家の大名・旗本の家譜と家紋が掲載された幕府公式の系譜集です。第3代将軍・徳川家光の頃から、幕府は戦国時代の野蛮な風習から脱却する文教振興を基本政策として、儀礼を整えることに熱心でした。そのため、『武鑑』のような名鑑なども多く出版されましたが、『寛政重修諸家譜』はその集大成というべきもの。完成した本は将軍に献上され、現在も国立公文書館に保存されています。

公家社会でも家紋は重視されていました。天保8年（1837）には皇族や公家、門跡寺院などの系図や官位、所領高、紋所をまとめて記載した『雲上《うんじょう》明覧《めいらん》』が刊行され、幕末期の慶応3年（1867）になるまで増補改定をくわえながら使われました。

雑学　『武鑑』の版元はおもに２つ、江戸最大の版元・須原屋茂兵衛《すはらやもへえ》と幕府の御書物師・出雲寺和泉掾《いずもじいずみのじょう》は争うように発刊し、掲載情報は充実していったが、幕末、須原屋が出版独占に成功する。

武鑑

民間の書店が刊行した大名、旗本、諸役人の情報を記した名鑑。江戸時代前期から幕末まで、毎年改訂されて出版された。

『明和武鑑』（国文学研究資料館蔵）

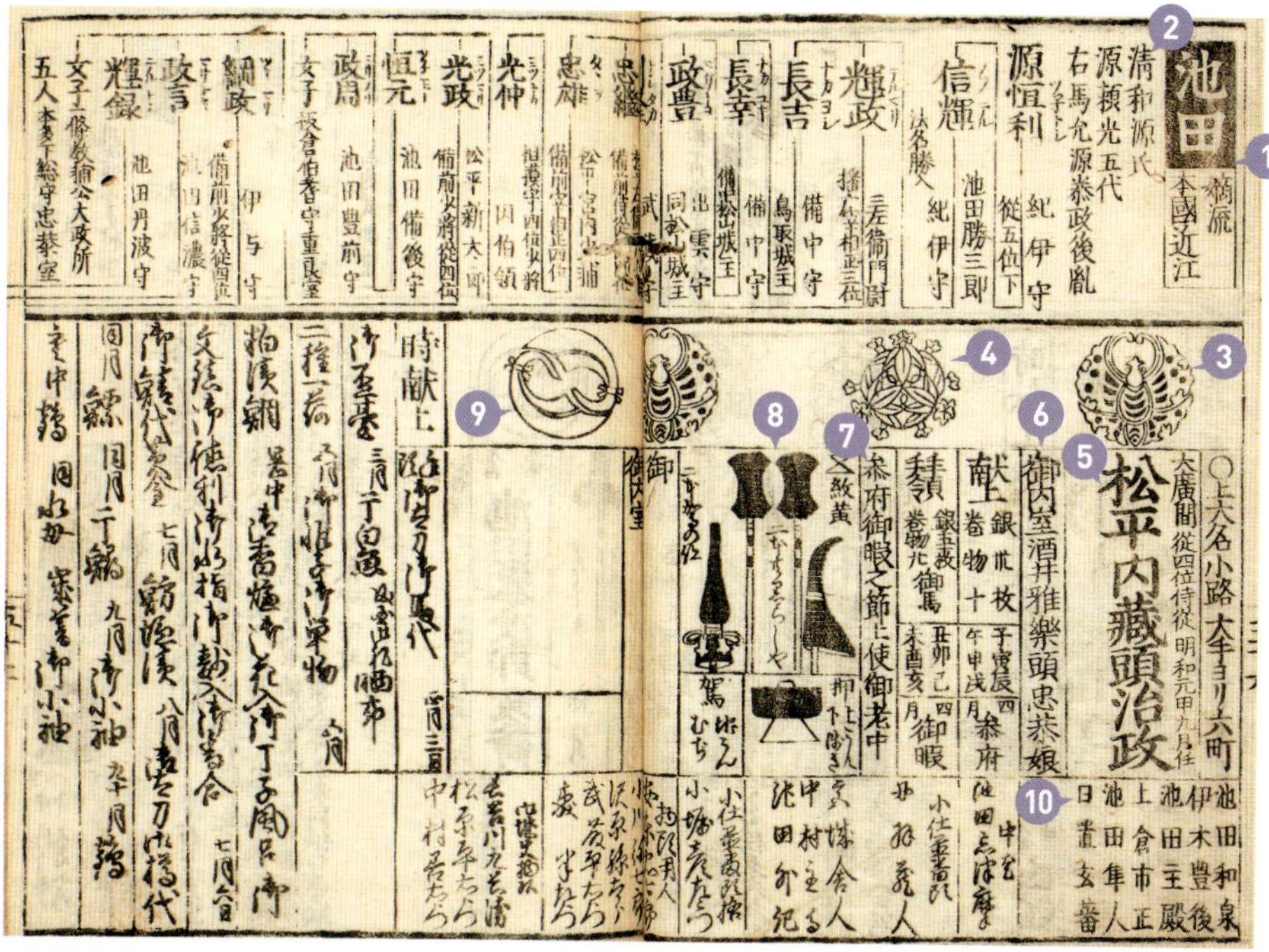

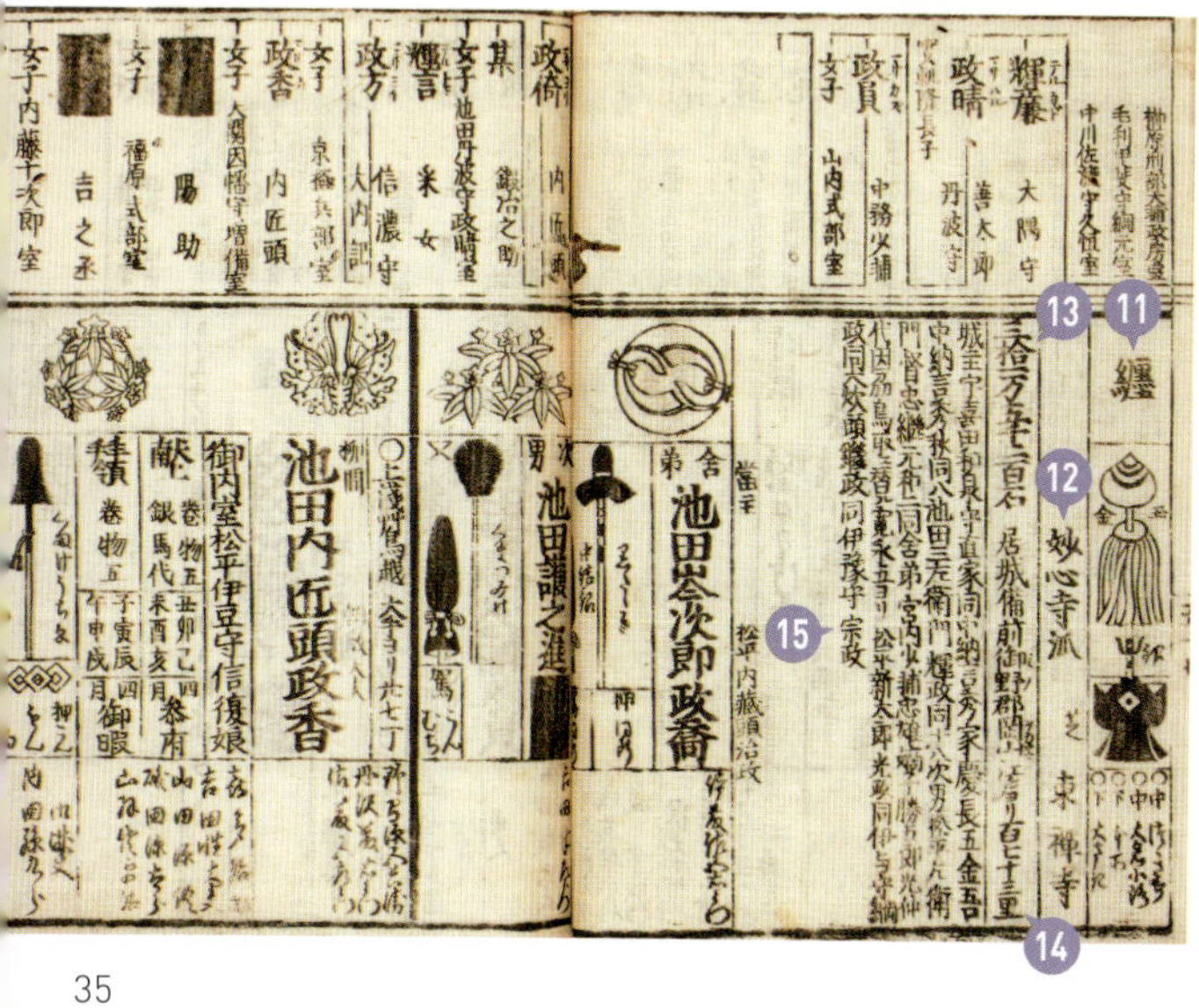

1 名字と本国
2 系図
3 定紋
4 替紋
5 当主の名前
6 妻の出自
7 役職
8 大名行列の槍袋の形
9 嫡子の名前や家紋
10 家老の名前
11 纏（武将の目印となる馬印）
12 宗派と菩提寺
13 石高と居城
14 居城から江戸までの距離
15 歴代城主の情報

寛政重修諸家譜

十数年をかけて編纂した、1530冊からなる江戸幕府公式の系譜（一家の系図と略歴）集で、家紋の名前も約2000個が記されている。写真は古賀氏の解説で、古賀精里《せいり》は「寛政の三博士」と称された学者。このような形で大名、旗本、幕臣の情報が掲載されている。

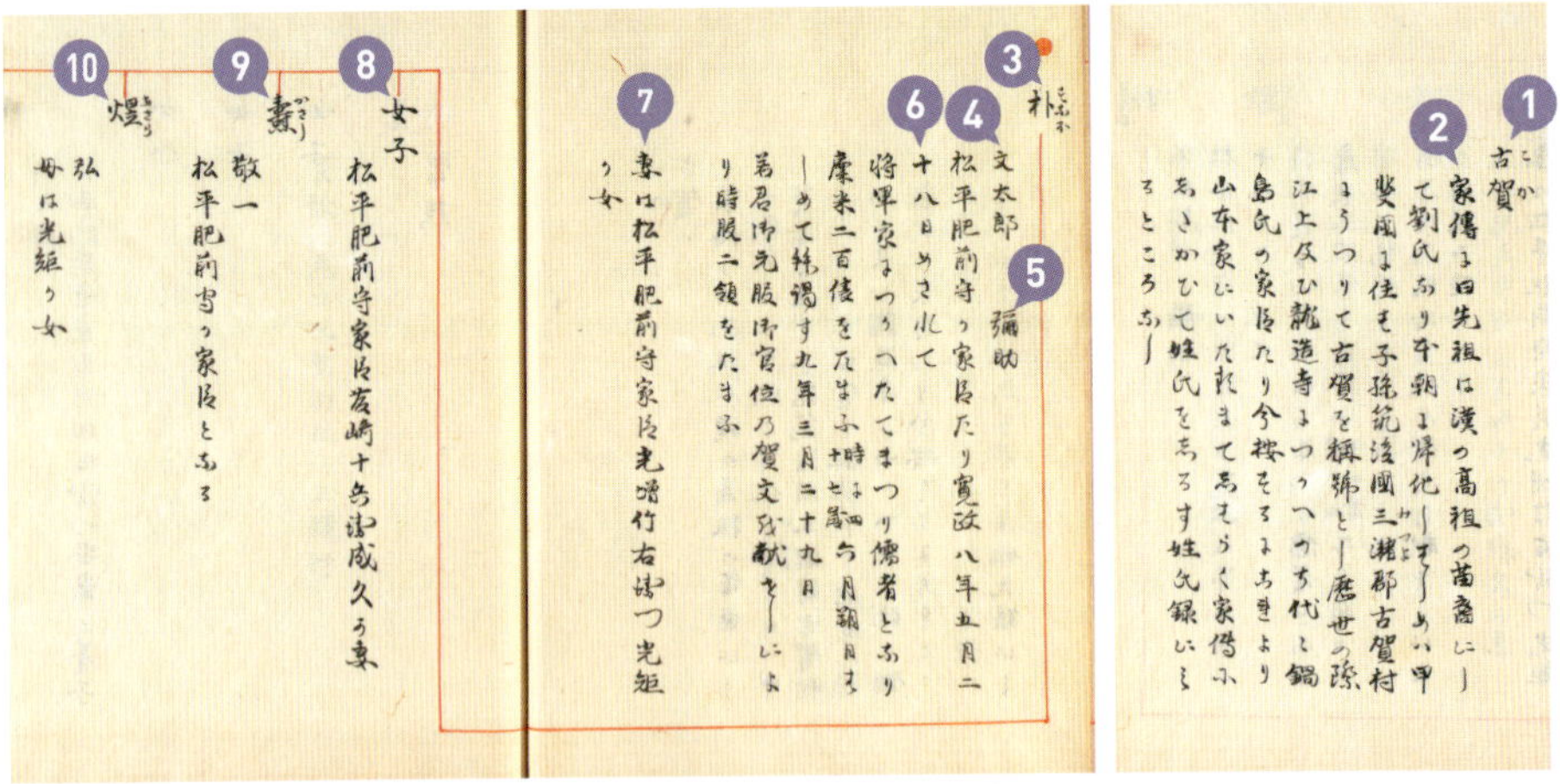

『寛政重修諸家譜』（国立国会図書館蔵）

1 名字
2 名字の由来
3 実名（ここでは朴）
4 幼名（ここでは文太郎）
5 通称（ここでは彌助）
6 略歴
7 妻の出自
8 女の子供は「女子」と記した
9 長男の実名（燾《おほふ》）
10 次男の実名（煜《あきら》）

11

【丸《まる》に二重釘抜《にじゅうくぎぬき》】

【三《み》つ鱗《うろこ》】

古賀氏の家紋。丸に二重釘抜と三鱗形と書かれている。

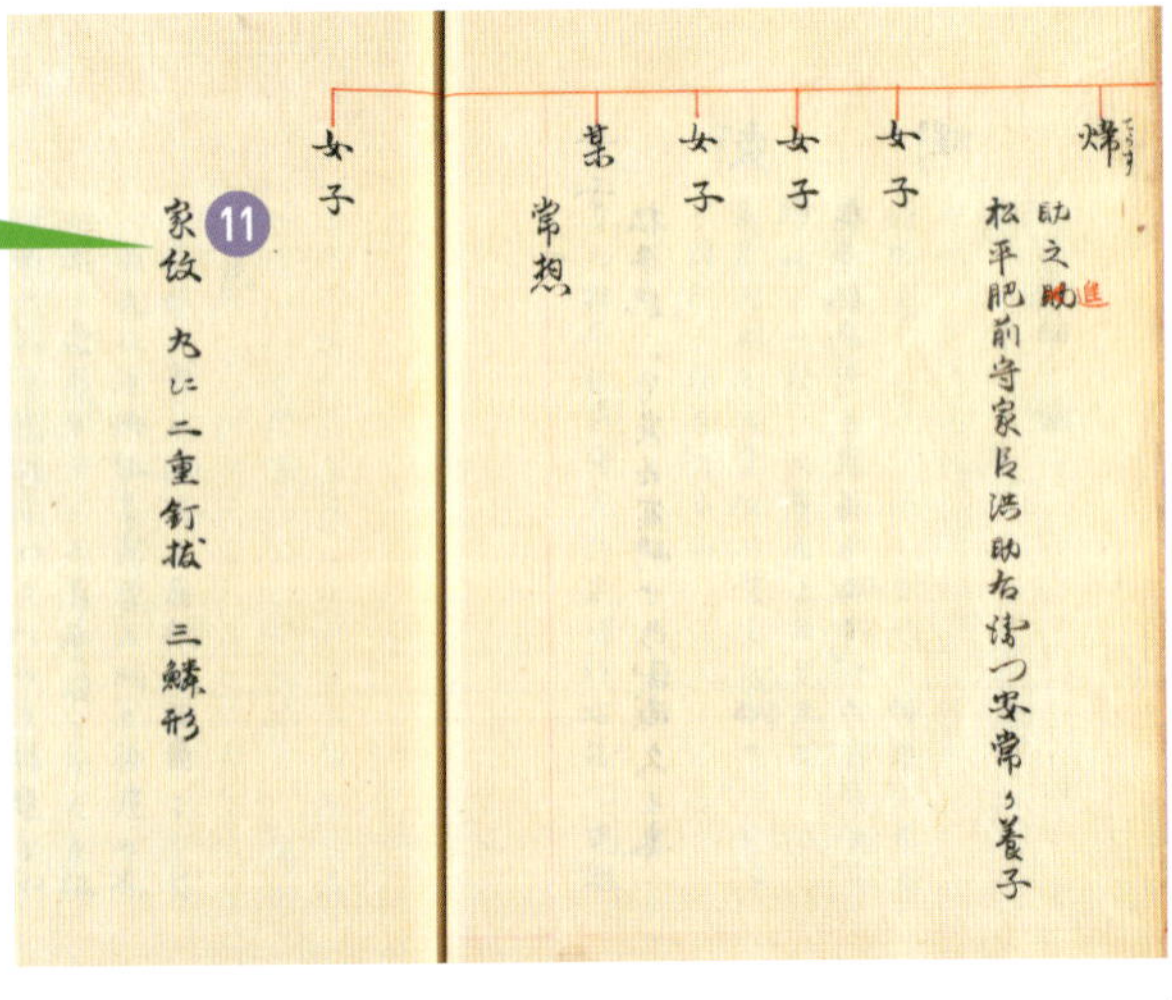

雲上明覧

天保８年（1837）に刊行された公家の名鑑。皇室、皇族、門跡寺院、公家諸家の当主、系図、住所、家禄、家紋などが載る。

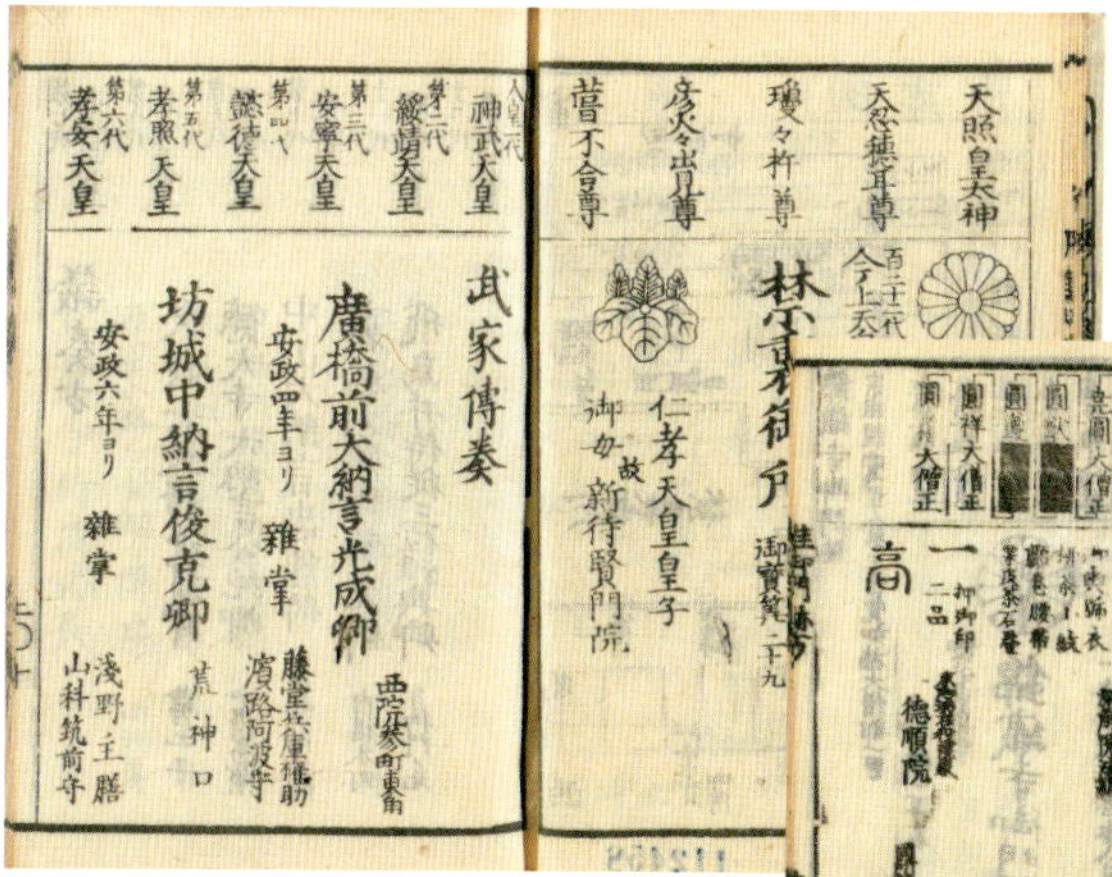

▲ 巻頭は、上部に歴代天皇の名前、下は武家伝奏（朝廷と幕府間の連絡・交渉役）の担当者名が記される。

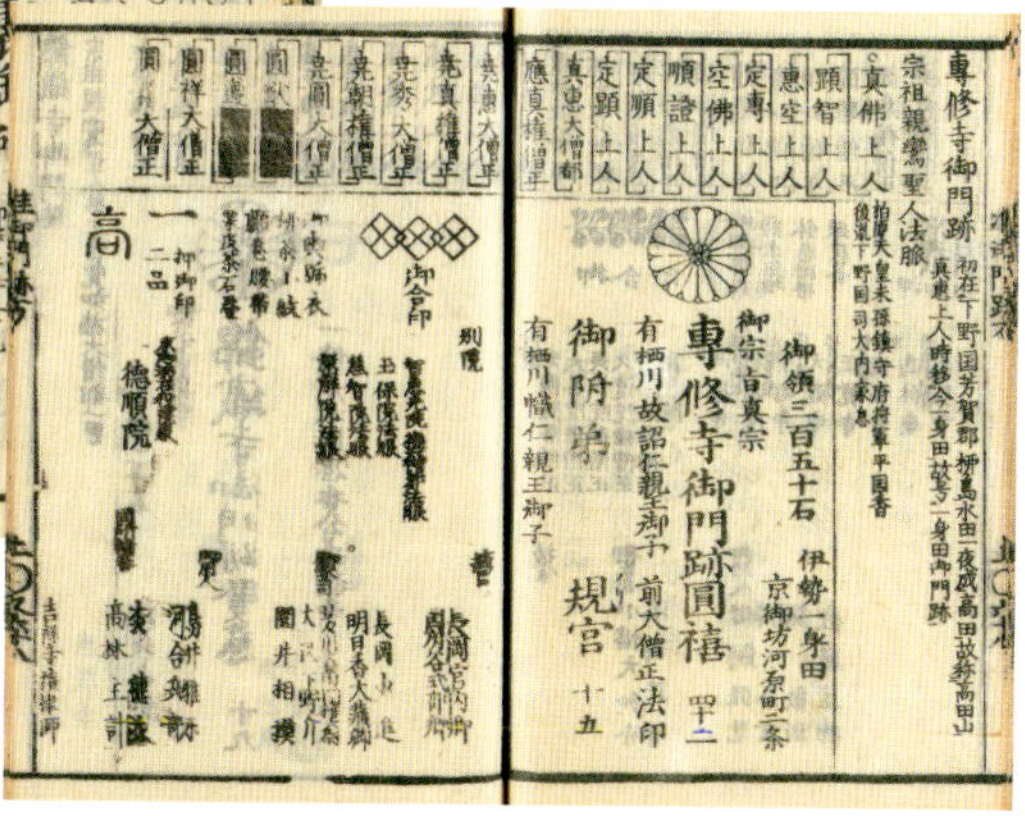

▼ 門跡（皇族が出家して住んだ寺院）の情報も載る。下は高田派本山専修寺の圓禧《えんき》上人は有栖川宮家の皇子であることが記されている。

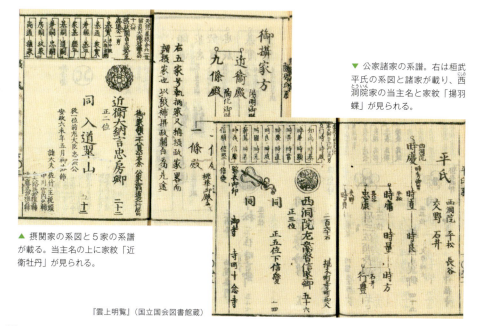

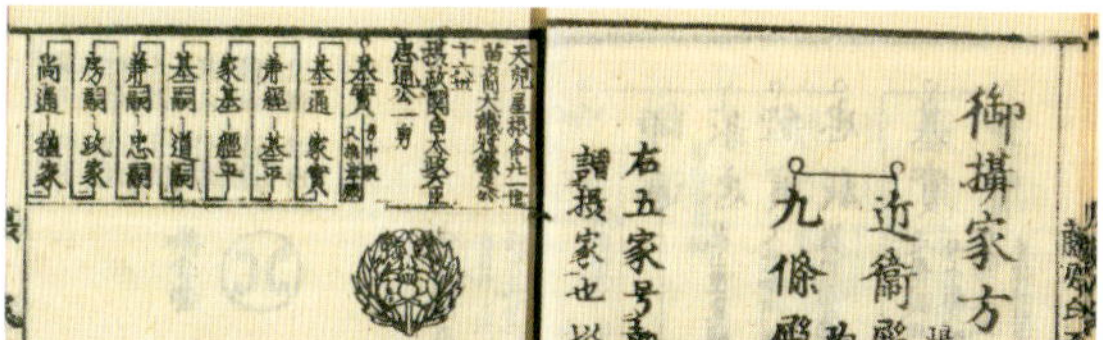

▲ 摂関家の系図と５家の系譜が載る。当主名の上に家紋「近衛牡丹」が見られる。

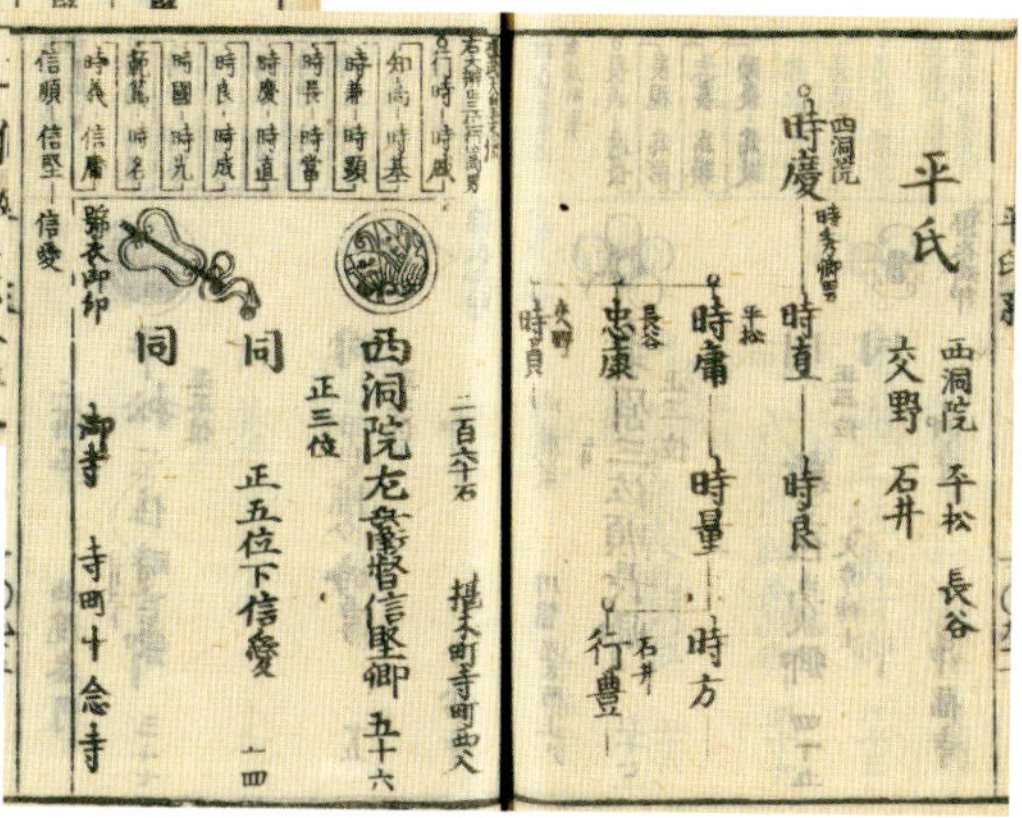

▼ 公家諸家の系譜。右は桓武平氏の系図と諸家が載り、西《にしの》洞院《とういん》家の当主名と家紋「揚羽蝶」が見られる。

『雲上明覧』（国立国会図書館蔵）

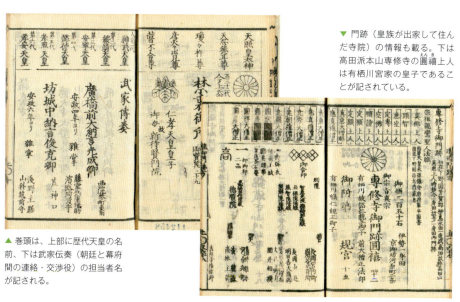

家紋

13 庶民と家紋の歴史①

華美で個性的な家紋が庶民の間で流行

室町時代の頃から、商人たちの間では自分の店の看板や暖簾《のれん》に、商売に関連するものを図案化した紋章を入れることが一般化していました。それらの紋章はやがて、家紋としても使用されるようになります。武家や公家の家紋とはまた違ったものが多く、家紋の種類もさらに多様化していくことになりました。

また、江戸や大坂といった都市部では、歌舞伎役者や遊郭の遊女などが、着物に家紋をつけるようになります。役者の絢爛《けんらん》な衣装に家紋が映え、強く印象づけられます。また、遊女の中には得意客の紋と自分の紋を重ねた「比翼紋《ひよくもん》」を作り、客の心をつなぎ止めようとする者もいました。役者も遊女も人気商売なだけに、自分のイメージを人々に強く印象づけておく必要があります。そのためにも家紋は便利なアイテムだったのです。

識字率が低かった当時、名字よりも便利

江戸時代になって、武士以外の庶民は名字を名乗ることを禁じられましたが、家紋の使用は許されていました。徳川家の家紋である「葵紋」や天皇家の「菊紋」以外のものであれば、どんな紋でも自分の家紋として使うことができます。そのため、庶民の間でも家や個人を表すものとして、家紋の使用が急速に普及しました。

当時は現代と比べて識字率が低く、平仮名はなんとか読むことができるけど、漢字で書かれた名字を読むことができない者が大半でした。漢字の読めない者も、図柄の見分けはつくので、家紋を見れば個人や家を判別することができます。

名字よりも便利だったということもあり、元禄年間（1688~1704）には庶民社会に家紋が定着するようになります。

雑学　江戸時代の葵紋の使用規制は当初は厳しくなかったが、享保年間（1716～36）、浪人山内佐内が葵紋を縫い付けた衣服を着て犯罪を犯し、死罪となった。その後、幕府は厳しく禁令を発した。

商人の家紋

商人は、店の屋号（呼び名）と家紋を用いて商売をアピールした。『買《かい》物《もの》独《ひとり》案《あん》内《ない》』は江戸の職人・商人を紹介するガイドブックで、住所、屋号、家紋のように図案化した暖簾印が記されている。

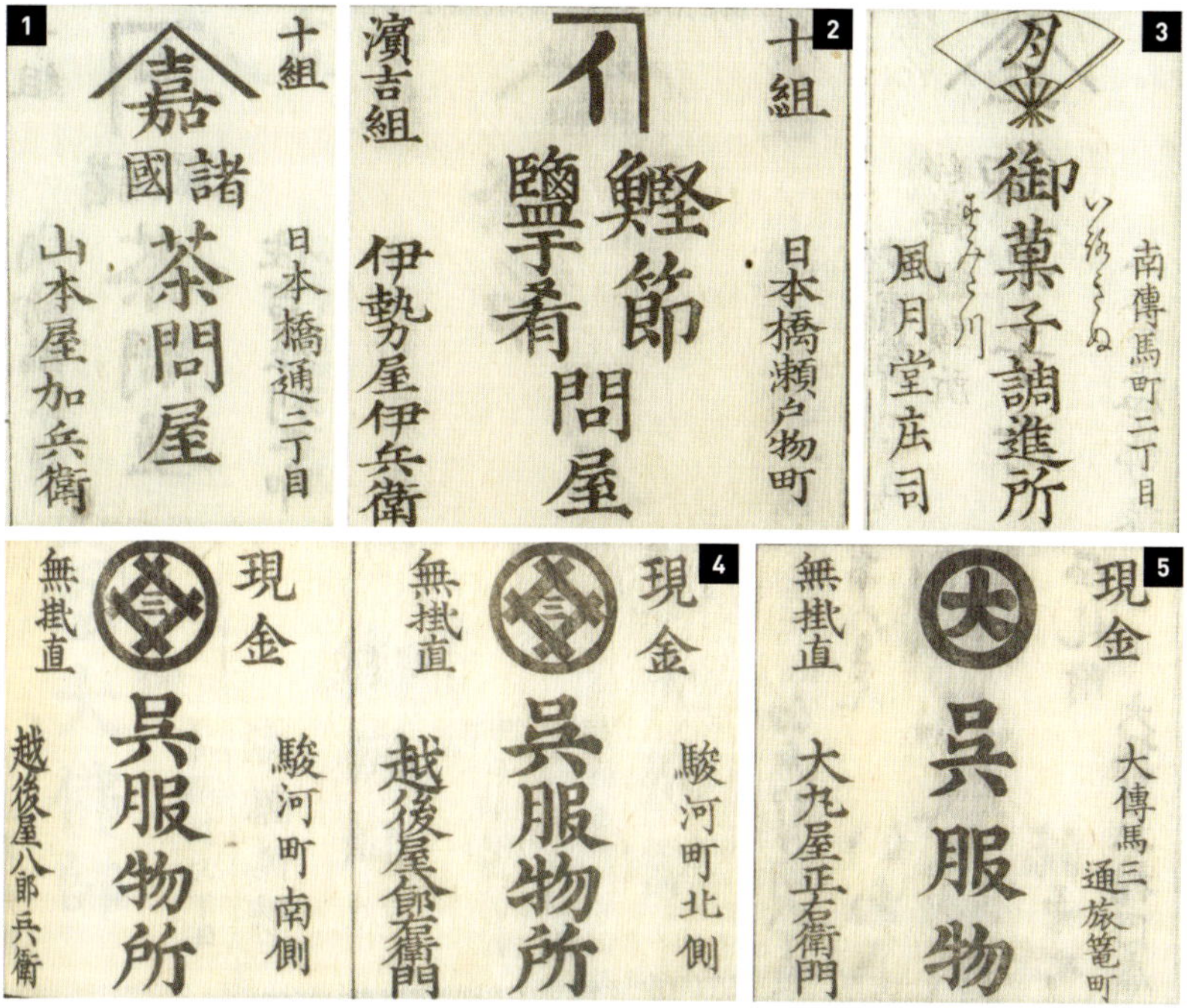

江戸買物獨案内（国立国会図書館蔵）

1 日本橋の茶・海苔問屋、山本屋。現在の山本山 2 日本橋の鰹節問屋、伊勢屋。現在のにんべん 3 南伝馬町の菓子店風月堂（現在も）。4 駿河町の呉服店越後屋（現在の三越）。5 大伝馬町の呉服店大丸屋（現在の大丸）

『江戸土産浮名のたまづさ』より
（立命館大学蔵）

遊女の比翼紋

貴族社会では、伝統的な有職文様と自家の紋や文を2つ重ねたものを比翼紋と呼んだが、遊女が使う比翼紋は相思相愛を表し、営業に活用したという。

【比《ひ》翼《よく》紋《もん》】

左の絵は、商人の息子が盗んだ金で遊女を請け出しし、駆け落ちした事件を題材とした歌舞伎絵の一場面。2人の関係を表した、比翼紋が描かれている。

家紋

14 庶民と家紋の歴史②

❖極彩色の派手な紋も一時は流行したが…

武家や公家では、家格や由緒の証として先祖代々伝わる家紋が大切にされてきました。しかし、庶民には自分の好みで新しい家紋を変える者も多くいました。

江戸時代中期を過ぎると、装飾用の紋として考案された極彩色の「加賀紋」や、洒落っ気のきいた「伊達紋」などを自分の紋として使用する者が現れました。町人文化が熟成すると、粋で個性的なものが好まれるようになり、紋にも華美で目新しいデザインが求められました。

しかし、これらの派手で個性的な紋は家で継承されず、子や孫の代には従来の古風な家紋に戻すことが多かったようです。あくまで個人の趣味であり、その人だけが使用する「個紋」としての意味合いが強かったのです。

❖家紋入りの墓石が庶民の間でも一般化

寛文4年（1664）、幕府はすべての庶民や農民に寺院の檀家となることを義務づける**寺《てら》請《うけ》制度**を制定し、各寺院には檀家の名を記録した「宗《しゅう》門《もん》人《にん》別《べつ》帳《ちょう》」を作成させて、寺院に管理させました。

宗門人別帳は現代の戸籍や住民票のように使われ、寺院は庶民にとって村役場や市役所のような機能を持つようになります。庶民と寺院の関係は深まり、先祖代々が同じ寺院の墓所に葬られるようになります。そうなると墓標も簡素な木製から、堅牢で長持ちする石で造られるようになります。墓石には家紋が彫ってあり、墓参した人が誰の墓がわかるようになっていました。墓石に名字を刻むことができなかった当時の庶民には、家紋がいい目印になります。また、代々にわたって同じ墓石の家紋を拝み続けることで、祖先との絆も深まっていきます。

用語　**寺請制度**：禁制宗派の信徒でないことを寺に証明させた制度。さらに幕府は民衆に宗派と檀那《だんな》寺を定めさせ、出産、結婚、旅行、死亡の時、その寺発行の寺請証文を必要とする仕組みを作った。

加賀紋と伊達紋

貞享・元禄年間（1684 ～ 1704）に、庶民の間で装飾用の派手な紋が流行した。

写真: TNM Image Archives

「紅縮緬地風景模様小袖」
（東京国立博物館蔵）

加賀紋

花鳥山水を図案化し彩色した家紋。加賀国で多く使われたため、加賀紋と呼ばれた。写真は青海波などの模様上に雪輪剣片喰の紋をつけた袱紗。

（花岡コレクション蔵）

伊達紋《だてもん》

花鳥山水を派手に模様化した紋で、芸妓や遊女などがよく用いた。写真は京都の風景を描いた小袖で、伊達紋として紅葉をあしらった縫紋をつけ、下部には嵐山の桜が描かれている。

お墓と家紋

「宗門人別帳」の導入で、一つの寺院が一つの家の葬祭を永続的に扱う「寺檀制度」が進み、庶民でも家ごとに墓地をもつようになった。

江戸時代の墓

まず裕福な商人が墓石に家紋をつけ、次第に庶民がならったという。ちなみに角石形の墓石も江戸時代中期以降に普及した。

宗門人別帳《しゅうもんにんべつちょう》

もともと庶民の信仰する宗教を調査するために制度化された。帳面には名前と続柄、年齢と属する寺院名を記した。

（新潟県立文書館）

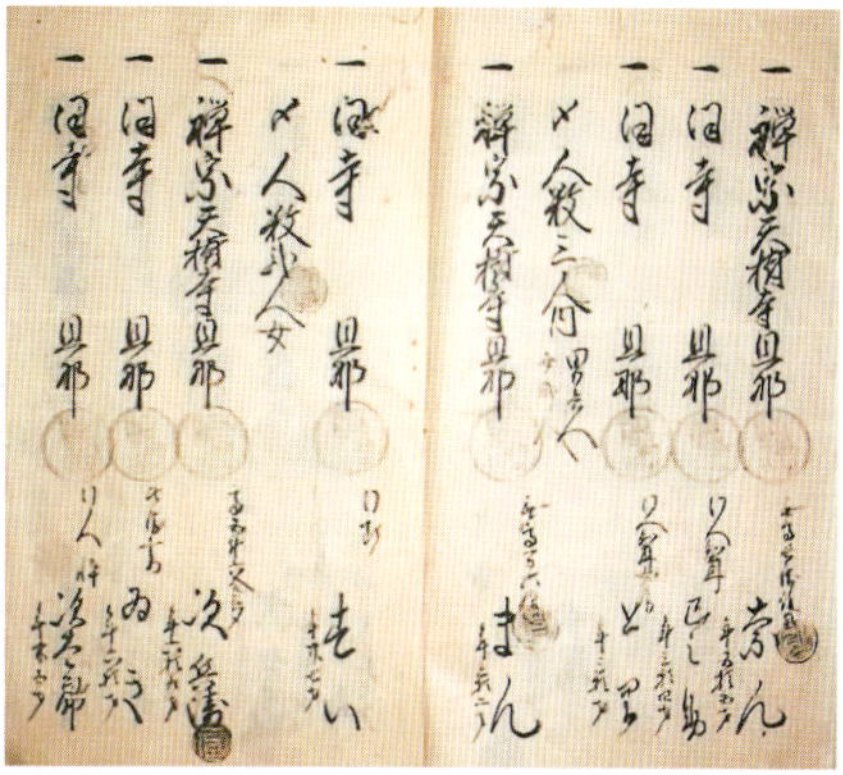

家紋 15

天皇家の家紋③王政復古で菊紋が権威に

江戸幕府の治世下で菊花紋の権威が低下

豊臣秀吉は菊と桐紋の使用を制限しました。しかし、徳川家康は天皇からの家紋の授与を辞退して、菊と桐紋の使用の禁制も解いています。このため菊花紋を家紋とする庶民が増えて、ありふれた存在となってしまいました。これで将軍家とその一族以外には使用を禁じた葵紋だけが、特別な存在となります。

しかし、江戸幕府が倒れて明治政府の世になると、菊花紋と葵紋の立場が逆転します。新政府は徳川一族以外の者にも葵紋の使用を許し、それとは逆に菊花紋をみだりに使用することを禁じました。そして明治2年（1869）、菊花紋は天皇家の紋章として法律で規定されるのです。

明治維新後は皇室が菊花紋を独占

天皇が使用する紋章は「十《じゅう》六《ろく》葉《よう》八《や》重《え》表《おもて》菊《きく》紋《もん》」で、その他の皇族が使用するのは「十《じゅう》四《よん》葉《よう》一《ひと》重《え》裏《うら》菊《きく》紋《もん》」といった細かな規定も制定されました。明治4年（1871）には、維新以前から菊花紋を家紋としていた家でも、その使用を禁じる法律が新たに追加されます。

これによって菊花紋は皇族だけが使用できる紋となり、その権威は格段に高まっていきます。

一方、皇室のもうひとつの代表的な紋章である桐紋については、使用を禁じられることはありませんでした。そのため代々伝わる桐紋を家紋としてきた家では、維新後もそれを使い続けています。

また、政府の建物や調度品には、桐紋を入れるのが慣習となりました。終戦後、菊花紋の使用制限も撤廃され、庶民が家紋として使うことを許されます。しかし、現代でも菊花紋は法的に国旗に準じるものと定められ、商標などに登録することは禁じられています。

家紋

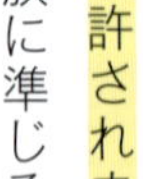

抱き菊の葉に菊紋：明治維新の指導者・西郷隆盛の家紋で、明治天皇から下賜《かし》されたもの。実は天皇からの菊紋の下賜は豊臣秀吉以来といわれる。

皇室が菊花紋を独占

明治政府は菊花紋の権威を高めるため、太政官布告（政府が発する法令）を次々と発令し、皇族以外での菊花紋の使用を禁じた。

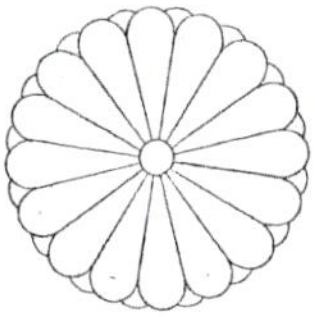

第二章　紋章及旗章
十二條　天皇太皇太后皇太后皇后皇太子
皇太子妃皇太孫皇太孫妃ノ紋章ハ十六葉
八重表菊形トシ左ノ様式ニ依ル

【十六葉《じゅうろくよう》八《や》重《え》表《おもて》菊《きく》紋《もん》】

第十三條　親王親王妃内親王王王妃女王ノ
紋章ハ十四葉一重裏菊形トシ左ノ様式ニ
依ル

【十四葉《じゅうよんよう》一《ひと》重《え》裏《うら》菊《きく》紋《もん》】

『官報』（国立国会図書館蔵）

明治元年（1868）	菊紋濫用禁止令。
明治2年（1869）	親王家が十六葉の菊花紋の使用を禁止。 ⬇ 社寺の菊紋濫用禁止。
明治4年（1871）	皇族以外菊紋禁止。 皇族は十四葉一重裏菊の使用を定めた。
大正15年（1926）	皇室儀制令で、皇室は十六葉八重表菊紋を、皇族は十四葉一重裏菊紋を用いることが定められる。 （法律は戦後に廃止）

現在の菊紋と桐紋

現在は菊花紋にも桐紋にも使用制限はない。皇室や政府のシンボルマークとして、身近で目にすることができる。

皇室からの賞杯

皇室が授与する杯には、菊紋がついたものがある。

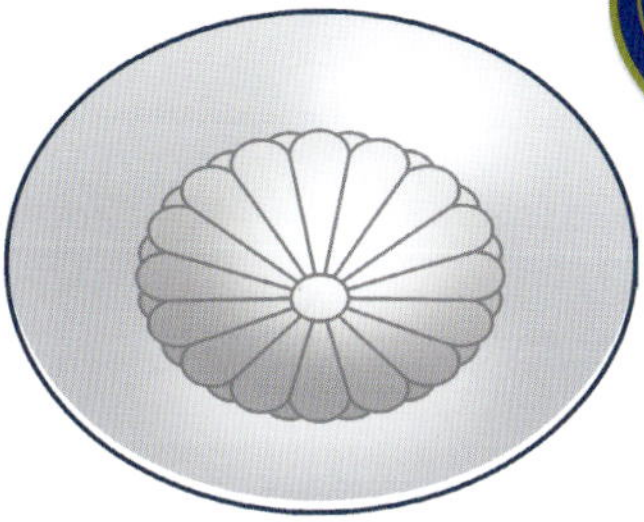

内閣総理大臣紋

桐紋は歴代の皇室や政府が慣例的に使い、定着した現在も政府の紋章として用いている。

パスポート

国の紋章として、国を代表する花として十六葉一重菊花紋を用いている。

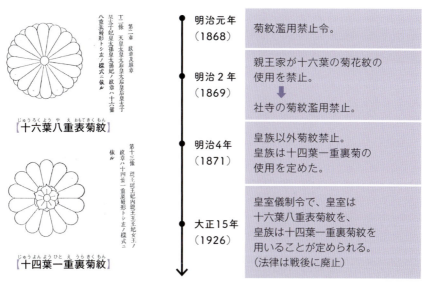

家紋 16

近現代の家紋の使われ方

家制度の消滅で家紋の意義が薄れる

明治31年（1898）に制定された民法では、家長（戸主）となった長男が全財産を相続し、家族を支配・統率しました。これを「家制度」あるいは「家父長制《かふちょうせい》」と呼びます。

戦前の日本は、家長の強い権限により家をまとめていたのです。昭和23年（1948）には新しい戸籍法が制定され、これまで家を基本単位としていた戸籍は、夫婦を基本単位とするものに改められました。また、遺産は均等相続が基本となり、家長の権限も失墜します。これによって、戦前の家制度は消滅しました。

新しい民法の下で家としての結束は弱まり、核家族化が進むと家紋の存在意義も薄れてきます。また、ライフスタイルの変化によって家紋を使用する機会は減り、昭和時代後半になると、自分の家紋を知らないというのも珍しくなくなりました。

現代社会でも家紋が必要な時がある

しかし、現在でも日本人には家紋が必要になる時はあるものです。冠婚葬祭の正装は黒の紋付《もんつき》。つまり、家紋付きの着物や羽織《はおり》ということになりますが、貸衣装を借りるにも自分の家紋を知らずに大あわて…といったこともあります。

また気がつかないだけで、自治体の紋章、学校の紋章など、生活の中で家紋を目にしていることは意外に多いものです。

企業の商標やブランドマークには、家紋をアレンジしたものが多く見られます。三菱グループのマークは創業者である岩崎弥太郎の家紋「三階菱《さんかいびし》」をアレンジしたものであり、島津製作所の「丸《まる》に十《じゅう》の字《じ》」も、創業者の祖先が島津義弘から島津姓と家紋を贈られたことに由来します。

雑学　歴史学者の沼田頼輔は家紋研究のバイブル『日本紋章学』を完成させた。実は沼田は侯爵山内豊景から山内家の桐紋の由来を聞かれ、即答できなかったことから紋章の研究をはじめたという。

現代の家紋

現代では個人で家紋をあまり用いなくなったが、優れたシンボルマークとして活用されている。

冠婚葬祭

婚礼や葬儀で紋付を着る時、紋の入る数で礼装のランクが異なる。最高ランクの第一礼装では５つ紋が入る。

ブランドマーク

江戸･明治期に創業した企業は、規模が大きくなった現在も家紋をそのまま社章やブランドマークとして活用している。

【島津製作所】

島津義弘から祖先が島津姓と家紋を贈られ、創業者である初代島津源蔵が商標として用いた。

【三菱グループ】

創業者の岩崎弥太郎の「三階菱」と土佐藩山内家の「三つ柏」に由来しているという。

自治体の紋章

都道府県や市町村の紋章、特に市章はかつてその領地とした大名の家紋をアレンジしたものが多い。

【仙台市紋章】

仙台藩主伊達家の「三つ引両」と「仙」の文字を組み合わせて図案化している。

【鹿児島市紋章】

薩摩藩主島津家の「丸に十の字」と「市」の文字を組み合わせて図案化している。

COLUMN

家紋は優れたデザイン

現代の家紋は、自然な形で私たちの生活に溶け込んでいる。家紋のデザインは普遍的で優れたものであり、一味違った活用がなされている。

たとえば、家紋の意匠を生かした和菓子が作られる一方で、ルイ・ヴィトンのモノグラム・キャンバス柄は家紋をモチーフとしており、伝統的な紋章が新鮮な形で使われることも珍しくないのだ。

花角紋の菓子型（写真：菓子木型彫刻 京屋）

豆知識 01

天皇に名字がない理由

現在の天皇の名前は「徳仁《なるひと》」、皇后の名前は「雅子」で、名字に当たるものを持っていません。なぜ天皇は名字を持たないのでしょうか。

ヤマト王権の頃、氏姓制度のもとで、大王（天皇）は臣下の氏族に、政権内の地位に応じて姓《かばね》を与えました。しかし、支配者である大王に地位に応じた呼称は不要。やがて姓は名字に変わり、このときの名残りで天皇は姓を持たずに現在に至っています。

現在までで天皇は126代を数えますが、清和天皇、正親町天皇、昭和天皇などそれぞれ呼び名を持っています。これらは崩御後の諡号《しごう》（生前の功績を称える称号）・追号（没後に与えられる称号）で、天皇の名字に当たるものではありません。在位の天皇は「今上《きんじょう》天皇」と呼ばれます。

ちなみに皇族でも、名字がつく場合があります。皇族がその身分から離れて一般国民となる時で、その際、天皇から姓を与えられます（賜姓《しせい》）。これは臣籍降下、現在では皇籍離脱といいます。

天皇は姓を授ける側で姓を持たなかったため、姓が名字となった後も名字は持たなかったという。

豆知識 02

一番長い名字はなに？

日本の戸籍に掲載されている名字で、一番長いものは漢字5文字の「勘解由小路《かでのこうじ》」と「左衛門三郎《さえもんさぶろう》」です。勘解由小路氏は江戸時代の公家で、藤原北家日野流烏丸《からすまる》家の庶流で、京都の勘解由小路という地名に由来します。左衛門三郎氏は、律令制での官職名、左衛門尉《さえもんのかみ》が由来となります。宮殿の門を警備する衛門府《えもんふ》の官職を任されたある武家の三男がいて、その子孫が先祖を想い、名乗ったのがはじまりといわれます。

ちなみに読み方であれば、8文字が最長の名字になります。左衛門三郎のほか、「大《だい》正寺谷《しょうじたに》」「東坊城《ひがしぼうじょう》」「東三条《ひがしさんじょう》」「東四柳《ひがしよつやなぎ》」「東上別府《とうじょうべっぷ》」などがあります。

武者小路実篤《むしゃこうじさねあつ》

明治～昭和の作家、武者小路実篤の母親は「勘解由小路秋子」。両親とも公家の家系である。

（国立国会図書館蔵）

豆知識 03

一番短い名字はなに？

日本の戸籍に記載されている一番短い名字は、漢字も読みも1文字となります。有名なのは、大和国（奈良県）の豪族「紀《き》」でしょう。『土佐日記』を記した歌人紀貫之《きのつらゆき》を出した名門です。

ほかに漢字も読みも1文字のものは、「井《い》」「伊《い》」「尾《お》」「喜《き》」「都《と》」「何《か》」「瀬《せ》」「田《た》」「津《つ》」「野《の》」「帆《ほ》」「湯《ゆ》」などがあります。ちなみに、一番短く、50音順で一番早い名字は「伊」や「井」になります。

日本に「あ」さんはいませんが、「あ」と読ませる名字は中国にあります。もし「あ」さんが帰化した場合、一番短く早い名字になるでしょう。

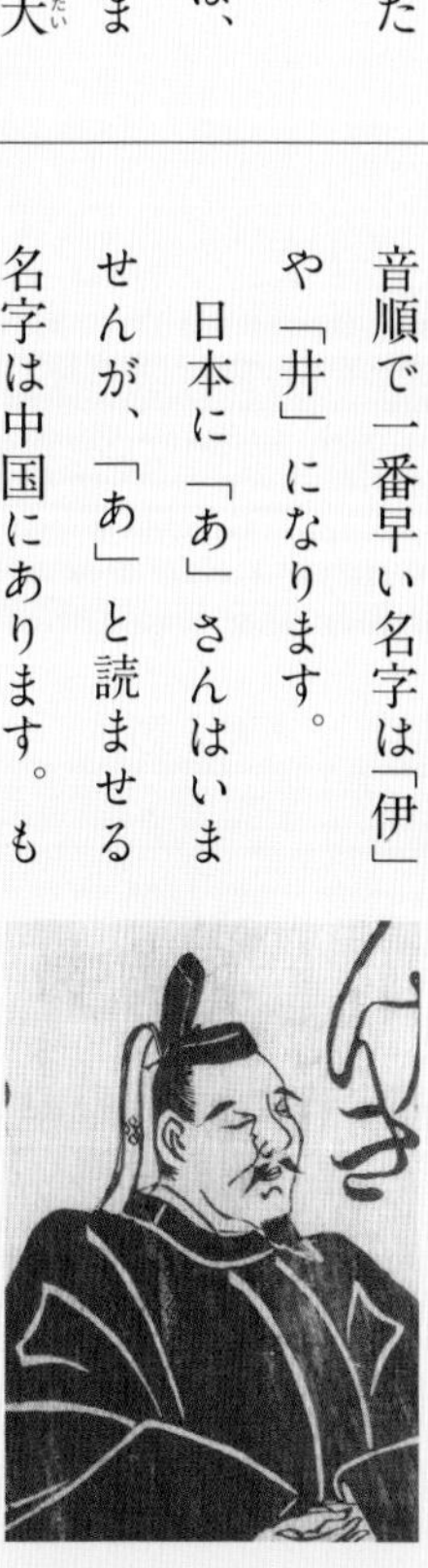

紀貫之

平安時代の歌人。『古今和歌集』の選者をつとめ、土佐守を任じられた際に、『土佐日記』を書いた。

（国立国会図書館蔵）

豆知識 04
家紋は新しく自由に作れる？

個人で新しく家紋を作ることに制限はなく、可能です。皇室のお印のように、個人紋を自由にデザインし、名刺や持ち物につけてシンボルマークとする使い方が考えられます。実は、家紋の新規作成は昔から行われてきました。歌舞伎役者の初代市川團十郎は、贔屓《ひいき》筋から三つの枡《ます》を贈られて、これをデザインして自分の家紋「三枡《みます》」としました。江戸時代の庶民も「伊達紋」「加賀紋」として、派手な個人紋を自由に創作し、大流行しました。

ただし、「三枡」は團十郎の紋として今も受け継がれていますが、庶民の個人紋は、一代の趣味で終わって家には伝わらず、古来の紋形が使われることが多かったようです。いわば家紋は同族の証です。後世に残すためには、先祖代々、一族や家に伝えられることが大切なのでしょう。

豆知識 05
悪そうな名前にもよい意味がある？

名字は代々伝えていくものですので、悪い意味の言葉は入れないもの。しかし、「悪」「毒」など、一見すると悪いイメージの漢字を持つ名字もあります。これはなぜでしょうか？

「毒島《ぶすじま》」さんの「毒」はもともと『強精作用のある薬草』から生まれた言葉。「ぶす」の読み方は、トリカブトの「附子《ぶす》（ぶしとも読む）」という別名から。附子は毒ですが漢方薬でもあり、つまり薬の製造に関係していたことから、毒島を名乗ったのです。「悪虫《あくむし》」さんの場合、「悪」は『本当に実力がある』を表し、「虫」は繁殖力の強いことを指す、実は縁起のよい言葉です。岩手県の馬淵《まべち》川《がわ》沿いに悪虫村があり、肥沃な土地だったことから名付けられたのでしょう。時代が変わって、悪いイメージの言葉に変わっただけなのです。

豆知識 06
家紋をファッションに使う文化が流行した

江戸時代から、着物は体を守るために着る以外にも、男性は礼儀のために、女性は美しさを見せるために着物を着ていました。数多くの流行の着物柄が生まれ、『小袖《こそで》ひな形』という着物柄の見本帳も出版されています。江戸時代の初期は大柄で目立つ派手な柄が好まれ、家紋を大胆にあしらったり、紋を自由に散らした「紋尽くし」「紋散らし」と呼ばれるデザインが流行。見本帳にも多く掲載されています。

『新撰御ひいながた』（国立国会図書館蔵）

豆知識 07
「菊池」と「菊地」違いはなに？

間違えやすい名字のひとつに「菊池」と「菊地」があります。大宰府の官人・藤原政則《まさのり》の子孫が肥後国（熊本県）菊池郡を拠点に「菊池」を名乗ったのがはじまり。菊池氏は九州の中心勢力となりますが、南朝方に味方し敗北。菊池一族は各地に逃げ落ちました。このとき、武士をやめて農民となり、土着した菊池氏が追っ手を逃れるため「菊地」に改姓したのです。たとえば、岩手県はどちらの「キクチ」も多く、逃げ落ちた菊池一族の末裔《まつえい》と考えられます。肥後の菊池氏は戦国期に大友氏に滅ぼされ、子孫は日向（宮崎県）米良《めら》に逃れ、米良氏と改姓しています。

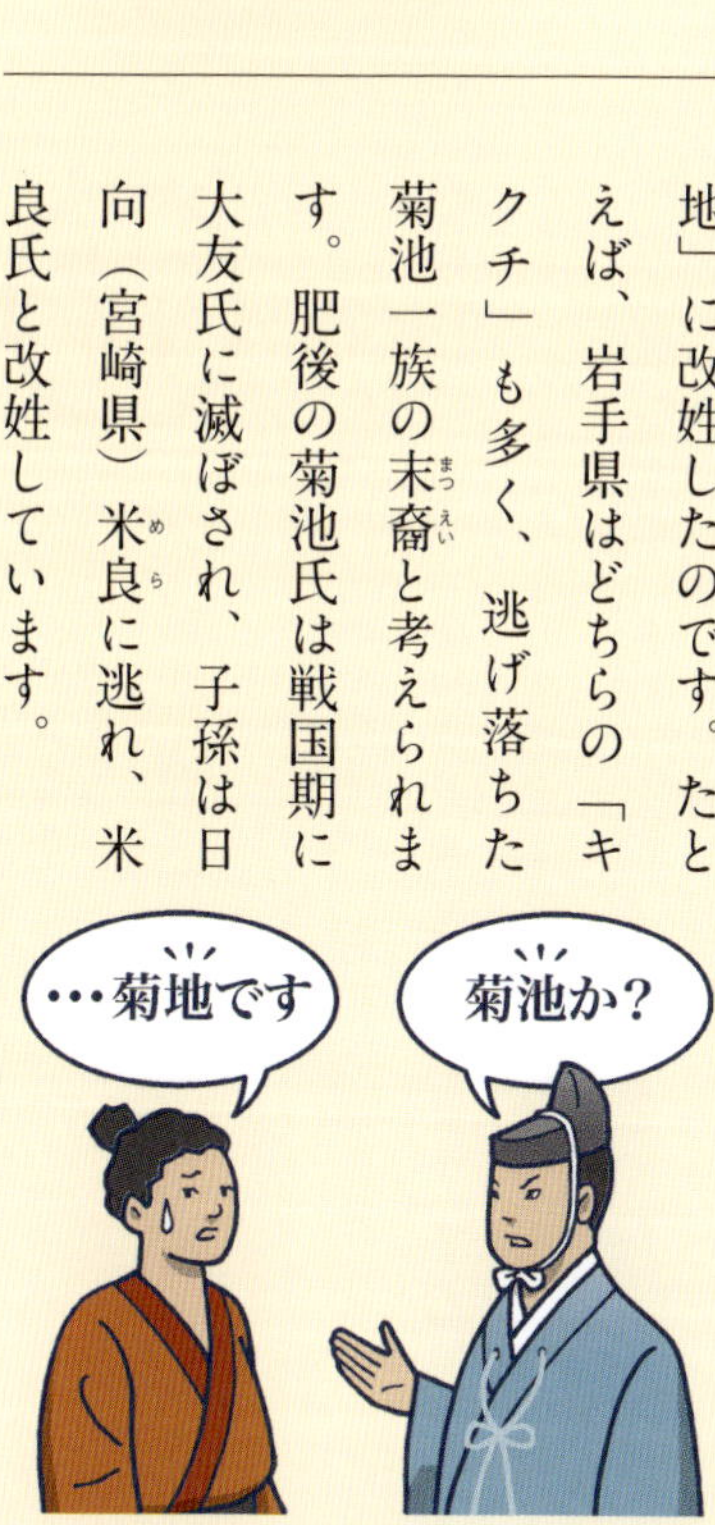

豆知識 08

生き物の名前がトレンドだった？

古今を問わず、名前には流行があります。大和時代～奈良時代には、生き物にちなんだ名前がよくつけられました。権力を欲しいままにした蘇我氏の名前は馬子《うまこ》→蝦夷《えみし》→入鹿《いるか》で、馬→エビ→イルカと三代も続いています。そのほかにも、猿、小熊、鮪《しび》、牛甘《うしかい》、鯖麻呂《さばまろ》、烏麻呂《おまろ》、鯛麻呂、大虫、鹿人《しかひと》、猪手《いて》、烏賊《いか》万呂、龍麻呂など、かなり変わった名前が使われていました。

馬、猿、虎、牛など、十二支にちなんだ名前が多かったようです。当時の人々には、生き物の持つ生命力へのあこがれがあり、このような名前を好んだのです。

豆知識 09

「斎藤」はなぜ種類が多い？

「サイトウ」と読む名字は、漢字の表記が多く知られています。「斎藤」「齋藤」「齊藤」「斉藤」など、なぜこんなに種類が多いのでしょうか。

実は明治時代、戸籍に名前を登録する際に、ほとんどの人が「サイトウ」の漢字を書き間違えて登録したため、種類が増えていったのです。当時は漢字を知らない人も多くいて、正しく書いたつもりが、本人も役所も正しさを判断できずに戸籍登録されました。

伊勢神宮の「斎宮頭《さいくうのかみ》」を藤原氏が務めたことから「齋藤（旧字体）」「斎藤（新字体）」の名字は生まれました。そこに「斎」によく似た「齊（旧字体）」「斉藤（新字体）」が混ざり、名字が増えたのです。ちなみに「斉」は正確には「セイ」と読み、『そろう、整う』を表す漢字です。

2章

名字のはじまり、名字の歴史

日本の名字は十数万個といわれます。
多様な名字がどのように発生したのか。
ヤマト王権から近代までの流れを紹介します。

名字

01 「氏姓」が生まれ、次に「名字」が生まれる

「氏名」と「姓名」では意味が違う?

日本人の名字がどのように生まれたのか、まずその流れを見ていきましょう。名前の呼び名は「名字」「氏名」「姓名」といろいろですが、由来や使い方が異なります。

ヤマト王権が権力を握っていた時代、大王（天皇）家は配下に氏族を従えていました。氏族とは、同じ血族が集まった集団で、氏族の名を「氏名《うじな》」といいます。そして大王は配下に「臣《おみ》」「連《むらじ》」などの「姓《かばね》」を与えます。この「姓」に由来して「姓名《せいめい》」は生まれました。名字が使われるようになる以前は、氏と姓をあわせた「氏姓《しせい》」で個人を判別したのです。

土地名を「名字」として名乗る

貴族や武士は天皇から与えられた藤原、源《みなもと》、平《たいら》などの「姓」を名乗りますが、平安時代になると同じ姓を持つ者が増え、個人を区別するのが難しくなってきます。

そこで貴族たちは、自分の屋敷の地名を名前として名乗り、また、地方に移住した源氏や平氏の武士も、自分の領地の地名を名前にしました。当時は田地を「**名田**《みょうでん》」と呼んでいたことから、「名田の字」という意味で「名字《みょうじ》」というようになりました。

姓は天皇から賜ったものであるので、自分で勝手に変えることはできません。しかし、名字は好きな字を使えて変更も自由です。武士はほかの領地に移ると、それにあわせて名字を変更する者も多かったようです。

江戸時代になると名字を「苗字」とも書くようになります。「苗」とは血族を意味する言葉で、家柄や血統を重視する者が好んで使いました。

このように名字は生まれ、現代では約10万種が存在するといわれます。

用語

名田：名主によって管理された荘園領主の田地。名主とは年貢の納入責任者のことで、田地にその名をつけて、その権利を表した。

名字のはじまりと変遷

名前の構成は時代とともに変化した。「氏《うじ》＝どこの氏族」「姓《かばね》＝朝廷での地位」からはじまり、「氏」と「姓」は、「姓《せい》」に統合され、個人の判別のために「名字」が生まれ、要素が増えていった。

氏＋姓

血族集団である「氏」、朝廷での位を表す「姓」で個人を判別した。

姓《かばね》

蘇《そ》我《がの》大《おお》臣《おみ》蝦《え》夷《みし》

氏《うじ》　実名（諱《いみな》）

「大臣」は、天皇の補佐として政治を行う氏族に与えられた姓。

▶ P54

公家の名字

藤原だらけの氏姓を見分けるため、屋敷の地名を名字とした。

官職名　姓《かばね》

九《く》条《じょう》右《う》大《だい》臣《じん》藤《ふじ》原《わらの》朝《あ》臣《そん》兼《かね》実《ざね》

名字（居住地）　姓《せい》　実名（諱）

藤原兼実は、京の九条大路に邸宅があったため、「九条」と名乗った。

▶ P72

武家の名字

武士は自分の領地名を名乗り、領主権や所属を主張した。

役職　姓《かばね》

足《あし》利《かが》左《さ》兵《ひょう》衛《えの》督《かみ》源《みなもとの》朝《あ》臣《そん》直《ただ》義《よし》

名字（地名）　姓《せい》　実名（諱）

「足利」は下野国足利荘（栃木県足利市）にちなんだ名字である。

▶ P74

戦国期の名字

名字は家名として、自由に変更する者も多かった。

字《あざな》　姓《かばね》

徳《とく》川《がわ》次《じ》郎《ろう》三《さぶ》郎《ろう》源《みなもとの》朝《あ》臣《そん》家《いえ》康《やす》

名字（家名）　姓《せい》　実名（諱）

家康は、「源氏」の武家となるため、松平から徳川を名字とした。

▶ P80

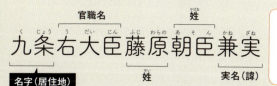

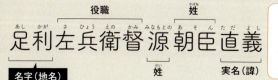

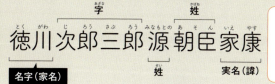

名字 02

ヤマト王権で氏姓制度が生まれた

「氏」の名付け方のパターンはふたつ

名字が名乗られるようになる以前、古代の日本では同じ血族であることを示す「氏《うじ》」と、朝廷での地位を示す称号である「姓《かばね》」が使われてきました。

古代中国では、血族が集まって集落を形成しました。そして、同族の証として同じ名を名乗るようにもなります。4世紀に仏教など多くの文化が中国から伝えられましたが、この時「血族の名前をつける」という風習が日本に導入されたと考えられています。それ以前、3世紀の邪馬台国の時代には、日本で「氏」を名乗る血族の存在は確認されていません。

氏の名付け方については、大きく分けてふたつのパターンがあります。

ひとつは蘇我氏や平群《へぐり》氏など、血族が本拠とする土地名を名乗るもの。

もうひとつは、軍事や祭事などの職能をもって**ヤマト王権**に仕えた血族が、職務に由来する呼称を名乗ったものです。

姓で政権内での立場や地位がわかる

血族集団は氏族とも呼ばれます。「氏上《うじのかみ》」と呼ばれるリーダーが、その他の血族である「氏人《うじびと》」を統率しました。また、有力な一族になれば、多くの私有民も支配しています。こういった非血族の私有民は、氏族とは分けて「部曲《かきべ》」と呼ばれました。

ヤマト王権では有力な氏族に対して、それぞれの地位を示す「姓」の称号を与えました。それぞれの氏族と大王家の関係によって姓は違ってきます。

たとえば、大王を支える蘇我氏や平群氏といった大和盆地の有力豪族には「臣《おみ》」の姓。また、軍事や祭事などの職能集団として大王に仕えた物部《もののべ》氏や大友氏は「連《むらじ》」、出雲や九州など地方豪族には「君《きみ》」「造《みやつこ》」などの姓を与えたのです。

用語

ヤマト王権：大和（奈良県）を中心とした近畿地方の有力氏族による連合政権。次第に勢力が広がり、飛鳥時代には朝廷（天皇と貴族からなる政府）となっていく。

氏の名付け方

氏の呼び名は、大きく地名由来と職業由来のものがある。

【地名由来の氏】

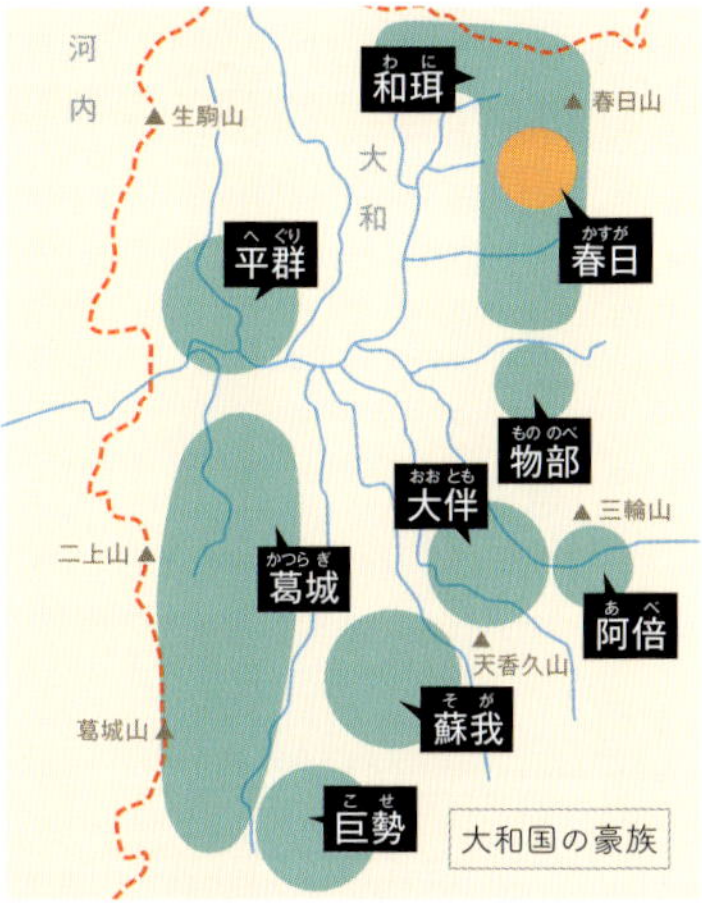

血族集団である氏族は、本拠とする土地の名前を名乗った。

【職業由来の氏】

中臣《なかとみ》	神と人との仲を取り持つ神事を担当。
忌部《いんべ》	悪霊を忌み、清める神事を担当。
物部《もののべ》	物の怪を打ち払う神事を担当。
久米《くめ》	部隊を率いて戦う軍事を担当。
水取《もいとり》	宮中の水汲みを担当。
掃部《かにもり》	宮中の掃除を担当。
膳《かしわで》	宮中の調理を担当。
服部《はとりべ》	機織りの技能を持つ。
犬養《いぬかい》	番犬とともに施設を守衛。

姓の種類

ヤマト王権は有力な氏族に姓を与え、地位を表す称号とした。氏は代々世襲された。

大臣《おおおみ》	最高位の姓。蘇我が独占した。
臣《おみ》	孝元天皇以前の皇裔氏族に与えた。
連《むらじ》	神別の氏族に与えた。
君《きみ》（公）	開化天皇以降の皇族の後裔に与えた。
別《わけ》	皇族出で地方官となった氏族に与えた。
造《みやつこ》	朝廷に仕える職務集団の首長に与えた。
直《あたい》	朝廷が任じた地方官（国造）に与えた。

天皇のそばに仕える蘇我入鹿。蘇我氏は政治の実権を掌握していた。

『多武峯縁起絵巻・部分』（談山神社蔵）

名字

03 氏姓改革と戸籍制度の開始

❖世襲化した「姓」が政治の弊害に

ヤマト王権では臣下の実力や貢献度に応じて氏名と姓名を与え、この氏姓により朝廷での地位や役職も決まりました。

しかし、**氏姓は世襲制**。能力のないものが重要な役職に就くことも多く、制度の欠点として問題視されてきました。そこで、聖徳太子が従来の姓とは別に、**才能や実力に応じて十二階の位を授ける「冠位十二階」**を定めましたが、太子の没後、この制度も廃れてしまいます。

大化の改新後、ヤマト王権は諸豪族の連合政権から、大王（天皇）が絶対的な権力を持つ中央集権国家へと変貌していきます。中国から**律令制度**を導入し、法令や礼式の整備も進めました。この時に、冠位十二階に代わる新しい冠位制度として「**七色十三階**」と呼ばれる新しい冠位も制定されます。

❖戸籍制度導入で一般民衆も氏名を得る

この後、七色十三階は幾度か改定されて、二十六階位にまで増えました。**朝廷での席次は階位で決まるのですが、その数が多すぎて混乱をまねくようになります。**その弊害を是正するために、天武天皇13年（684）に大改革が断行されます。増えすぎた冠位を廃して、新たに8つの姓だけを認める「**八《や》色《くさ》の姓《かばね》**」を導入したのです。この時に真人《まひと》、朝臣《あそん》、宿禰《すくね》、忌寸《いみき》、道師《みちのし》、臣《おみ》、連《むらじ》、稲置《いなぎ》という8つが定められました。姓を与えることは天皇の特権でもあり、朝廷権力を強化する目的もありました。

この頃、**一般民衆に戸籍制度が導入**され、家族単位の「戸」として戸籍が登録されました。戸籍にはそれぞれの家族が所属する部曲名《かきべ》（➡P54）が記され、それが氏名と同じ意味を持ちました。中央集権制度の確立で、民衆も名を意識するようになります。

用語

律令制度：刑法や行政法など法律を統治の基本とした中央集権的官僚体制。身分制度や耕地を与える代わりに税・労役を課すなど、官僚による土地・庶民の支配を行った。

冠位十二階の制度

聖徳太子は、実力ある人材を登用するため、位階を新しく定めた。
それぞれの位階に応じて、冠につける飾りの色が決められた。

徳《とく》	1	大徳
	2	小徳
仁《じん》	3	大仁
	4	小仁
礼《れい》	5	大礼
	6	小礼
信《しん》	7	大信
	8	小信
義《ぎ》	9	大義
	10	小義
智《ち》	11	大智
	12	小智

※番号は位の高い順を表しています。

位階によって冠の纓《えい》(飾り)
の色が決められた。

正式な名乗り方

冠位名

大《だい》礼《らい》小《お》野《のの》臣《おみ》妹《いも》子《こ》

氏　姓　実名

八《や》色《くさ》の姓《かばね》

朝廷は、従来の姓を8種類に整理した。真人・朝臣・宿禰の姓は天皇一族だけに与えられ、上級官僚と下級官僚、中央貴族 と地方豪族を区別するなど、家格を秩序付け、新しい身分制度を整備した。

高	真人《まひと》	天皇を祖とする公姓の氏族に賜姓
	朝臣《あそん》	皇別氏族、皇子、皇女にも与えた
	宿禰《すくね》	旧姓が連姓の有力氏族に与えた
	忌寸《いみき》	渡来系の氏族などに賜姓された
	道師《みちのし》	姓を与えた例が残っていない
	臣《おみ》	朝臣にもれた旧来の臣姓氏族に
	連《むらじ》	朝臣にもれた旧来の連姓氏族に
低	稲置《いなぎ》	地方官・稲置に与えた

正式な名乗り方

姓

中《なか》臣《とみの》連《むらじ》鎌《かま》足《たり》

氏　実名

名字 04

公家につながる「藤原」姓の成り立ち

権威を守るため皇族を臣下とした

中央集権体制の頂点に立つ天皇の権威を守るためには、皇族の数をある程度制限する必要があります。そのため皇位を継承しなかった皇族を臣下とし、各氏族と同列に置く臣籍降下の措置が行われました。臣下となった皇族には「源《みなもと》」「平《たいら》」「橘《たちばな》」など姓《せい》が与えられています。姓は天皇から授かる位ですが、この時代になると「氏」を統合して血族を示す意味も含むようになっています。

ただ、「源平藤橘」のうち、「藤」にあたる藤原氏だけは、皇族から臣籍降下した姓ではありません。藤原氏のルーツは、中大兄皇子《なかのおおえのおうじ》に協力して大化の改新をおこなった中臣鎌足《なかとみのかまたり》です。

鎌足の出生地の名が姓として授けられる

中臣鎌足は天智天皇8年（669）に死去します。その臨終の間際、天皇は鎌足の功績を称えて「藤原」という新たな姓を授けました。鎌足の出生地が、大和国高市《たかいち》郡藤原（奈良県橿原《かしはら》市）だったことから、その地名を姓にしたといわれています。

藤原姓は、鎌足の子である藤原不比等《ふひと》の子孫だけが名乗ることを許されたものです。不比等の4人の息子が藤原姓を継承し、これが藤原四家と総称されるようになります。四家は邸宅の位置した場所や官職名などから藤原南家《なんけ》、藤原北家《ほっけ》、藤原式家《しきけ》、藤原京家《きょうけ》といった呼び方がされました。

四家のなかでももっとも隆盛を誇ったのが、次男・藤原房前《ふささき》の藤原北家です。藤原北家では天皇家との婚姻を繰り返し、外戚（母方の親戚）の地位を保ちながら政治に強い影響力を持つようになります。平安時代には北家の**嫡流**《ちゃくりゅう》が摂政関白となり、朝廷の要職は藤原一族で占められるようになりました。藤原姓＝権力者というイメージができあがります。

用語

嫡流：家を受け継ぐ正統な家柄、本家の血筋のこと。家を継ぐ者を嫡子と呼ぶ。一方で、本家から分家した家筋は庶流で、嫡子以外の子供は庶子と呼んだ。

公家藤原氏のおもな系図

藤原氏の祖は中臣鎌足。鎌足の一族は藤原姓を使い、奈良時代になると藤原一族は北家《ほっけ》、南《なん》家《け》、式家《しきけ》、京家《きょうけ》に分かれ、朝廷内で権力を占めていった。

―― 親子関係
----- 二親等以上離れた子孫
＝＝ 婚姻関係

中臣鎌足《なかとみのかまたり》

飛鳥時代の政治家。大化の改新を実行して、朝廷を揺るがす蘇我氏を倒す。政府の重鎮として律令国家の基礎を築いた。

（国立国会図書館蔵）

藤原不比等《ふじわらのふひと》

奈良時代の公卿。律令国家の法典「大宝律令」の制定に参加。皇室と関係を深め、藤原氏繁栄の基礎を作った。

（国立国会図書館蔵）

武智麻呂《むちまろ》 藤原南家
房前《ふさざき》 藤原北家
宇合《うまかい》 藤原式家
麻呂《まろ》 藤原京家

魚名《うおな》

奈良時代の公卿で、朝廷内で出世を重ねた。子孫は武家藤原氏につながる。

良房《よしふさ》

藤原道長《ふじわらのみちなが》

平安時代の政治家。3代の天皇の外戚として、摂政や太政大臣を歴任、藤原氏の摂関政治の全盛期を築いた。

（国立国会図書館蔵）

兼実《かねざね》 九条家
基実《もとざね》 近衛家
実経《さねつね》 一条家
良実《よしざね》 二条家
兼平《かねひら》 鷹司家

五摂家（摂関家）

近衛家、一条家、二条家、九条家、鷹司家は五摂家と呼ばれ、摂政・関白になれる家柄だった。

COLUMN

最高国家機関、太政官とは

ヤマト王権では、太政官という行政組織によって統治した。太政大臣（不在時は左大臣）が行政長官で、右大臣は長官の補佐。大納言は大臣の補佐。少納言と弁官は事務部局として、行政の実務を行う8省の指揮・運営を行った。

中央政権の組織図

左大臣 ―― 太政大臣 ―― 右大臣
大納言
左弁官 ―― 少納言 ―― 右弁官

左弁官	
中務省	（宮中の政務）
式部省	（礼式と文官人事）
治部省	（外交・婚姻等）
民部省	（財政・地方行政）

右弁官	
兵部省	（武官人事等）
刑部省	（司法を担当）
大蔵省	（税の管理出納）
宮内省	（宮中の庶務）

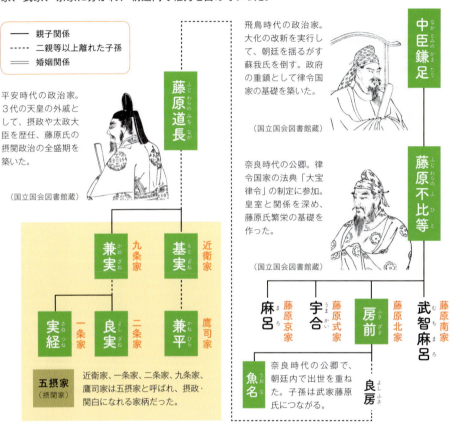

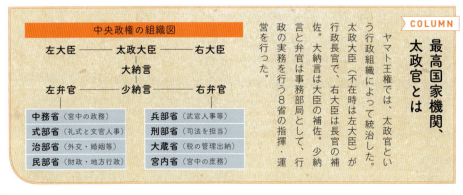

名字

05 武家につながる「藤原」姓の成り立ち

藤原姓が増えすぎて価値が薄れる

栄華を極める藤原一族からは、官職を得て分家を立てる者が増え続けます。しかし、朝廷の官職にも限りがあり、おびただしい数に増えた藤原氏のすべてに職を与えることが難しくなります。

藤原氏の傍流ともなれば閑職でも得られたらよいほうで、朝廷内で出世することは不可能でした。平安時代後期には藤原姓の希少性や価値はすっかり薄れてしまいます。やがて傍流の藤原氏のなかには、都での生活に見切りをつけて地方に移住し、武士として生きる者も現れました。なかでも大成したのは、藤原北家から枝分かれした藤原秀郷《ひでさと》の一族です。

秀郷は平将門の乱で武功を立て、下野（栃木県）と武蔵（東京都・埼玉県）の国司に任じられて関東に地盤を築きました。その子孫が関東から東北地方にまで広がり、それぞれに武士として勢力を持つようになります。奥州の覇者として君臨した奥州藤原氏もまた、藤原秀郷の血脈です。彼らの子孫は秀郷流と呼ばれます。

武士などに転職して成功した藤原氏

北家から枝分かれした武家は、秀郷流のほかに利《とし》仁《ひと》流、山蔭《やまかげ》流があります。

利仁流の祖、藤原利仁は、数々の英雄譚が残る平安時代の伝説的な武人です。利仁は越前国敦賀（福井県）の藤原有仁《ありひと》の娘婿となり、利仁流の系統が生まれます。越前・加賀（石川県南西部）の斎藤氏は嫡流で、美濃（岐阜県）の斎藤道三は末裔です。

山蔭流の祖、藤原山蔭は中納言、民部卿を歴任しつつ、京都の吉田神社を創建。四条流庖丁式（料理の作法）も創建し、日本料理の祖とも呼ばれる人物です。政宗を出した陸奥国（青森・岩手・宮城・福島県）の伊達氏が山蔭流の子孫を名乗っています。

雑学

藤原秀郷の子孫を「秀郷流」とするなど、子孫は「〇〇流」と表記されることがある。「流」は血筋、系統を表す言葉で、「実名＋流」でその人物の子孫、血筋を指す。

武家藤原氏のおもな系図

藤原北家の末裔で、武家となった系統は藤原魚名からはじまり、地方に職を求めて、全国各地で武家となった。子孫は「〇藤」と名乗るものが多い。

平安時代の武将。平将門の乱を平定し、下野守、武蔵守を歴任。東国に勢力を広げた。大ムカデ退治など数々の説話が残っている。

（国立国会図書館蔵）

———— 親子関係
- - - - 二親等以上離れた子孫
＝＝＝ 婚姻関係

藤原北家　藤原魚名《うおな》

秀郷《ひでさと》　秀郷流

山蔭《やまかげ》　山蔭流

利仁《としひと》　利仁流

叙用《のぶもち》　斎藤氏

佐藤氏

蒲生《がもう》氏

藤原清衡《きよひら》　奥州藤原氏

伊達氏

加賀斎藤氏

越前斎藤氏

美濃斎藤氏

平安時代の公卿。勅命により「四条流庖丁式」という料理作法を定め、日本料理の祖とも呼ばれる。京都の吉田神社を創建。

（国立国会図書館蔵）

（国立国会図書館蔵）

平安時代に武蔵国の国守、鎮守府将軍などを歴任。『今昔物語』など鬼退治や悪党退治の物語が残る。

藤原清衡

平安時代の陸奥の豪族。後三年の役で活躍し、陸奥・出羽を領有。奥州藤原氏として平泉文化を築いた。

（国立国会図書館蔵）

佐藤忠信《ただのぶ》

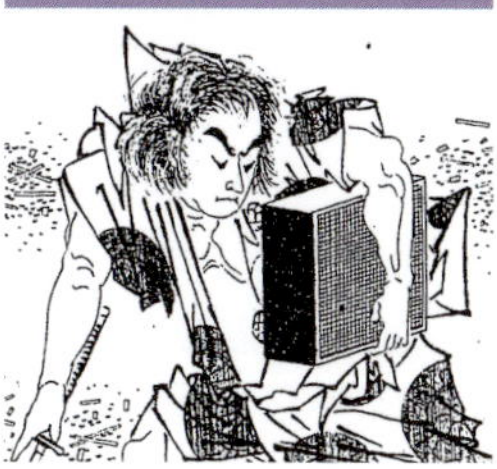

平安時代の武士で、兄・継信とともに義経四天王として源平合戦で活躍。陸奥信夫郡（福島県）の出身で公清の子孫。

（国立国会図書館蔵）

斎藤道三《どうさん》

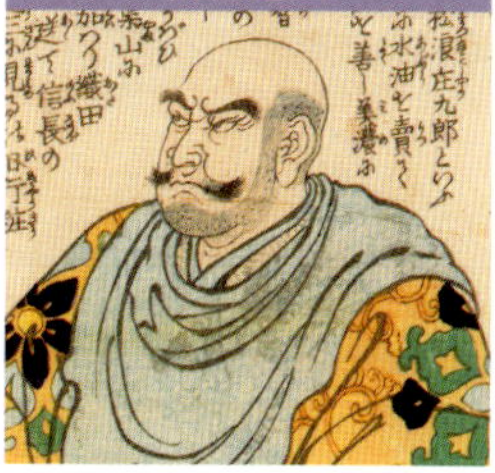

戦国時代の武将。美濃守護土岐氏の家臣となり、守護代の美濃斎藤氏を継ぐ。

（東京都立中央図書館蔵）

名字

06

「橘」姓の成り立ち

橘姓の始祖は宮廷の女官長だった

第30代敏達《びだつ》天皇の末裔とされる美努《みぬ》王に嫁いだ、県犬養三千代《あがたのいぬかいのみちよ》という女性がいました。彼女は長く女官長として宮廷にも仕え、後に第42代文武天皇となる軽皇子《かるのみこ》の乳母を務めたと伝えられます。

和銅元年（708）に第43代元明天皇が即位した時、天皇は三千代の長年の労をねぎらって宴を催しました。酒杯に浮かべられた芳香あふれる橘《たちばな》を眺めながら「これを姓とするように」と、橘姓を与えました。橘は古くから日本に自生する柑橘類。長期間保存しても香味が変わらないことから、「非時香菓《ときじくのかくのこのみ》」と呼ばれ、宮廷で珍重されてきた果実です。

橘諸兄の死後は勢力が衰える

橘姓は三千代だけに与えられたものでした。しかし、天平8年（736）に彼女の息子である葛城《かつらぎ》王《おう》と佐《さ》為《い》王《おう》の兄弟が臣籍降下（➡P58）した時に、母の姓を受け継ぐことが許されました。兄の葛城王は橘諸兄《もろえ》を名乗り、やがて左大臣にまで出世します。弟の佐為王のほうも橘佐為を名乗り、のちに第45代聖武天皇となる首皇子《おびとのおうじ》の教育係などを務めましたが、疫病により若くして亡くなってしまいます。

橘諸兄が存命の頃、橘氏は藤原氏に勝るとも劣らぬ勢力を誇っていました。しかし、橘諸兄の死後はその力も急速に衰えます。平安時代には「源平藤橘」の四大姓に数えられ、上位の貴族である公卿にも名を連ねていましたが、藤原氏一族とは大きな差があります。

また、源氏や平氏のように東国へ下野し、武士として勢力を築く者も現れませんでした。南北朝時代に武士として活躍した楠木正成は橘氏の末裔を名乗っていましたが、ほかの3氏に比べると、歴史上の有名人は極めて少なくなります。

雑学　皇室儀式を行う紫宸殿《ししんでん》の前庭には左にサクラ、右にタチバナが植えられ、さらに建物左に左近衛《さこんえ》府《ふ》、右に右近衛府《うこんえふ》と警護が詰めており、そこから「左近の桜、右近の橘」という言葉が生まれた。

橘氏のおもな系図

橘氏は三千代一代に与えられた姓だったが、諸兄《もろえ》・佐為《さい》兄弟が臣籍降下する際に、橘氏を名乗ることを許された。藤原、源、平に比べると子孫の数は少ない。

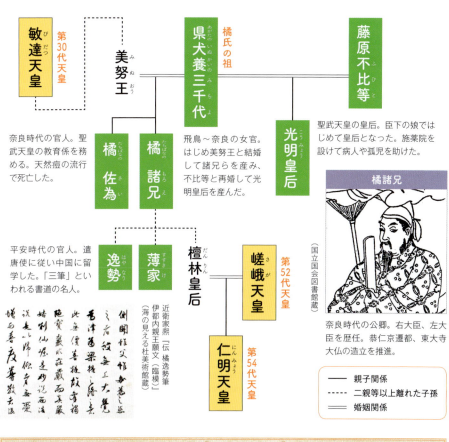

敏達《びだつ》天皇　第30代天皇

美《み》努《ぬ》王《おう》

県犬養三千代《あがたのいぬかいのみちよ》　橘氏の祖

飛鳥～奈良の女官。はじめ美努王と結婚して諸兄らを産み、不比等と再婚して光明皇后を産んだ。

藤原不《ふ》比《ひ》等《と》

橘《たちばなの》佐為《さい》

奈良時代の官人。聖武天皇の教育係を務める。天然痘の流行で死亡した。

橘《たちばなの》諸兄《もろえ》

光明《こうみょう》皇后

聖武天皇の皇后。臣下の娘ではじめて皇后となった。施薬院を設けて病人や孤児を助けた。

逸勢《はやなり》

平安時代の官人。遣唐使に従い中国に留学した。「三筆」といわれる書道の名人。

薄家《すすきけ》

檀《だん》林《りん》皇后

嵯峨《さが》天皇　第52代天皇

仁明《にんみょう》天皇　第54代天皇

近衛家熙『伝 橘逸勢筆 伊都内親王願文（臨模）』（海の見える杜美術館蔵）

橘諸兄

（国立国会図書館蔵）

奈良時代の公卿。右大臣、左大臣を歴任。恭仁京遷都、東大寺大仏の造立を推進。

―― 親子関係
- - - - 二親等以上離れた子孫
＝＝ 婚姻関係

COLUMN

秀吉が橘氏の血筋を絶やした？

橘氏は藤原氏などの勢力に押されて衰退したが、公家の薄家、筑後の橘氏など、細々と末裔は続いた。

薄家は堂上家で、公家の中でも位は高く、橘氏の代表者（氏長者）でもあった。しかし、戦国時代、豊臣秀吉の命令で薄諸《もろ》光《みつ》は自刃し、ここで薄家は断絶している。薄家は牛にかかる年貢の権益を持っていたが、それを秀吉に咎められての自刃と見られている。

名字 07

公家につながる「源」姓の成り立ち

臣籍降下した源氏は21の系統に分かれる

第52代嵯峨天皇には、50人の子があったといわれます。そのため多くの皇子や皇女を臣籍降下（⬇P58）させる必要があり、その数は32人にもなりました。皇籍を離れて新しい家を興していく子らに、父である天皇は「お前たちの源流は皇室にある」というメッセージを込めて、「源《みなもと》」の姓を与えました。

この後にも第56代清和天皇、第59代宇多《うだ》天皇、第62代村上天皇の代に臣籍降下した皇族も源姓を賜っています。このため源姓の系統は21となり、これを「源氏二十一流」と呼ぶようになりました。源氏といえば武家のイメージが強いのですが、多くの源氏系統の中には公家として生き続けた者も多く存在するのです。

源姓の公家で有名なのは、嵯峨天皇の皇子だった源融《とおる》でしょうか。朝廷で左大臣にまで出世した人物であり、当時の都では有名なプレイボーイ。『源氏物語』の主人公である光源氏のモデルだったともいわれています。

村上源氏から多くの名門公家が生まれる

村上天皇の皇子たちを祖とする「村上源氏」は、公家のイメージが強い源氏です。村上源氏は致平《むねひら》親王、為平《ためひら》親王、具平《ともひら》親王の3皇子からはじまる3つの系統に分かれますが、なかでも具平親王の系統は朝廷内で確固たる地位を築いています。具平親王の子である源師房《もろふさ》が、藤原道長の娘を娶《めと》ったことが繁栄につながりました。絶対権力者の庇護により師房は右大臣に出世。その後も、藤原北家との婚姻を繰り返して朝廷内の要職を得ることができました。

具平親王の系統はやがて久我《こが》家や中院《なかのいん》家へと分かれ、都の公家として残ります。維新で活躍した岩倉具視《ともみ》も、村上源氏の傍流です。

雑学 遊女や芸者の呼び名を「源氏名」というが、これは「源姓」とは関係ない。宮中の女官に『源氏物語』54帖の題名を仮名として与え、これを「源氏名」と呼んだのがはじまり。

源氏二十一流とは

臣籍降下し、源姓を賜った流派は21系統にのぼる。系統の名前は、始祖に当たる天皇の名前に由来している。

嵯峨《さが》源氏	最初に賜姓された皇子女の子孫は武家で繁栄。肥前松浦氏が称した。
仁明《にんみょう》源氏	皇子は公卿となり右大臣に。以降は振るわなかった。
文徳《もんとく》源氏	子孫は検非違使として活躍。
清和《せいわ》源氏	子孫は武家として繁栄し、新田氏、足利氏、武田氏などが活躍。
陽成《ようぜい》源氏	清和源氏の祖、源経基は陽成天皇の孫という説がある。
光孝《こうこう》源氏	子孫は仏師となり、仏師の各流派を出した。
宇多《うだ》源氏	子孫は五辻家など公卿を多数輩出。武家も近江佐々木氏が活躍。
醍醐《だいご》源氏	子孫は朝廷内で活躍。子孫に多くの公卿を出した。
村上《むらかみ》源氏	子孫から多数の公卿を出し、室町時代まで源氏長者を独占した。
冷泉《れいぜい》源氏	子孫は不明。
花山《かざん》源氏	子孫は公家の白川家。朝廷の祭祀を司る神祇官を世襲した。

三条《さんじょう》源氏	第1皇子・敦明親王の子孫。
後三条《ごさんじょう》源氏	第3皇子輔仁親王に賜姓。子孫の源有仁は左大臣となった。
後白河《ごしらかわ》源氏	第3皇子以仁王の一代のみに賜姓。
順徳《じゅんとく》源氏	第5皇子忠成王の子孫。
後嵯峨《ごさが》源氏	孫の源惟康の一代のみに賜姓。
後深草《ごふかくさ》源氏	第6皇子久明親王の子・久良親王に賜姓された。
亀山《かめやま》源氏	子孫に宮家の常磐井宮家がある。
後二条《ごにじょう》源氏	子孫に宮家の木寺宮家がある。
後醍醐《ごだいご》源氏	孫の尹良親王に賜姓とも。
正親町《おおぎまち》源氏	子孫に公家の広幡家がある。

村上源氏の子孫たち

村上天皇の皇子、具平親王の子孫たちは朝廷内で権力を握り、久我《こが》家など多数の公家が出た。

源 師房《みなもとのもろふさ》

平安時代の貴族で村上源氏の地位を高めた。詩文・和歌にも優れ、日記『土右記《どゆうき》』なども残す。

（国立国会図書館蔵）

源 通親《みなもとのみちちか》

平安～鎌倉の公卿で久我家の祖。土御門天皇の外戚として朝廷の実権を握った。

（フェリス女学院大学附属図書館蔵）

岩倉具視《ともみ》

幕末～明治の政治家で維新政府の指導者。岩倉家は久我家の庶流で、具視は養子に入った。

（国立国会図書館蔵）

名字

08 武家につながる「源」姓の成り立ち

清和源氏の一族は武装化して各地に土着

第56代清和天皇の皇子や孫のうち、16人が臣籍降下（↓P58）して源姓を賜り、「清和源氏」と称されるようになります。清和源氏の数は多いのですが、武士となって諸国に割拠したのは、清和天皇の孫にあたる源経基《つねもと》を祖とする者たちです。

経基の子である源満仲《みつなか》が官吏として摂津《せっつ》国（大阪府北部・兵庫県南部）に赴任し、そこで莫大な富を得て武装化。やがて、大規模な武士団に成長します。平安時代末期は反乱が頻発し、日本中で治安が悪化していました。そんな情勢だけに、満仲の武士団は反乱鎮圧などで活躍し、その子や孫たちが各地に所領を得て勢力圏を築いていきます。

江戸期の三百諸侯は半数が清和源氏!?

満仲の嫡男である源頼光《よりみつ》は、摂津国を地盤としていたことから摂津源氏とも呼ばれました。また、次男・源頼親《よりちか》は大和国（奈良県）、三男・源頼信《よりのぶ》は河内《かわち》国（大阪府東部）で勢力を築き、大和源氏や河内源氏と呼ばれるようになります。その子や孫たちはやがて、新天地を求めて東国へ移住します。

当時の関東地方は統治が安定せず、武力をもって支配地を得るには格好の場所。また、馬を使って戦う武士にとって、広々とした関東の荒野は戦いやすい戦場でもありました。日本初の武家政権である鎌倉幕府を開いた源頼朝は、関東に基盤を築いた河内源氏の一族。また、室町幕府を開いた足利氏も同じ河内源氏。清和源氏の血脈であることが、**武士の棟梁《とうりょう》**となる条件。と、そんなイメージがしだいに定着します。

清和源氏の血脈にあこがれて自称する者も増え、江戸時代になると半数近い大名家が清和源氏を称するようになりました。

用語 **武士の棟梁**：地方の武士を統率できる最上級の武士のこと。武士の棟梁＝征夷大将軍であるため、武家政権を支配する将軍を指す言葉でもある。

清和源氏の系図

源氏二十一系の中でもっとも繁栄したのは、清和天皇の子孫たち。地方に土着して武士団の棟梁となり、この系統から源頼朝、足利尊氏は生まれた。

平安時代の武将。平忠常の乱を戦わずに鎮圧。河内国（大阪府）に本拠を構えた。

（国立国会図書館蔵）

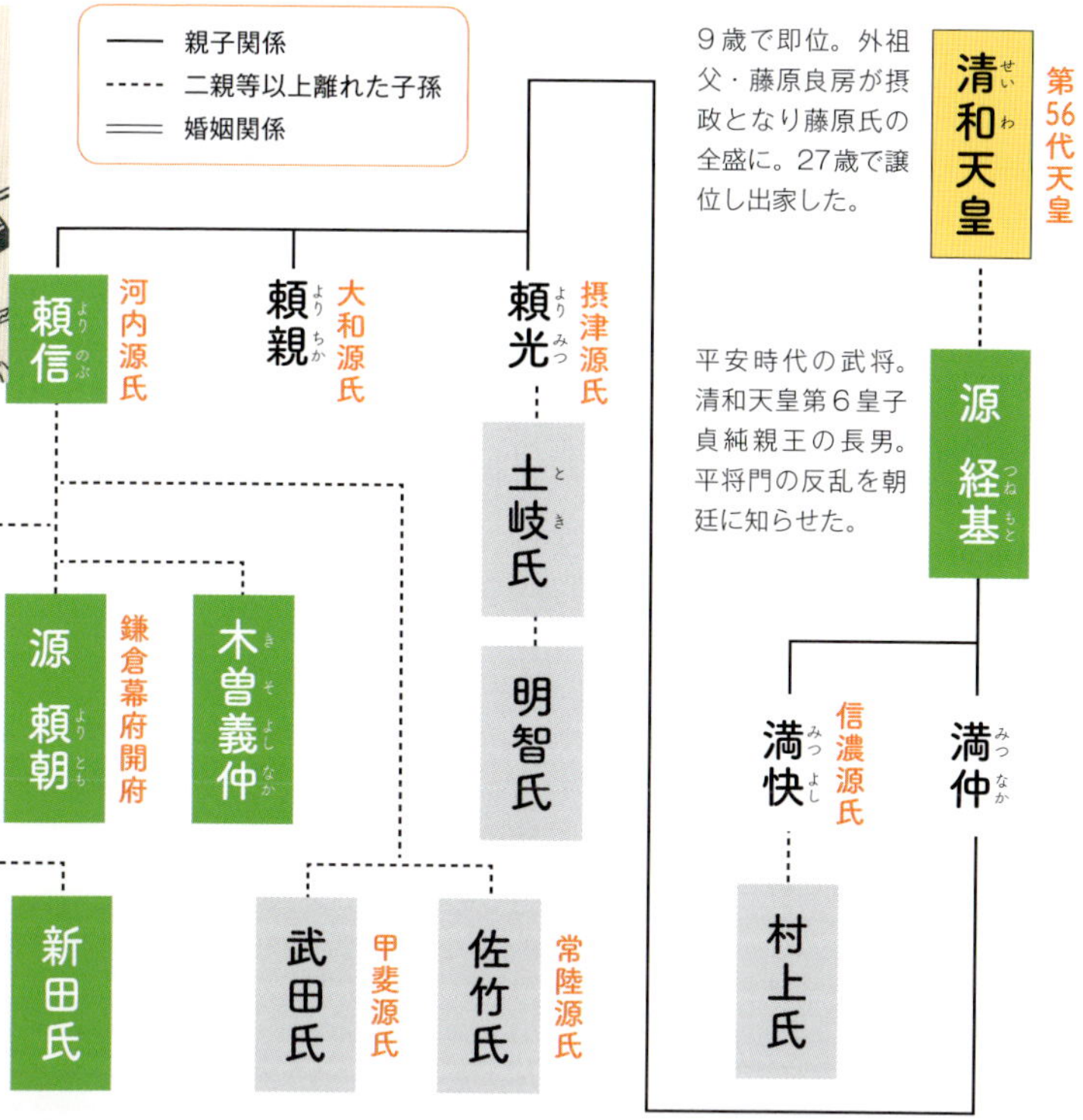

源　頼朝

鎌倉幕府の初代将軍。東国の武士をまとめ、平氏を倒して日本初の武家政権を樹立した。

『絹本著色伝源頼朝像』（神護寺蔵）

新田義貞《よしさだ》

鎌倉～南北朝の武将。上野国新田荘の新田氏総領で、鎌倉幕府を滅ぼし、足利尊氏と天下を争った。

（国立国会図書館蔵）

木曽義仲

平安時代の武将。信濃国木曽で、平氏追討の兵をあげ、平氏、頼朝の兵、義仲の兵で全国を三分した。

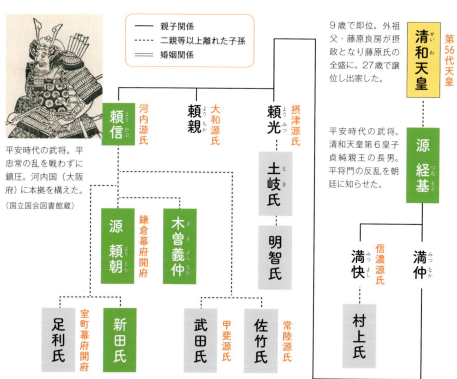

名字 09

「平」姓の成り立ち

❖ 源姓に比べると平姓の系統は少ない

第50代桓武《かんむ》天皇の皇子が臣籍降下（⇩P58）した時、建設中だった平安京にちなんで、「平《たいら》姓」が与えられました（諸説あり）。この後にも第54代仁明《にんみょう》天皇、第55代文徳《もんとく》天皇、第58代光孝天皇の代に臣籍となった皇族も平姓を賜っています。

源氏と同様に多くの皇族が平姓となりました。しかし、21系統を数える源氏と比べると、平氏の場合は4系統とかなり少なくなります。また、桓武天皇から出た桓武平氏のほかには、繁栄した系統はありません。

桓武平氏にはふたつの流れがあります。ひとつは桓武天皇の第3皇子である平高棟《たかむね》を祖とする流れ、もうひとつは天皇の孫である平高望《たかもち》を祖とする流れです。高棟は大納言に出世し、交野《かたの》家や平松家などの公家として残りました。

❖ 「平家」を名乗るのは平清盛の家系だけ

一方、高望は上総《かずさ》国（千葉県の一部）の官吏となり、その子や孫たちが関東に土着して武士になります。その勢力は関東全域に広がり「坂東《ばんどう》平氏」と呼ばれるようになりました。坂東平氏の中からは千葉氏や三浦氏など、のちに鎌倉幕府を支える有力武士も多く輩出しています。

坂東平氏のなかには関東を離れて伊勢国（三重県）に本拠を移した者たちもおり、伊勢平氏と呼ばれました。太政大臣となり平氏政権を打ち立てた平清盛も伊勢平氏の出身です。

実は平氏のなかでも「平家」と呼ぶことができるのは清盛の家系だけ。清盛の家系は朝廷に仕えて都に住みました。朝廷では、藤原氏を「藤《とう》家」、菅原氏を「菅《かん》家」と呼んでおり、伊勢平氏は「平家」と呼ばれたのです。

雑学 関東に土着し武家となった坂東平氏には千葉氏、上総氏、三浦氏、土肥氏、秩父氏、大庭氏、梶原氏、長尾氏がいる。どれも高望の子、良文と良茂の子孫。ちなみに坂東＝関東のこと。

桓武平氏の系図

桓武天皇の子孫たちは平姓を賜り、高棟《たかむね》の子孫たちは公家となった。高望《たかもち》の子孫たちは貴族化した伊勢平氏と、関東に土着し武士化した坂東平氏とに分かれた。

平 将門

平安時代の武将。下総国を本拠に常陸・下野・上野などを制圧。新皇と名乗り関東の独立を図った。

平 高棟

(国立国会図書館蔵)

平安時代の公卿。大蔵卿、刑部卿を歴任し、大納言になる。子孫は文官として朝廷に仕え、公家平氏と称された。

—— 親子関係
- - - - 二親等以上離れた子孫
═══ 婚姻関係

桓武天皇　第50代天皇

45歳で即位。長岡京・平安京へ遷都を行った。坂上田村麻呂を派遣し東北の支配を進めた。

- 平《たいらの》高棟《たかむね》（高棟流）
  - 惟範《これのり》
    - 交野《かたの》家、平松家など公家に
- 平《たいらの》高望《たかもち》（高望流）
  平安時代の武将。上総国の国守として関東に土着。子孫たちは武士化した。
  - 良文《よしふみ》（坂東平氏）
    - 三浦氏
    - 千葉氏
    - 畠山氏
  - 良将《よしまさ》
    - 平《たいらの》将門《まさかど》
  - 国香《くにか》（伊勢平氏）
    - 維幹《これもと》
      - 大掾《だいじょう》氏
        常陸国の豪族。大掾という職名を世襲し、名字とした。平将門の乱で活躍。
    - 維衡《これひら》
      - 平清盛《きよもり》
    - 維将《これまさ》
      - 北条氏
      - 熊谷氏

平 清盛

太政大臣となり一門で官職を独占したが、全国各地で反乱が起こり、清盛は病死、一門は滅亡。
(宮内庁三の丸尚蔵館蔵)

北条時政

(国立国会図書館蔵)

鎌倉幕府初代執権。頼朝の妻政子の父。2代将軍頼家を暗殺し、その弟・実朝を将軍とし、執権となって幕政の実権を握った。(国立国会図書館蔵)

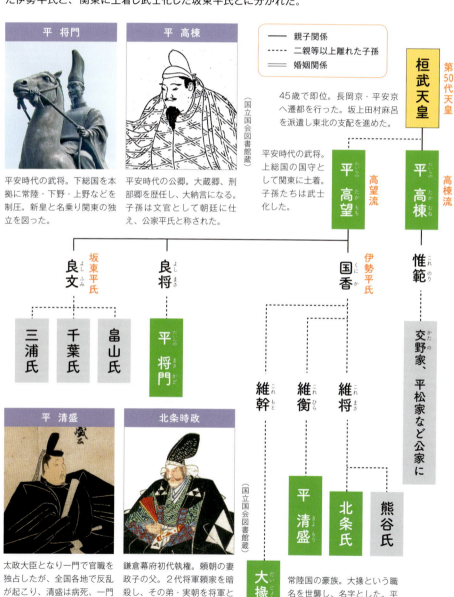

名字

10 平安時代の氏族名鑑『新撰姓氏録』とは？

氏族の系譜や由来をくわしく書き記す

第52代嵯峨天皇の治世には、**薬子《くすこ》の変**など戦乱も起こりましたが、後半は比較的安定しました。嵯峨天皇は長命でもあり、約40年間にわたり平穏な日々が続き、華やかな宮廷文化が栄えます。また、学術への関心も高かった嵯峨天皇の治世下では、後世に伝わる多くの書物も生まれています。弘仁6年（815）に編纂された『新撰姓氏録《しんせんしょうじろく》』もそのひとつです。

『新撰姓氏録』は、都やその近隣の畿内に住む1182の氏族を「皇別《こうべつ》」「神別《しんべつ》」「諸蕃《しょばん》」の三つに分類し、その祖先を明らかにして、それぞれの氏名の由来などを紹介したもの。ちなみに「皇別」とは天皇や皇族の子孫、「神別」は神話に登場する神々の子孫、「諸蕃」は朝鮮半島や中国からやってきた渡来人のことです。

『新撰姓氏録』の原本は失われた

『新撰姓氏録』を調べれば、氏族が名乗る姓が本当に正しいのか判定することができます。血脈や家柄を重んじる朝廷の政治では、それが重要な意味をなしていました。編纂には綿密な調査や資料の収集が必要となり、膨大な費用もかかるため、国家的プロジェクトとして取り組んだのです。中国の唐王朝でも、太宗《たいそう》皇帝の頃に『氏族志《しぞくし》』が編纂されています。天平宝字5年（761）には、これをモデルに日本でも『氏族志』の編纂が計画されましたが、完成には至りませんでした。『新撰姓氏録』の「新撰」とは、未完に終わった日本版の『氏族志』を編纂し直して完成させたという意味です。

現在、『新撰姓氏録』の本文は失われ、現在は目録の抜書きが残っているだけ。それでも古代史研究の第一級資料として重視されています。

用語 **薬子の変**：大同4年（810）頃に起こった朝廷内の内乱。平城天皇に気に入られ権力を握った藤原薬子と兄仲成《なかなり》は、次代の嵯峨天皇を廃して再び権力を握ろうとしたが失敗した。

新撰姓氏録とは

古代日本の氏族の系譜を記録した書籍。弘仁6年（815）にまとめあげた。京と畿内に住む氏族1182氏が、家柄によって「皇別」「神別」「諸蕃」に分類され、祖先、氏の由来、分岐などが記述された。

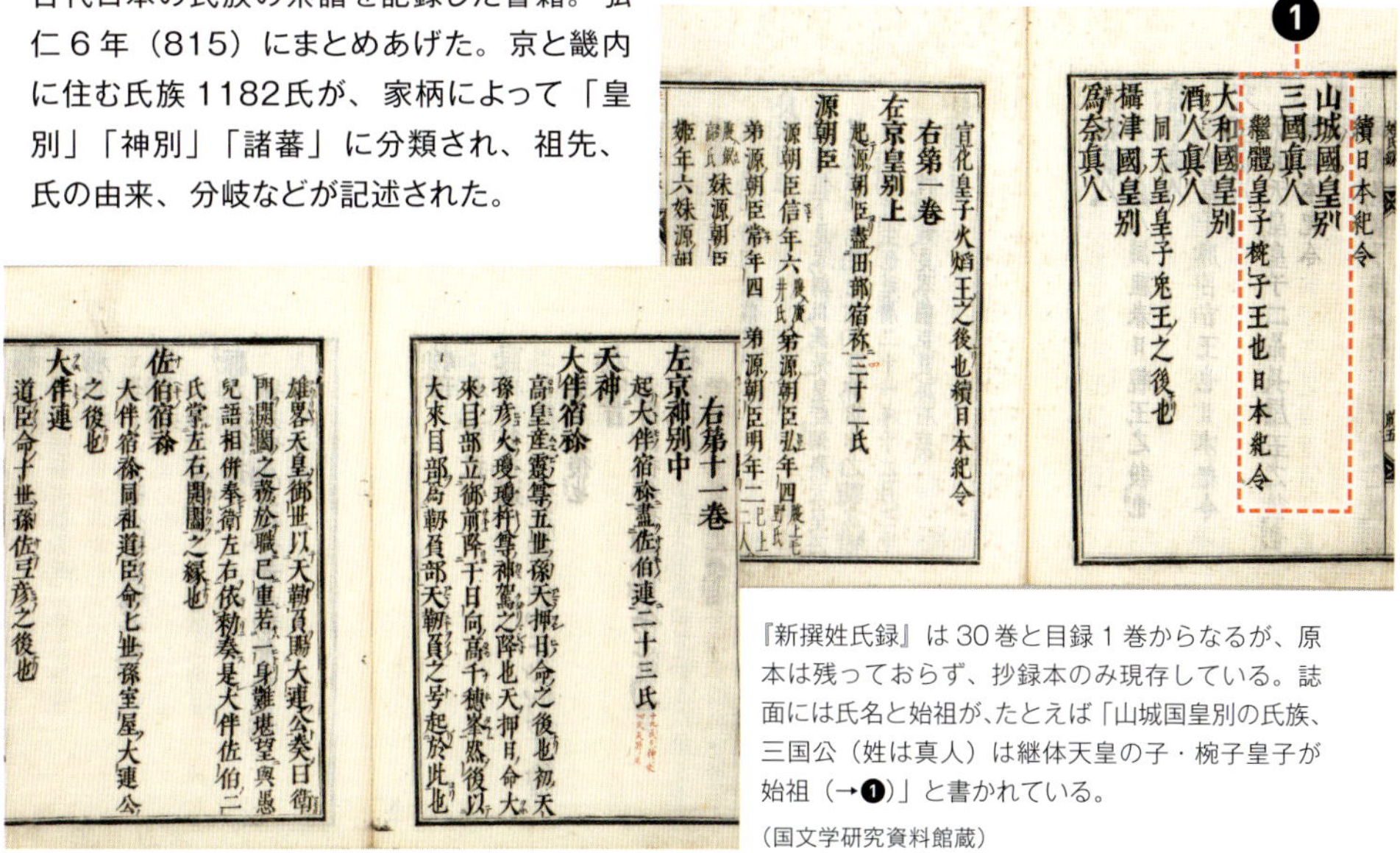

『新撰姓氏録』は30巻と目録1巻からなるが、原本は残っておらず、抄録本のみ現存している。誌面には氏名と始祖が、たとえば「山城国皇別の氏族、三国公（姓は真人）は継体天皇の子・椀子皇子が始祖（→❶）」と書かれている。

（国文学研究資料館蔵）

皇別《こうべつ》

神武天皇以降、天皇家から分かれた氏族で335氏が掲載されている。おもな氏族名は以下の通り。

上毛野《かみつけの》氏（崇神天皇の子孫）　源氏

阿倍氏（孝元天皇の子孫）　紀《き》氏（武内宿禰の子孫）

橘氏　高階氏

神別《しんべつ》

神武天皇以前の神の時代に分かれ、あるいは生じた氏族で404氏が掲載されている。おもな氏族名は以下の通り。

【天神】天照大神の子孫

藤原氏　大伴氏

【天孫】天照大神の子孫

出雲氏　尾張氏

【地祇】天孫降臨以前の国土の神々の子孫

安曇《あづみ》氏　弓削《ゆげ》氏

諸蕃

中国と朝鮮からの渡来人の子孫からなる氏族、326氏が掲載されている。おもな氏族名は以下の通り。

秦《はた》氏　神前《かんざき》氏

百済《くだら》氏　丹波《たんば》氏

高麗《こま》氏　武生《たけふ》氏

名字 11

公家の名字は居住地からはじまった

平安時代の都は藤原姓であふれていた

平安時代には、藤原北家の嫡流が朝廷政治のトップである摂政関白を世襲し、その他のポストも一族で独占するようになります。ほかの氏族は駆逐され、都の政界は藤原姓だらけになりました。

そうなると、姓でお互いを区別することができなくなります。このため、藤原姓の貴族を中心に、名字を名乗って呼びあう風習が生まれました。京の都は碁盤目状に整備され、大きな通りはもちろん、細い路地にもすべて名称がありました。貴族たちは自分の屋敷が面している道の名前を、名字として名乗るようになります。たとえば、一条通りに面した場所に屋敷があれば「一条」、鷹《たか》司《つかさ》小路ならば「鷹司」といった具合に。また、姓と役職をあわせた名字も考案されました。祭事を司る斎宮頭《さいくうのかみ》の「斎」と、藤原の「藤」をあわせた「斎藤」などが有名です。

父系社会で名字の意識が芽生える

通い婚だった母系社会の平安貴族は、父と子が別の屋敷に住むことが多く、父子で名字が違うこともよくありました。そのため、名字はあくまで個人を区別し、個人の地位や立場を表すものと考えます。当時は名字ではなく「称号」と呼んでいました。

しかし、平安時代末期になると、貴族社会も母系社会から父系社会に移行します。通い婚ではなく、女性が妻として嫁ぎ、夫婦や子らがひとつの屋敷で暮らすようになりました。ひとつ場所に住めば家族の意識が芽生え、父子が違った称号を名乗ることもなくなります。

このため、称号は個人から家族のものとなり、やがて子々孫々に伝わってゆくようになりました。貴族が個々に名乗った称号も、時代とともに家系を表す名字に転化したのです。

用語

通い婚：結婚しても同居せず、夫が妻の家を訪れる形の婚姻形態。古代から平安時代では、夫婦生活が妻方で行われる婿入り婚が主で、夫が妻方に住む形と、妻方へ通う通い婚があった。

公家のおもな名字

公家の呼び名が定着すると、家格が生まれて昇殿を許される家柄が決められ、分類された。家格によって朝廷内の役職も決められた。

摂関家《せっかんけ》

摂政・関白に任じられる家柄。藤原北家が世襲した。五摂家とも呼ばれる。

近衛《このえ》家　鷹司《たかつかさ》家　九条家　一条家　二条家

清華家《せいがけ》

五摂家に次ぐ、太政大臣まで昇進できる家柄。増減あるが、おもに7家を指す。

三条家　西園寺家　徳大寺家　久我《こが》家
花山院《かざんいん》家　大炊御門《おおいのみかど》家　今出川家

大臣家

太政大臣まで昇進できるが、近衛大将を兼任できない。以下の3家を指す。

正親町《おおぎまち》三条家　三条西家　中院《なかのいん》家

羽林家《うりんけ》

大臣家に次ぐ、大納言・中納言・参議に昇進できる家柄。江戸期まで約40家になる。

正親町家　滋野井家　中山家　難波家　飛鳥《あすか》
井《い》家　松木家　持明院《じみょういん》家　四条家　山科《やましな》家

名家《めいけ》

羽林家に次ぐ、大納言まで昇進できる。おもな家名は以下の通り。

日野家　広橋家　烏丸《からすまる》家　甘露寺《かんろじ》家　葉室《はむろ》家
勧修寺《かじゅうじ》家　柳原家　中御門《なかのみかど》家　万里小路《までのこうじ》家

半家《はんけ》

堂上家の最下位。

高倉家　富小路家　五辻《いつつじ》家　竹内家　高辻家
五条家　唐橋家　土御門《つちみかど》家　西洞院《にしのとういん》家

九条兼実《かねざね》

平安～鎌倉の公卿。京都九条に屋敷を構え、それが家名となった。

（国立国会図書館蔵）

西園寺公経《きんつね》

鎌倉時代の公卿。京都北山に西園寺を建立し、それが家名となった。

（フェリス女学院大学附属図書館蔵）

万里小路藤房《までのこうじふじふさ》

鎌倉時代の公卿。後醍醐天皇の側近で討幕運動、建武政権に参加。

（国立国会図書館蔵）

名字

12 武家の名字は所領からはじまった

名字の発祥は武蔵七党から

都での出世をあきらめた多くの一族が、地方に下り武士化して勢力を築きました。

当時の関東は無法地帯で、武力がものいう世界。武士が力を育むには最適の舞台です。しかし、平安時代末期になると、条件のよい平地は板東平氏系の大きな武士団が牛耳るようになります。

後発の小規模な武士団は、武蔵国（東京都・埼玉県）を中心とした丘陵地や山間部に自分たちの本拠を構えました。農地としての開拓は難しい地域だったのですが、軍馬の産地であり、横山党や猪俣党、児玉党など「武蔵七党《むさししちとう》」と呼ばれる強力な武士団に育っていきました。この武蔵七党が、氏や姓ではなく名字にあたる呼称を名乗った最初の武士だったといわれています。

小規模な武士団が多かった武蔵国やその近隣地域では、武士たちの所領や勢力圏がモザイクのように入り組んでいます。互いに友好な関係を維持するため、お互いの領地を侵略しないことを不文律としていました。争いを防ぐには、土地の支配者が誰であるかを明確にする必要があります。それには土地名を名字として名乗るのが一番と考えたのでしょう。

領地は命に代えても守るという決意

貴族が朝廷から与えられる役職を生活の糧としたように、武士は土地から得られる収益で軍事力をつけ、家を繁栄させます。領地を守るためには命も惜しみません。所領の地名を名字として名乗るのは、領地は命に代えても守るという武士の決意表明であるのです。また、家族としての結びつきが強かった武士社会では、貴族のように個人的な称号の段階を経ずに、最初から家族や家系を表す名字としてこれを用いました。

雑学　武士の間で、自分の領地を命をかけて守り、生活の頼みとすることを「一所懸命の地」といった。しだいに「命がけのこと」を指す言葉となり、「一生懸命」へと語形も変化した。

武蔵七党とは

京から武蔵国に移り住んだ武士団で、なかでも強力な領主集団は「武蔵七党」と呼ばれた。党は同じ出自の者が集まって十数の家で構成され、その際、自分の領地を示すため地名を名字にして名乗りあった。

児玉党	児玉郡（埼玉県児玉郡）を領地とする一団で、武蔵七党の最大勢力。藤原氏に仕えた有道《ありみち》氏が移住。おもな一族に児玉氏、庄《しょう》氏、本庄氏がいる。
横山党	横山荘（東京都八王子市）を領地とする一団で、武蔵守となった小野孝泰《たかやす》が土着したことにはじまる。おもな一族に横山氏、小野氏、海老名氏がいる。
猪俣党	那珂郡（埼玉県児玉郡美里町）を領地とする。小野孝泰の子、時資《ときすけ》の子孫が猪俣氏を名乗った。おもな一族に岡部氏、人見氏、男衾《おぶすま》氏がいる。
野《の》与《よ》党	野与荘（場所は諸説あり）を領地とする。桓武平氏の流れを汲む平基永《もとなが》が野与氏を名乗り、おもな一族に多賀谷氏、野崎氏がいる。
丹《たん》党	丹荘（埼玉県児玉郡神山町）を領地とする。多治比《たじひ》氏の末裔が丹治氏を名乗った。おもな一族に青木氏、安保氏がいる。
村山党	村山郷（東京都東村山市）を領地とする。野与基永の弟頼任《よりとう》が村山氏を名乗ったという説がある。おもな一族に金子氏、宮寺氏、仙波氏がいる。
西党	武蔵国西部を基盤とする一団。武蔵国を治めた日奉宗頼《ひまつりのむねより》が祖であり、おもな一族に西氏、平山氏、川口氏、立川氏がいる。

源平合戦で平氏軍に奇襲をしかけた「逆落とし」の様子。武蔵七党のほか、秩父地方の豪族秩父氏一族も活躍し、鎌倉幕府の御家人に取り立てられた。

歌川国芳『義経之軍兵一ノ谷逆落之図』（神戸市立博物館）

写真：Kobe City Museum / DNPartcom

名字 13

鎌倉幕府の成立で名字が東西に大移動

東国武士が西国に赴任するように

源頼朝が平家を倒し、鎌倉幕府を開いたことで、本格的な武家政権が成立します。全国を支配する幕府のもとに、多くの武士が臣下として従います。幕府は家臣団を整備するために、有力武士を「御家《ごけ》人《にん》」と呼び、ほかの武士たちと区別しました。早い段階で頼朝の臣下となった南関東の武士が、御家人には多く名を連ねています。

幕府は国単位の長官として守護職を制定。また、西国にあった広大な平家の所領を没収し、その管理官として地頭《じとう》職を制定しました。信頼厚い御家人たちが地頭に指命されて、西国へ赴任するようになります。また、承久3年（1221）の承久の乱により、敗れた後鳥羽上皇方の所領を没収した際にも、幕府は新補《しんぽ》地頭として多くの東国武士を西国に赴任させました。

東国由来の名字が西国の地に根付く

地頭は警察権と軍事権を与えられ、その武力を背景に幕府を代行して徴税を行うのが職務です。新補地頭には土地収益の半分を与える特典が付加されました。このため、地頭として赴任した地に根付く者も増えてきます。

東国の武士が地頭として大量に西国へ赴任し、その土地を所領として子々孫々に伝えたことで、関東や東海地方の地名に由来する名字が西国に定着するようになりました。たとえば、安芸（広島県西部）に土着した毛利氏や熊谷氏は、それぞれ相模（神奈川県）の毛利荘、武蔵（東京都・埼玉県）の熊谷郷に由来。また、肥前（佐賀県）や薩摩（鹿児島県西部）にも、関東由来の名字を持つ千葉氏や渋谷氏が住むようになります。まさしく、名字の東西大移動という現象が起きたのです。

雑学　御家人が従来から支配していた所領を幕府が保証することを「安堵《あんど》」、その地頭職につくことを「本補地頭《ほんぽじとう》」、新たに所領をもらうことを「新恩《しんおん》」、その地頭職につくことを「新補地頭《しんぽじとう》」という。

将軍と御家人

将軍は御家人の領地を認め(御恩)、御恩を受けた御家人は将軍に忠誠を誓った(奉公)。将軍と御家人は、土地を仲立ちとしてこのような主従関係を築いた。

【奉公】

軍役	合戦への参加
大番役	京都や幕府の警備

将軍

↑ 主従関係 ↓

御家人

【御恩】

所領安堵	領地の支配権を認める
新恩給与	恩賞に新たな土地や位をもらう

西国に赴任したおもな御家人

地頭には基本的に在地の御家人が任命されたが、平家や後鳥羽上皇の没落で、没収された所領に東国の御家人が派遣され、新しい地頭が多く生まれた。

毛利氏

毛利季光は父から相模国毛利庄を相続し、毛利を名乗る。承久の乱で功をあげ、幕府から安芸国吉田荘の地頭職を得た。

毛利氏発祥の地碑
(神奈川県厚木市)

大友氏

大友能直《よしなお》は相模国大友郷を相続。豊後国大野荘の地頭職を得て、子孫は豊後国守護職を世襲した。

(国立国会図書館蔵)

熊谷氏

武蔵国熊谷郷を本拠とした一族で、承久の乱の功で、安芸国三入荘《みりのしょう》の地頭職を得て子孫が土着した。

千葉氏

下総国千葉郡の豪族で、常胤は鎌倉幕府開府の功で肥前にも所領を得て子孫を現地に送った。

少弐《しょうに》氏

大宰少弐職に任じられて現地(福岡県)に土着。職を世襲したため、子孫は少弐氏を名乗った。

渋谷《しぶや》氏

相模国渋谷荘を本拠とした渋谷氏は合戦の功で、薩摩国入来院《いりきいん》などの地頭職を得て土着した。

名字
14
室町時代、名字（家名）は嫡子が継ぐものに

所領の単独相続で名字は固定化

平安時代の頃、武家では兄弟で所領を分割して相続するのが一般的でした。嫡男が本拠地を相続して父祖の名字を継承し、所領の一部や**飛び地**を与えられた兄弟は、その地名を名字として名乗り新しい家を興します。

しかし、代々それを繰り返せば所領はどんどん小さくなり、やがて分割することが不可能になります。そのため鎌倉時代末期になると、嫡子がすべての所領を相続し、ほかの兄弟はその配下となって養われるという単独相続へと移行しました。新たな領地を得て新しい名字を名乗る者は激減。名字はしだいに固定化されることになり、出自を示す標識へと変化していきます。また、新たな領地を得られない武士たちの不満は幕府に向けられ、鎌倉幕府が滅亡するひとつの要因にもなりました。

南北朝の戦乱で第二の大移動が起こる

鎌倉幕府を倒した足利尊氏と後醍醐天皇は、やがて仲違いして争うようになります。都を脱出した後醍醐天皇は、大和国吉野（奈良県南部）を本拠に親政を行います。一方、尊氏は新たに光明天皇を即位させ、自らは征夷大将軍となり室町幕府を開きました。南北朝時代のはじまりです。

諸国の武士は南朝方と北朝方に分かれて戦いを繰り広げ、日本全土が戦場と化してしまいました。乱世では旗色が悪くなると遠方に逃れて本拠地を移したり、敵方の勢力を駆逐して居座り土着するなど、武士たちの移動も激しくなりました。

特に激戦地となった九州には、多くの東国武士が遠征してそのまま土着しています。鎌倉幕府成立期を第一の名字の大移動期とするならば、この時期は第二の大移動期といえるでしょう。

用語 **飛び地**：自分の所領と地続きでなく、遠隔地に分散している所領。幕府から新しく与えられる所領は各地に分散するため、その飛び地を兄弟に与え、治めさせた。

相続の変化

新領地がなくなると相続の方法も変化し、それとともに名字も固定化されていった。

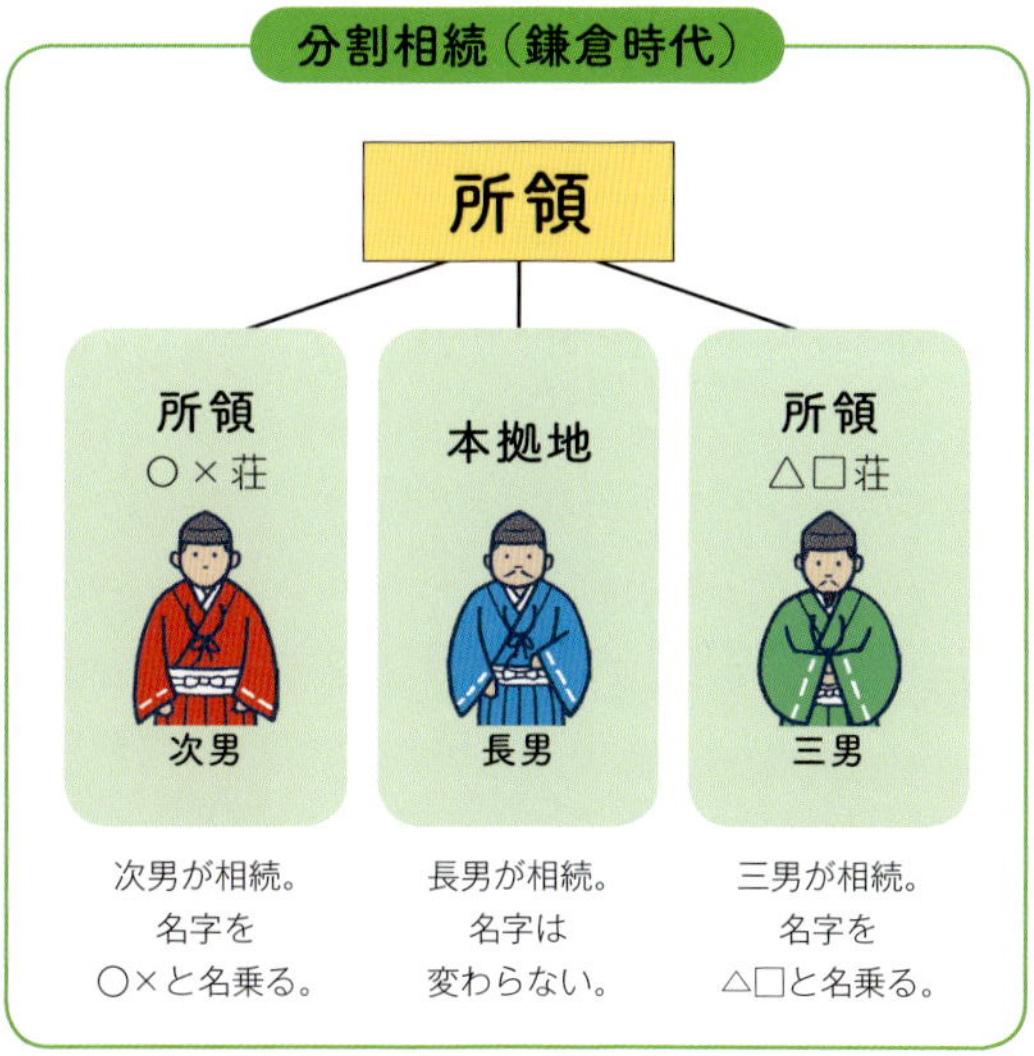

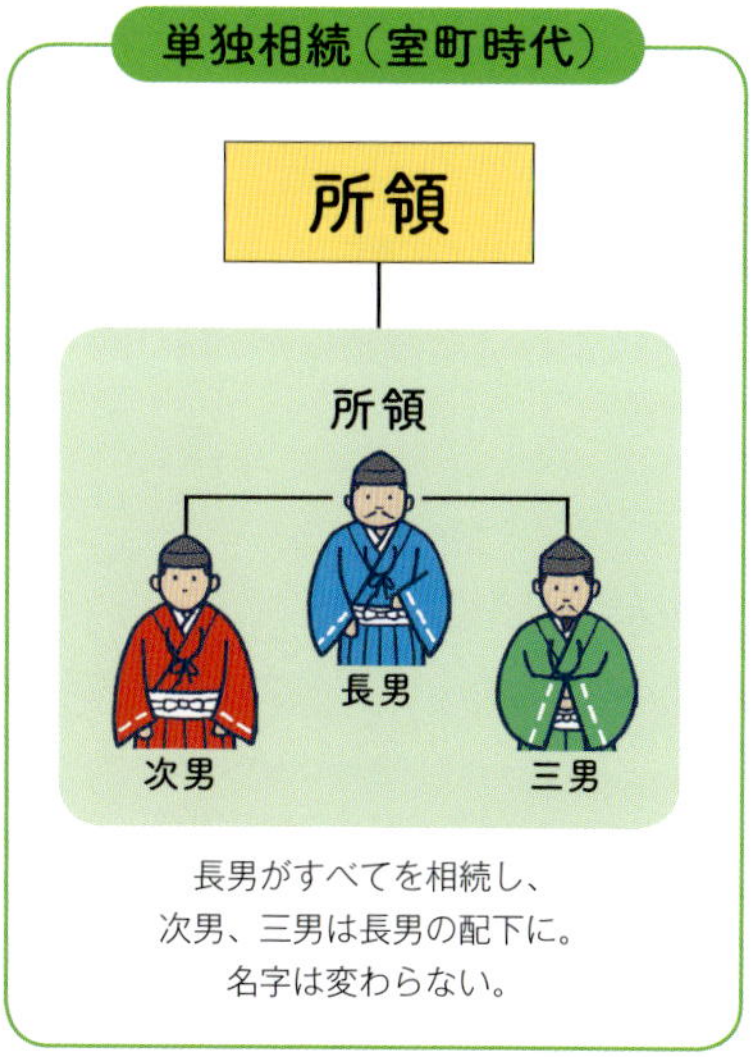

全国を転戦した武士

後醍醐天皇の南朝と、足利尊氏の北朝が対立。武士たちは全国各地で争った。陸奥の佐藤氏は北朝方に属して全国を転戦し、内乱後は伊勢国に土着した。

「佐藤家文書」のうち佐藤系図（部分・石水博物館蔵）

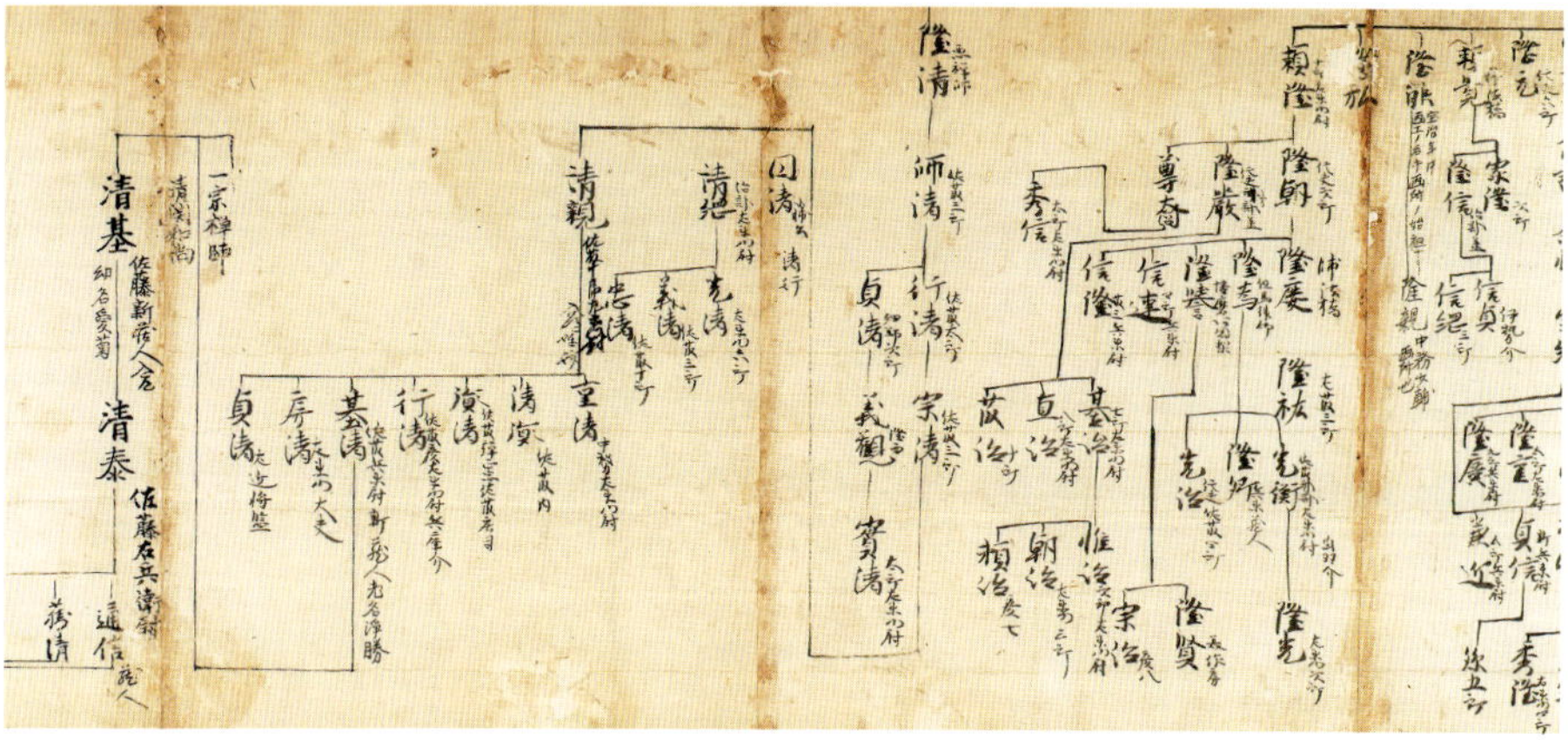

「佐藤家文書」は伊勢国司北畠氏の家臣・佐藤家に伝わる文書で、系図も残されていた。南北朝の内乱後、陸奥国信夫荘（福島県）から伊勢国一志郡（三重県）に土着したのは清親の頃とみられ、その子・基清からも系図は江戸時代まで伸びている。

名字

15 戦国時代、秀吉は豊臣姓を与える

家康は先祖の「徳川」に改姓した？

武士社会が嫡男の単独相続となってから、名字はしだいに固定されていきました。しかし、戦国時代になると、名字を自由に変更する者が増えるようになります。

下剋上で主君を倒した者が、主君に与えられた名字を捨て新しい名字を名乗る。あるいは、大出世した者がその身分に見合う名字を考案するなど、乱世ならではのさまざまな理由がありました。また、なかには先祖から伝わる血脈の証である名字や姓《せい》を変更する者も現れます。

たとえば、徳川家康は松平氏の一族ですが、名字を徳川に変えました。清和源氏新田氏の一支族には、得川氏がいます。松平であった家康はその末裔を主張し、文字を変えて、先祖が名乗った「徳川」に戻したということです。

庶民階級出身である豊臣秀吉は、氏《うじ》素《す》性《じょう》が知れません。もともと木下藤吉郎を名乗っていましたが、大名になると名字を羽柴に改めます。天下人となった天正14年（1586）には天皇から「豊臣」の姓を与えられ、これを名乗るようになりました。

豊臣姓を臣下に与え同族意識を持たせる

豊臣は、源平藤橘と同じ姓で「朝臣」として朝廷の重要ポストにも就くことができます。秀吉は朝廷政治のトップである摂政となり、諸国を支配する正当性を得て政権を樹立しました。

秀吉は、臣下に従う武将たちへ官位を任じる際には、すべて豊臣姓として受けるよう指示します。これは、実質的に豊臣の姓を与えるのと同じ意味があり、同じ姓となることで同族意識を持たせようとした人心掌握術でした。これにより、豊臣を姓とする武士が急増します。

雑学　江戸時代まで名字は自由に変えられた。大名・龍造寺《りゅうぞうじ》隆信《たかのぶ》は「百人の武士に等しい武勇」から家臣に「百武」の名字を与えた。武士の桂小五郎は暗殺を恐れて「新堀」など変名を多く使った。

秀吉の名前の変遷

武士社会の名字は、主君から家臣に与えるなどして、主従関係を強めることに使われ、武士も自由に名字を変えた。出世とともに名前をどんどん変えていった、秀吉の例を見ていこう。

織田家に仕官	木下藤吉郎秀吉 名字：木下　字《あざな》：藤吉郎　実名：秀吉	臣下に入った際、当初は生地の尾張国中村郷から「中村藤吉郎秀吉」を名乗り、父である木下弥右衛門から木下に改めたともいわれる。
羽柴に改名	羽柴筑前守秀吉 名字：羽柴　官名：筑前守　実名：秀吉	織田家の重鎮、丹羽長秀、柴田勝家にあこがれ、双方から一文字ずつもらい、「羽柴」に改名したという。
信長の死後	羽柴平秀吉 名字：羽柴　姓《せい》：平　実名：秀吉	信長の死後、秀吉は権威を増すために朝廷から高い官位をもらい、信長と同じ平姓を用いた。
豊臣を授かる	羽柴豊臣朝臣秀吉 名字：羽柴　姓《せい》：豊臣　姓《かばね》：朝臣　実名：秀吉	秀吉は関白になるため藤原姓を、太政大臣になるため豊臣姓を朝廷から授かった。

秀吉が名を授けた武将

秀吉は家臣や武将たちに豊臣姓、羽柴氏を授けた。「豊臣朝臣」は官位を与えられた武士全員に与えられ、羽柴氏は秀吉と近しいものが名乗りを許されたという。

（国立国会図書館蔵）

羽柴氏を下賜

堀秀政
結城秀康
蒲生氏郷
丹羽長重
前田利家
稲葉貞通
宇喜多秀家
細川忠隆
佐々成政
池田輝政
上杉景勝
立花宗茂
吉川広家
小早川隆景
毛利輝元
島津義弘
長宗我部元親
佐竹義宣
伊達政宗
最上義光
徳川家康
など

豊臣姓を下賜

井伊直政
榊原康政
宇喜多秀家
結城秀康
池田輝政
織田信秀
蒲生氏郷
京極高次
丹羽長重
細川忠興
堀秀政
前田利家
前田利長
大友義統
最上義康
上杉景勝
立花宗茂
吉川広家
小早川隆景
毛利輝元
島津義弘
直江兼続
鍋島直茂
小早川秀秋
浅野長政
柴田勝政
真田信繁
徳川秀忠
など

村川浩平『羽柴氏下賜と豊臣姓下賜』を参考に作成

名字

16

江戸時代、名字は武士の特権に

兵農分離の徹底により身分が固定化

関ヶ原の戦いに勝利した徳川家康は、征夷大将軍に就任して江戸幕府を成立させます。勝利の褒美として、没収した西軍方の所領には、手柄のあった武将や徳川家の家臣を移住させました。大名は多くの家臣を引き連れて新しい領地へ移るので、ここでもまた名字の大移動が発生。政権交代の都度に、このような現象が起こります。

しかし、新しい領主が入れば、昔からそこで暮らす農民たちと軋轢《あつれき》を生み、暴動や一揆に発展することも多々ありました。統治を安定させるためには、人口の大半を占める農民に武器を持たせないことだと考え、幕府は兵農分離を徹底させようとします。武士以外の者に武器を所有することを禁じ、刀を持てるのは、身分制度の最高位にある武士の特権としたのです。

庶民は公の場で名字使用を禁じられる

兵農分離を徹底させるには、武士だけが刀を持てる特権階級であることを、庶民には常に意識させておかねばなりません。幕府はそのために名字を利用しました。

農民や町人などの庶民に対して、幕府は名字公称を禁じます。江戸幕府成立以前から、すでに名字はある程度浸透しており、庶民層にも名字を持つ者は多くいました。幕府はそれを公の場で名乗ることを禁じました。名字を名乗れるのは、刀を所持できることと同じように武士の特権としました。日頃から目に触れる機会の多い名字だけに、これを使うことが許された武士は特別な存在。庶民は畏敬や畏怖の念を強くすることになります。やがて「苗字帯刀」という言葉も生まれ、名字と刀を持つことは武士の2大特権として認識されるようになりました。

雑学　「苗字」は江戸時代から使われた言葉で、「苗」は名前に関係ない言葉だが、苗＝子孫という意味であり、「共通の祖先を持つ子孫が共有する名字」から生まれた言葉と見られる。

兵農分離と名字の制限

秀吉政権と江戸幕府では、武士と農民は分化されて身分間の移動が禁止され、庶民は名字を名乗れなくなり、武器の所持も禁止された。

兵農分離

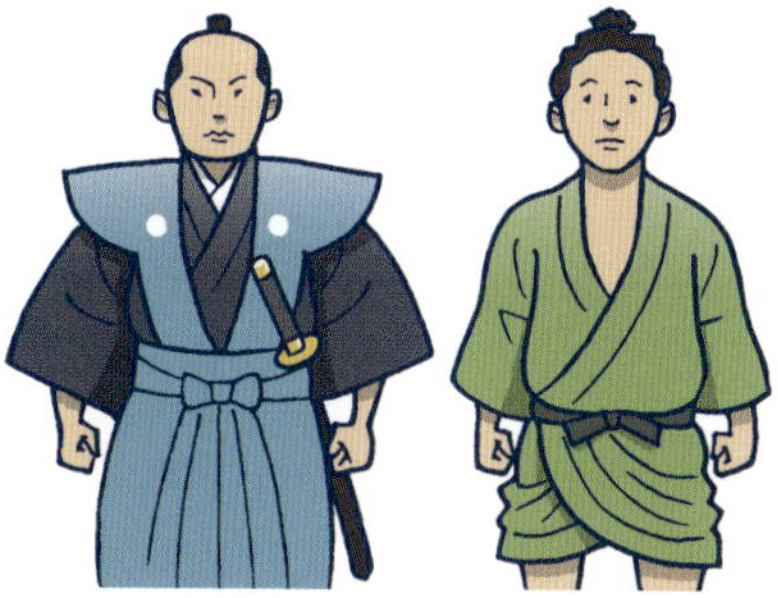

戦国時代は農民が武器を持ち、兵力となることが多かった。武士の力を強め、また下剋上を防ぐために、刀狩などの政策が進められた。

苗字帯刀の制限

江戸幕府では、武士を支配層とする身分秩序を徹底するため、名字を名乗り、武器を所持することを武士の特権とし､庶民には「苗字帯刀」を禁じた。

苗字と帯刀はご褒美？

時として庶民にも名字を称し、武器を持つという武士に準じる資格が与えられた。諸藩が出す許可は領内だけに限られ、名字だけ、帯刀だけなど制限もあった。

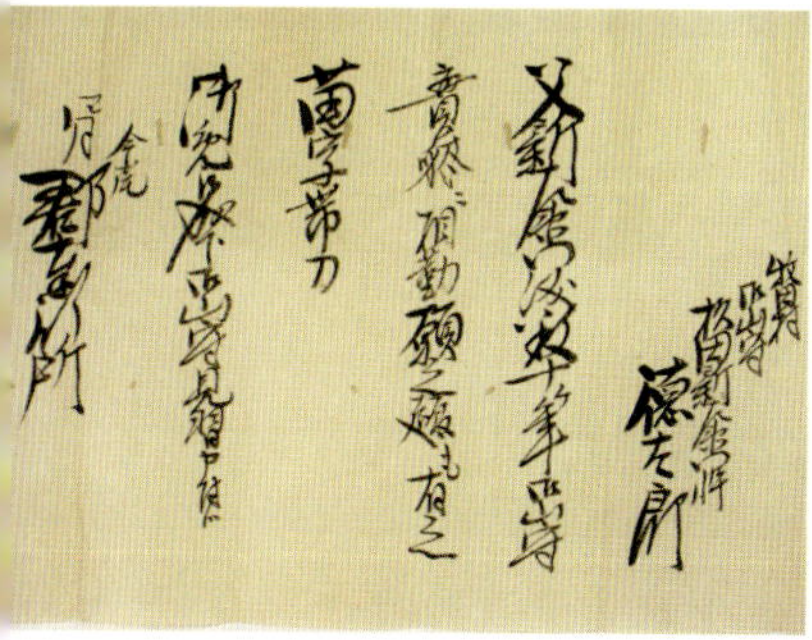

今尾藩による苗字帯刀の許可書。牧田村の杉田新左衛門の子・徳太郎に御山守（山林の番人）を任命し、苗字帯刀を許可している。
（関ヶ原町歴史民俗資料館蔵）

在地の有力者に

武士身分のまま農業や商業を行う「郷士《ごうし》」は苗字帯刀が許された。「郷士株」を買い､苗字帯刀の許可を得る庶民もあった。

役柄に

町年寄、庄屋、名主、御用町人、宿駅の本陣などを務めた者は、名字帯刀を許された。

ご褒美に

多額の献金、行政への協力、孝行者など、特別に功績が大きかった庶民にも名字帯刀の許可が出た。

名字 17

室町～江戸時代の庶民の名字

❖室町時代には庶民には名字があった

室町時代になると、農民たちの間でも名字はそれなりに普及するようになりました。それを裏付ける証拠として、和歌山県紀の川市の王子神社に伝わる「名つけ帳」があります。文明10年（１４７８）から途切れることなく、村で生まれた子どもの名を記録したものですが、名前の上には父親の名字も記入されているのです。

また、戦国時代になると下剋上で支配階級に反抗し、勢力を得た武将が、自分が好む名字を名乗ることが増えてきます。合戦となれば、多くの農民や庶民が足軽に動員され「臨時雇いの武士」となりました。この時に武士を真似て、名字を勝手につけて名乗る者も現れます。

名字を使ってみると、これが個人を特定・判別するのに実に便利だということがわかり、多くの農民や庶民が名字を名乗るようになりました。

❖庶民は「屋号」で個人を特定・判別

しかし、江戸時代になると、庶民の名字使用が禁じられます。これまで普通に使用してきたものが使えなくなると、かなりの不便を感じるものです。付近に数名の同名の者がいれば、もはや誰なのか判別がつきません。

そこで商人たちは、名字に変わるものとして店名などに用いた「屋号」を名字の代わりに使いました。商家では、家長が代々にわたり屋号を継承するようになり、伝統ある大商人ともなれば、権威の象徴になっていきます。また、農民たちの間でも、屋号が使われるようになります。「新家」「古家」など居住する家屋の特徴、「谷間」「川の上」付近の地形、父祖の名、職業名、出身地などさまざまなものが屋号として用いられました。

雑学　屋号は普段の呼称が使われるためユニークな由来も多い。お金持ちは「大尽《だいじん》」、井戸がある七兵衛宅から「イドシチ」、あっち側にあるので「あっち村」、屋根が瓦ぶきで「カワラヤ」など。

王子神社の名つけ帳

王子神社には、毎年正月に前の年に生まれた子を祈り、名前を巻物に記す行事がある。文明10年(1478)から現在まで1500人の男子と父親の名前が載り、現在もこの行事は続いているという。

「名つけ帳」は黒箱に保管されてきた。
男の子の頭上で鈴を振ったのち、名が記入される。

神社には地域の人々が集まり、長老によって名前が「名つけ帳」に記入される。　「紀伊国名所図会」(国立国会図書館蔵)

江戸庶民のおもな屋号

屋号は、名字の代わりに家を示すために用いられた呼び名。そのため、その家の特徴である村の地形、方角、職業のほか、「長兵衛」など先祖の名前も屋号となった。

地形や土地	坂下、上野、下原、佐野、篠原、下平、前田、井川など
村内の方角	東、西、南、北、上、中、下、前、後など
職業名	紙屋、桶屋、麹《こうじ》屋、鍵屋、紺屋、油屋、酒屋など
商家の出身地	越後屋、三河屋、近江屋、伊勢屋、加賀屋、紀伊国屋など
縁起のいい屋号	寿屋、大黒屋、鶴屋、栄《えい》寿《じゅ》屋、朝日屋、白木屋など

駿河町の三井越後屋は伊勢商人の三井高利《たかとし》が開業した呉服店で、祖父が越後守を名乗ったことから越後屋が屋号となった。

(国立国会図書館蔵)

名字

18 明治政府は、すべての人に名字を義務化

名字を自由に名乗れる時代がやってきた

明治維新により近代国家が成立すると、武士と庶民を差別する身分制度が撤廃されました。明治3年（1870）になると平民苗字許可令が定められ、名字を名乗ることは武士だけの特権ではなくなります。明治4年（1871）になると戸籍法が制定されます。名字を戸籍に登録し、これを政府が一元管理することで、徴税や徴兵を円滑に行うことができます。明治政府が万民に名字公称を認めたのは、国民管理を徹底するという目的もありました。

また、戸籍法とともに姓《せい》尸《し》不称令も発布されます。中世の頃からつづいていた「姓」と「名字」の二重制度が廃止され、姓を名乗ることはできなくなります。

江戸幕府は名字公称を支配階層である武士の特権とすることで、統治を安定させようとしました。しかし、新政府はすべての国民に名字を名乗らせ、それを登録させて国民管理に利用。名字政策は大転換します。それをさらに推し進めるために、明治8年（1875）になると平民苗字必称義務令が発布されました。これによって、名字公称はすべての国民の義務となるのです。

名字を持つことが国民の義務となる

庶民は屋号を名字として登録するか、先祖から伝わる名字を公の場で名乗るようになりました。村の名主や博識者から名字をつけてもらった者もいましたが、江戸時代に寺が管理していた宗門人別帳と明治時代の戸籍を突きあわせてみると、人別帳にある屋号や名字を戸籍に登録している例が多数を占めています。

また、漢字に慣れない者も多く、誤字に気がつかずに戸籍に登録されてしまうこともありました。

雑学　明治庶民の名字づけでの面白い話として、「テキトウでいい」と役所にいったら「適藤」になった話や、魚の名字でまとめた隣村に対抗して、野菜の名字でまとめた村もあったという。

名字を持つことが義務に

明治時代になると、武士の特権は廃止され、四民平等の社会実現のため、また戸籍登録による国民管理のために、すべての人が名字をもつよう政策が進められました。

平民苗字許可令

明治３年（1870）

一般庶民も名字を公称できることを認める布告。名字の届出は円滑に進まず、「届出で税金が多く取られる」という噂がたったのが原因とも。

姓《せい》尸《し》不称令

明治４年（1871）

公文書などに署名する際、姓の使用を禁止し、名字と実名を使うことを定めた布告。これにより事実上、姓は廃止された。

平民苗字必称義務令

明治８年（1875）

すべての国民に名字公称を義務づけた。「祖先以来の名字がわからない場合、新しく名字をつけよ」としたため、名づけは混乱したという。

名字の義務化にあわてた庶民は、お寺の僧侶に頼んで名字をつけてもらったり、役所総がかりで全世帯の名字をつけたりした。

全国戸籍調査

国民を一元管理するために戸籍法が制定され、全国一斉に戸籍調査と登録が進められた。明治5年（1872）には、政府は明治期で最初の人口統計を発表している。

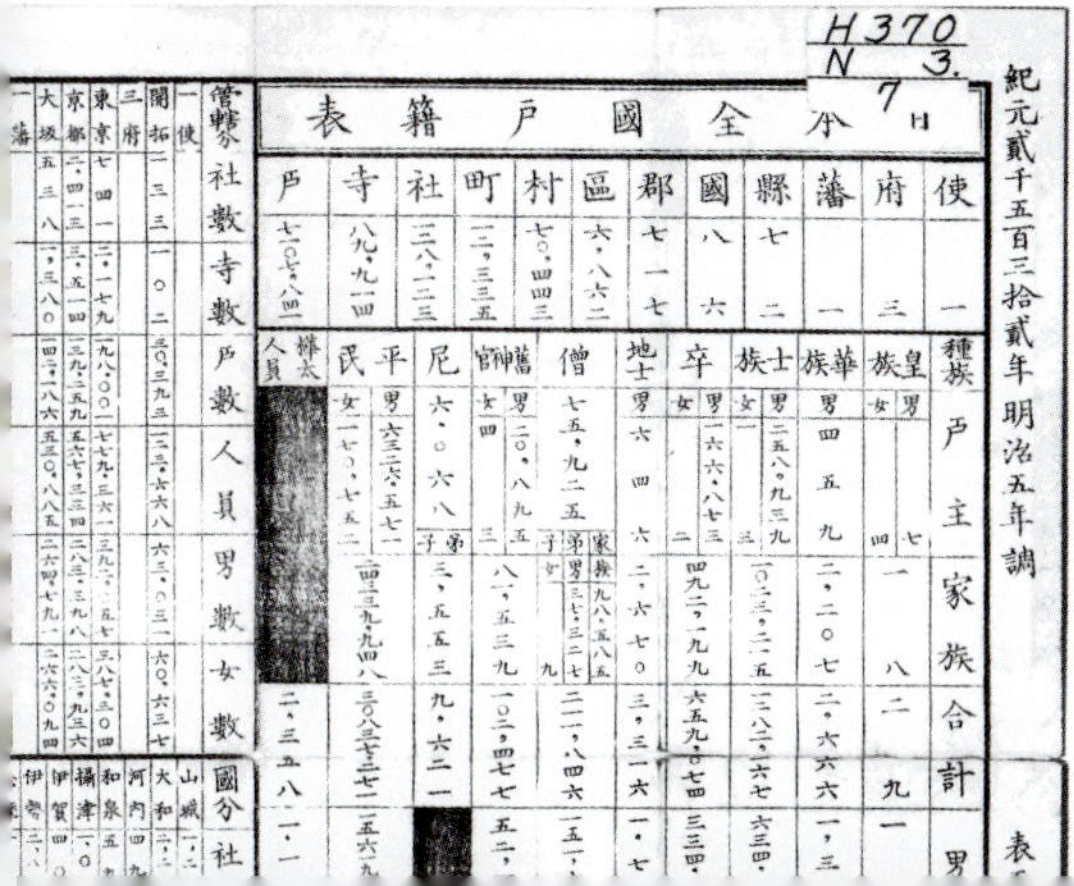
全國戸籍表
紀元貳千五百三拾貳年明治五年調

本籍人口	33,110,825
皇族	29
華族	2,666
士族	1,282,167
卒族（そつぞく）	659,074
地士（じし）	3,316
僧	211,846
旧神官	102,477
尼	9,621
平民	30,837,271
樺太人員	2,358

（人）

『日本全国戸籍表（明治5年）』（国立国会図書館蔵）

名字

19 現代に続く名字の制度

名字の変更は原則として禁止となる

姓は変えられないが、名字は改名自由というのが、日本に昔からあるならわしでした。武将などは必要に応じて名字を変え、また、庶民も人生の節目などで名を改めることはよくありました。いくつもの名を用いていた者もいます。

しかし、名字をしょっちゅう変更されては、戸籍の管理に支障をきたします。そこで、明治政府は、名字と名前を一人ひとつだけにすることとし、個人が識別できるよういくつか太政官布告を出しました。登録時の誤字の訂正を除き、基本的には名字を変更することは禁じられました。

現代は家庭裁判所に届出をすれば、珍奇・難読な名字だったり、内縁関係で長年相方の名字を通称に使っていた場合など、裁判所が「やむを得ない」と判断すれば、名字を変更することができます。

明治時代初期には夫婦別姓が基本だった

また、明治9年（1876）の太政官指令では、他家に嫁いだ女性の名字は、夫の家督を相続しない限りは婚前のものを使用することと決められていました。つまり夫婦別姓を基本としていたのです。しかし、明治31年（1898）に制定された旧民法により、夫婦同姓とすることが決められました。

現代の民法でも、別氏が選択可能な国際結婚の場合を除き、夫婦どちらかの名字を変更してひとつにしない限りは、法律上の結婚とは認められません。世界を見ると、夫婦別姓を選択できる形が主流であり、日本のように夫婦同姓を規定している国は珍しくなっています。

外国人が日本に帰化した場合、かつては漢字の名字にしなければなりませんでしたが、現在は旧名をカタカナ表記する名字が認められています。

雑学

裁判所が名字変更を認めた例として、星《ほし》野《の》黒《くろ》さんがある。名字と名前の区切りがわかりづらく、生活に不都合があるため、星野に改名したという。

むやみに名前は変更できない

明治政府は徴税や徴兵のために一人一名主義を推進し、すべての国民を把握するためさまざまな政策を進めた。現在もその流れを受けて、戸籍は簡単には変えられない。

明治5年（1872）5月7日	複名禁止令	「通称・実名のうち、どちらかを名とすべし」と布告し、一人一名主義を徹底した。
明治5年（1872）8月24日	改名禁止令	戸籍に登録した名字の変更や屋号の改称を禁止した。一人一名主義を推し進めた。
明治9年（1876）	改名禁止を緩和	改名禁止令にも関わらず、改名の許可伺いが出され続け、禁止令を緩和した。
明治9年（1876）3月17日	夫婦別氏制	妻の名字は実家の名字を用いると定めた。しかし、妻が夫の名字を称することが慣習化。
明治31年（1898）	一家一氏の原則（明治民法施行）	「名字」は家の名称とし、同じ家（同じ戸籍）にある者は同じ名字を称することに。
昭和22年（1947）	夫婦同氏制（戦後民法改正）	「家」制度廃止。夫婦は婚姻時の合意により、夫または妻の名字を名乗れるとした。
昭和51年（1976）	婚氏続称制度（民法改正）	離婚後自動的に旧姓に戻るという制度を改正、婚姻時の名字も選択可能となる。
平成8年（1996）	選択的夫婦別姓が議論	法制審議会が夫婦別氏を選択できる民法改正案を答申するが、まだ認められていない。
平成27年（2015）	選択的夫婦別姓訴訟	選択的夫婦別姓導入を求める訴訟が提起されるも最高裁は「夫婦同姓規定は合憲」と判断。

COLUMN

「氏」「姓」「名字」の使い分け

明治時代の初期、氏、姓の用語は混用されていたが、「名字」「氏」「姓」は、家名を表す「名字」に統一された。

一方、現代では、「氏」は民法の表記など法律用語として、「姓」は慣用的として、家名（名字）を表す言葉として用いられる。結局、「氏名」「姓名」「名字」「苗字」は、現代ではすべて同じものとして扱われている。

名字 20

実名の歴史① 通称はなぜ必要だったか?

呪詛を恐れて実名は使えなかった

家名と名前を組み合わせて個人を判別する。その方法は古代も同じです。ヤマト王権の頃には「入鹿《いるか》」「鯖麻呂《さばまろ》」「稲目《いなめ》」などと自然界に生きる動植物名を名前につけている人物が多くいました。これは、古代宗教の自然崇拝思想の影響によるものです。

呪詛《じゅそ》の儀式をする時には、符や人形に実名を書きました。実名を知られると呪詛される。それを防ぐために、実名を他人に教えることを嫌悪するようになります。

実名のことを「忌み名」と呼び、やがて「諱《いみな》」の字があてられるようになりました。本名に代わり官職名や氏姓、居住地域などを組み合わせた通称、つまり現代でいうあだ名で名乗り合うことが一般的になります。たとえば、藤原道長も生前は居住地と官職名をあわせた「御堂《みどう》関白」が通称でした。

通称を名乗る風習は明治維新まで続く

出世すれば官職名も変わるので呼称も変えねばならず、不便なものです。そのため武家の間では出家入道して、法名《ほうみょう》を生涯の通称とすることも流行りました。武田信玄の「信玄」などがその代表例です。

男子には太郎や次郎などと生まれた順番に「仮名《けみょう》」がつけられます。これも通称の一種、普段の呼び名にも使われました。また、武家は生まれた時に幼名を与え、15歳の元服で生涯の名前に改名する風習があります。慣れ親しんだ幼名が、通称として使われ続ける例も多く見受けられました。

しかし、維新後の明治5年（１８７２）の太政官布告により、実名である諱と通称を併用することが禁じられ、戸籍には実名だけを登録することになりました。これで通称を名乗る風習も廃れてゆくことになります。

用語

呪詛：恨みの相手に災いがかかるよう呪うこと。豊臣秀頼が方広寺を再建した際、家康は釣鐘の銘に「国家安康」とあるのは、家康の名を2つに割く呪詛だと難癖をつけている。

諱と通称

昔は、「実名（名前）」を他人に知られないよう努める「実名敬避」の風習があった。そのため、字《あざな》や官職名などが呼び名として活用された。

字《あざな》で呼ぶ

字

真田《さなだ》源《げん》次《じ》郎《ろう》信《のぶ》繁《しげ》

名字（家名）　諱《いみな》（実名）

字は輩行名《はいこうめい》ともいい、自分の通称に用いた。輩行は出生順を表す言葉で、字は兄弟の出生順に一郎、次郎…とつけられた。

実名では呼ばない

実名には呪霊的な力があると信じられた。他人に実名が知られると呪われると考えられ、他人の前で実名を呼ぶのをはばかった。

官職名で呼ぶ

官職名

石田《いしだ》治部少輔《じぶのしょう》三成《みつなり》

名字（家名）　諱

通称は字のほか、官職名もよく使われた。大石「内蔵助《くらのすけ》」、高山「右近《うこん》」古田「織部《おりべ》」はすべて官職名由来の通称である。

法名《ほうみょう》で呼ぶ

諱

武田《たけだ》晴信《はるのぶ》→武田《たけだ》徳栄軒《とくえいけん》信玄《しんげん》

名字（家名）　法名

法名は出家し仏門に入った時に与えられる名前で、法名を通称とした武将には、武田「信玄」、上杉「謙信」がいる。

COLUMN

名前を教えてプロポーズ？

『万葉集』には「この岳に菜摘ます子 家告らせ名のらさね（意味：岡で草を摘む乙女 家と名前を教えておくれ）」という歌がある。

これは大和の王者が草を摘む娘に求婚を呼びかける歌といわれ、この時代は名前を名乗るのが結婚の前提で、名前を教えることが求婚を受けることを指したそうだ。

名字

21 実名の歴史②　名前の付け方に法則あり

代々伝わる一字を使って名前を作る

平安時代初期まで、漢字4文字や5文字の名前も多くありました。それがしだいに2文字が大半となっていきます。また、男性の場合は、その家で代々継承されてきた一字を名前に入れるのが習慣となりました。

たとえば、平家の場合は「清盛」「重盛」「知盛《とももり》」といった具合に、親兄弟がみんな「盛」の字を共有しています。これを「通字《とおりじ》」あるいは「系字《けいじ》」といいました。武家社会では主君から恩賞として名前の1字を与えられ、それを自分の名前につけて改名する「**一字拝領《いちじはいりょう》**」もよく行われています。

庶民の名前は多種多様でしたが、父の名の一字を名前に入れる通字も一部では行われていました。江戸時代になると「～右衛門」や「～兵衛」といった律令制の官職名を名前に使うパターンが圧倒的に多くなります。

女性名の「～子」は近年、復活傾向に

明治時代に戸籍法が制定されたあたりから、庶民の女性名に「～子」とつける例が急速に増えてきます。公家や大名の姫君は以前から「～子」が一般的でしたが、それにあやかったものです。大正時代や昭和初期には「～子」が圧倒的多数を占めるようになります。昭和時代末から平成にかけて時代遅れとして、減少傾向にありました。しかし、近年では人気が復活傾向にあります。また、漢字ではなくカタカナや平仮名の女性名も増えています。

男性名は大正時代から漢字1文字の名前が現れ、それが大正時代から昭和初期に大流行しました。男女ともに改元があると数年間は、元号の漢字の1字を入れた名前が増えます。昭和初期の頃には「和彦」「昭子」などが流行りました。

用語

一字拝領：家臣が主君から諱《いみな》の一字をもらい、自分の実名につけること。その際、主君は与える一字を文書として残した。これを一字書出《いちじかきだし》、一字状《いちじじょう》と呼ぶ。

名前の傾向

実名が漢字二字となり、実名の一字を兄弟が共有する通字《とおりじ》は嵯峨天皇がはじめたといわれる。この習慣は瞬く間に定着し、現代にも残っている。

通字《とおりじ》（系字《けいじ》）

兄弟で実名の一字を共有し、さらに親子の間で同一の漢字を共有する習慣を「通字」と呼んだ。伊勢平氏は「盛」を、足利氏を出した河内源氏は「義」や「氏」を使った。

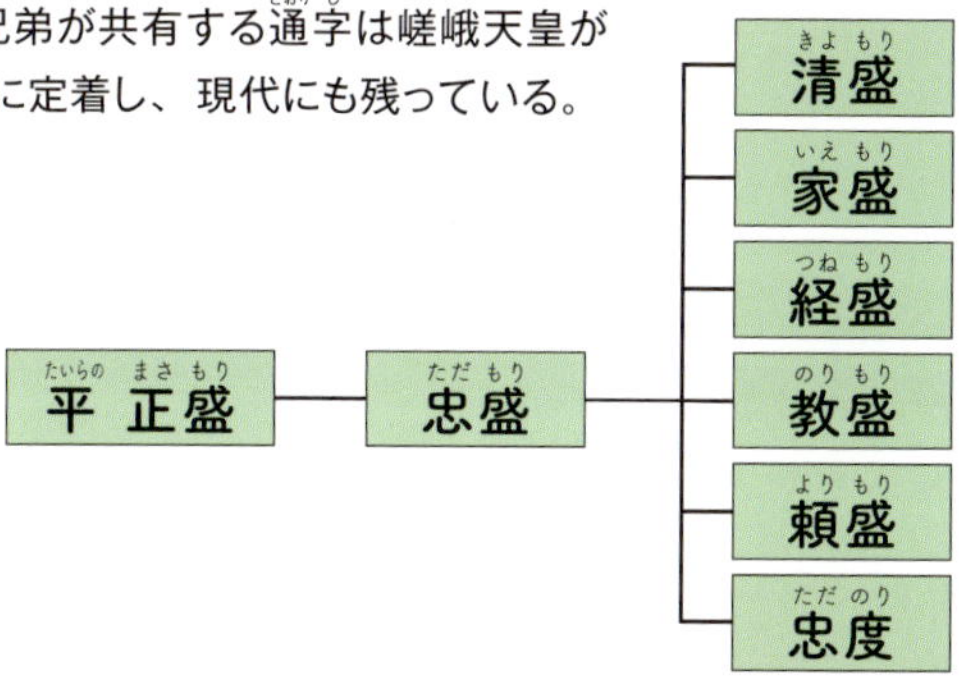

一字を与える

天皇や君主の実名の一字を避ける「偏《へん》諱《き》」という習慣があり、そこから主君の実名の一字を家臣の実名として使わせ、忠誠心を強めたり、戦功としたりした。これは「一字拝領」「偏諱頂戴」と呼ばれた。

与える主君	偏諱《へんき》を授かったおもな武将
足利義晴《よしはる》	長尾晴景、武田晴信、伊達晴宗
織田信長	松平信康、長宗我部信親
豊臣秀吉	徳川秀忠、宇喜多秀家、大谷吉継《よしつぐ》、結城秀康
徳川家康	榊原康政、島津家久

名前人気ランキング首位の変遷

有名人や流行語の影響のほか、たとえば改元すると「昭三」「和子」が流行するなど、時代のトピックが影響したり、「千代子」「久子」など長寿を願う時代の不安感が現れることもある。

明45・大1	正一	千代
大3	正三	静子
大6	三郎	千代子
大9	清	文子
大12	清	文子
大15・昭1	清	久子
昭3	昭三	和子
昭6	清	和子
昭9	明	和子
昭12	清	和子
昭15	勇	紀子
昭18	勝	和子
昭21	稔	和子

昭24	博	幸子
昭27	茂	和子
昭30	隆	洋子
昭33	誠	恵子
昭36	浩	恵子
昭39	誠	由美子
昭42	誠	由美子
昭45	健一	直美
昭48	誠	陽子
昭51	誠	智子
昭54	大輔	智子
昭57	大輔	裕子
昭60	大輔	愛

昭63	翔太	愛
昭64・平1	翔太	愛
平3	翔太	美咲
平6	健太	美咲
平9	翔太	明日香
平12	翔	さくら・優花
平15	大輝	陽菜
平18	陸	陽菜
平21	大翔	陽菜
平24	蓮	結衣
平27	大翔	葵
平30	蓮	結月

明治安田生命の調査をもとに作成

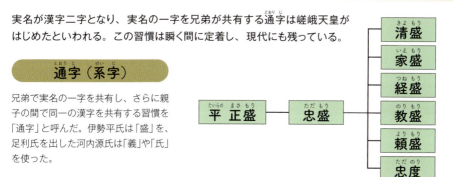

豆知識10 「五大紋」「十大紋」は本当に多い？

広く用いられる家紋をまとめて「五大紋」「十大紋」と呼ぶことがあります。五大紋は藤、桐、鷹の羽、木瓜《もっこう》、片喰《かたばみ》。十大紋はそれらに柏、橘《たちばな》、蔦《つた》、茗荷《みょうが》、沢瀉《おもだか》が加わります。しかしこれは通説的なもので、実際はどうなのでしょうか？

日本家紋研究会は約250万件のデータをもとに、それぞれの家紋がどのくらいの割合を占めるのか、全国の占有率を調べました。結果は下表の通りで、ほぼ十大紋に合っています。ちなみに占有率調査でベスト10を逃した茗荷は占有率3・63％で12位。沢瀉はベスト20入りも逃しており、通説と違うところといえるでしょう

1位 片喰紋

2位 木瓜紋

3位 鷹の羽紋

4位 柏紋

5位 藤紋

【家紋の全国占有率】

1位	片喰	9.27%
2位	木瓜	7.73%
3位	鷹の羽	7.17%
4位	柏	5.84%
5位	藤	5.54%
6位	桐	5.17%
7位	蔦	4.58%
8位	梅	4.58%
9位	橘	4.40%
10位	目結	3.85%
11位	菱	3.82%
12位	茗荷	3.63%
13位	巴	3.22%
14位	桔梗	2.81%
15位	月星	2.61%

東京堂出版『家紋の事典』より引用

豆知識 11
陣幕から生まれた天下の家紋

足利家の「二つ引」と新田家の「一つ引」、これらは陣幕から生まれた家紋です。陣幕は5枚の布を縫い付けて作られるもので、戦場での自分の陣地を示しました。足利家は5枚の布の一段ずつを、白・黒・白・黒・白とし、この陣幕の模様から「二つ引」が生まれます。一方の新田家は白・黒・黒・黒・白とし、「一つ引」が生まれたのです。

足利家と新田家は鎌倉幕府を滅ぼし、天下を争います。そして「鍋ぶたが沈んで浮かぶ釜のふた」という川柳の通り、鍋ぶたに似た新田家の「一つ引」が沈み、釜のふたに似た足利家の「二つ引」が天下を得たのです。

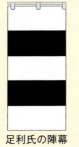

足利氏の陣幕

新田氏の陣幕

豆知識 12
中国・韓国は名字が少ない？

中国・韓国ともに漢字一文字の姓が多く、名字が少ないことが特徴です。

中国で現在も使われている名字の数は、『中国姓氏大辞典』によると約7000種類。また政府が行った人口統計調査では約4700種類と発表しました。名字のベスト3は「王」（総人口に占める割合は7・25％）、「李」（同7・19％）、「張」（同6・83％）です。

韓国の名字の数は約280種類です。統計調査によると、ベスト3は「金」（総人口に占める割合は21・5％）、「李」（同14・7％）、「朴」（同8・4％）と、この3姓で4割を超えます。

どちらの国も名字の数が少ないのは、中世の日本のように名字を後から変えることがなく、名字を増やす機会がなかったためと考えられています。

左方用の大太鼓（写真提供：明治神宮）

豆知識
13

舞楽《ぶがく》の大太鼓は左右で別のもの？

神社や寺院で開かれる舞楽で用いる2基の大太鼓があります、必ず、左方用（向かって左）には「右三つ巴」、右方用（向かって右）には「左二つ巴」が必ず描かれるのですが、なぜ模様が違うのでしょう？ それは演奏の際、大太鼓を対《つい》に置くための工夫なのです。日本では左は上位、右は下位とされる「左上位」の伝統があります。また陰陽の思想から、奇数は陽数、縁起のよい数字とされてきました。その伝統にしたがい、左方の大太鼓には左旋回する三つの巴を、右方には右旋回する二つの巴を描きました。

つまり、左右の区別をつけるため、左方の大太鼓を「えらく」したのです。

豆知識
14

名字を持たない国がある？

世界に目を向けると、名字+名前は当たり前でなく、名前の構造もさまざまです。

ミャンマーの人々には名字はありません。たとえば、ミャンマー大統領は「ウィンミン」と基本的にフルネームで呼ばれます。「ウ・ウィンミン」と呼ばれることもありますが、頭につく「ウ」は名字ではなく、敬称です。

アラブの人々の名前は、本人名+父名+祖父名が基本です。UAEの首相は「シェイク・ムハンマド・ビン・ラーシド・アール・マクトゥーム」。これは「マクトゥーム家のラシードの息子ムハンマド」となります（だいたい祖父名は略されます）。アラブでは「マクトゥーム家」のように、大部族の出なら名前の後ろに部族名をつけることがあります。これは名字に似ていますね。

豆知識 15 なぜ漢字2文字の名字が多い？

日本人の名字は多くが漢字2文字です。名字ランキングからみても、漢字2文字の名字は200位中187個と9割を超えています。なぜこんなに偏っているのでしょうか。

和銅6年（713）、政府はこれまで1～4字とばらばらだった地名を、中国風の2字・好字《こうじ》（縁起のよい文字）に改めるよう命じました。

たとえば、讃岐国山田郡の「林郷」は「拝師《はやし》郷」と1字地名が2字に、若狭国の「小丹生《おにゅう》郡」は「遠敷《おにゅう》郡」と3字地名が2字に変えられました。

地名の読みを別の漢字にあてたものが多かったようです。そして名字は地名由来のものが圧倒的に多くあります。平安時代以降、2文字に改められた地名をもとに名字が生まれてきたため、漢字2文字の名字が多いのです。

豆知識 16 オリジナル家紋を作った小泉八雲

日本に来て、オリジナルの家紋を作った有名な外国人が明治時代にいました。ギリシアで生まれ、アメリカで新聞記者として働き、来日して英語教師となったパトリック・ラフカディオ・ハーンは、小泉セツと結婚。帰化して名前を小泉八雲に改めました。そして八雲は、来日した明治23年（1890）に鷺《さぎ》をモチーフとしたオリジナルの家紋を作りました。

家紋は飛ぶ鷺が羽を下ろした意匠で、これは祖先サー・ヒュー・ド・ヘロンの旗の印、また「ハーン（Hearn）」が「鷺（Heron）」に似ているため、家紋としたのです。

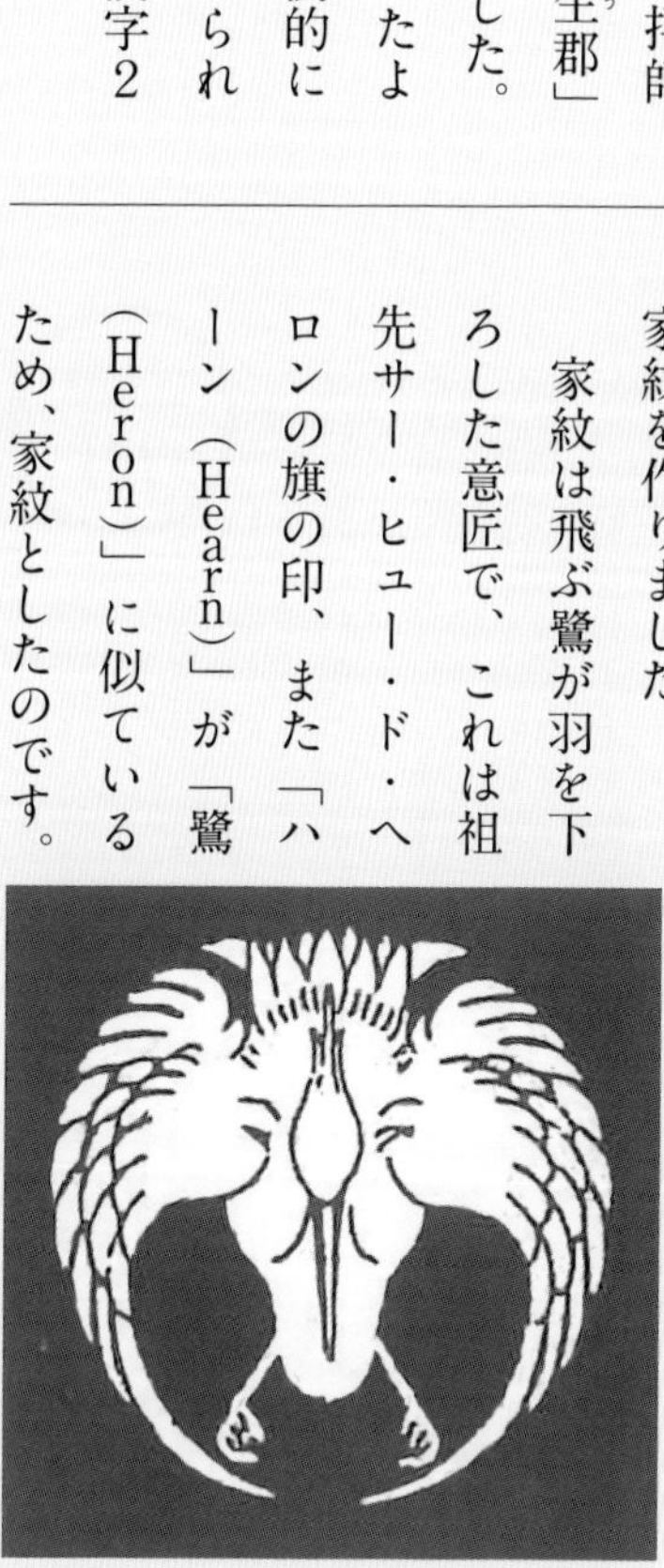

小泉八雲の鷺紋（小泉八雲記念館蔵）

豆知識17 一番画数の多い名字は？

日本の名字は十数万個といわれます。その中で、一番画数の多い名字は何でしょうか？

1位が「躑躅森《つつじもり》」で54画、2位「雲類鷲《うるわし》」で53画と続きます。躑躅森さんは岩手県雫石町で見られる名字で、ツツジと森からくる地形姓。雲類鷲さんは、茨城県ひたちなか市三反田地区で見られる名字。宇流波斯《うるはし》の小野（茨城県行方市）という地名があり、由来とみられています。さて逆に、一番画数の少ない名字は何でしょうか？　答えは「一」の1画で、「いち」「かず」「はじめ」といくつか呼び方があります。

【画数の多い名字】

躑躅森	つつじもり	54画
雲類鷲	うるわし	53画
瀧野瀬	たきのせ	49画
鍛治屋敷	かじやしき	49画
熊埜御堂	くまのみどう	48画
頗羅墮	はらだ	48画
鷹屋敷	たかやしき	48画
駕籠島	かごしま	47画
鵜鶴	ささき	46画
御菩薩池	みぞろけ	46画

豆知識18 魚モチーフの家紋は少ない？

実は家紋には亀や海老や蟹はあっても、魚はほとんどありません。古来より魚の模様が避けられたわけではなく、たとえば、中国では「双魚紋《そうぎょもん》」という吉祥文様として陶器の装飾に用いられました。禅宗では「魚板《ぎょばん》」という仏具があり、時刻の合図に叩いて鳴らしました。しかし、家紋には流用されませんでした。

魚が家紋にならなかった理由は、四足動物とともに「穢《けが》れ」を意識させる対象だったことによると思われます。ただし、例外として鯉紋は存在しました。

現在見られる魚の家紋は、ほとんどが明治時代以降に生まれた新しい家紋です。代表的なのは、鳥取県の長田神社の神紋で、祭神の恵比寿様にちなみ、戦後に鯛の紋章を作ったそうです。

3章

日本の名字大図鑑

日本にはどんな名字が多いのか216位までのランキングを掲載。
さらに、その県ならではの珍しい名字も紹介します。

日本の名字ランキング ▸ P100　都道府県別珍しい名字事情 ▸ P132

※名字ランキングの集計方法は、P131をご参照ください。

日本の名字ランキング

❖日本《にほん》の名字は十数万種類

時代によって名字数の増減はありますが、現在、日本の名字の数は約十数万種類と見られています。数はアメリカ、イタリアに次ぐ3番目。その大半は平安時代以降に生まれた名字です。

ほとんどの名字は地名や地形が由来となったもので、もっとも種類が多いのは地名を起源とする名字です。

データから見ると、もっとも多い名字「佐藤」が約200万人で、次いで「鈴木」が約175万人、「高橋」が約145万人と続きます。ランキング上位30位までの名字で見ると全人口の約2割、上位1000位で見ると全人口の約9割をカバーします。

現在、日本の人口は減少傾向です。子どもが少なく、結果として名字を次世代に残せず、その種類は減っていくと見られています。

❖東西で名字の違いはある？

都道府県別の名字ランキングをみると（⬇P157）、東日本には「佐藤」「鈴木」が多く、対して西日本は「田中」「山本」が多い傾向です。東日本は西日本に比べて名字の種類が少なく、特定の名字に集中する傾向があります。そのため、全国名字ランキング（⬇P131）では、東日本で多い名字が上位に入るのです。

古代日本は畿内が政治の中心で、平安時代に武士たちが東日本に移り住んだ経緯があります。過去において東日本は人口が少なく、少数の名字でも区別ができました。一方、西日本は人口が多く、たくさんの名字が必要とされたのです。現在は、人の移動が自由になり、西日本でも「佐藤」「鈴木」は増えています。

次ページからは、216位までの名字の全国世帯数ランキングとおもな家紋を紹介していきます。

佐藤

さとう

ランキング 1位

藤原氏の末裔

藤原秀郷の子孫公清が左《さ》衛《え》門《もんの》尉《かみ》に任じられ、「左衛門尉の藤原」から左藤氏、転じて佐藤氏を名乗った。これをはじめ、藤原氏の末裔が名乗った例が多い。秀郷は下野国《しもつけのくに》佐野（栃木県佐野市）に住み、子孫は「佐野の藤原」から佐藤氏と名乗った。また、佐渡を治める佐渡守を任じられた藤原氏は、佐渡の藤原氏＝佐藤氏を名乗った。

源氏車《げんじぐるま》

上《あ》がり藤《ふじ》

鈴木

すずき

ランキング 2位

積まれた稲穂から

紀伊半島の熊野地区が発祥。熊野信仰では、刈り取った稲を重ねたものを、「すずき」と呼び、農耕の神が宿ると考えた。この「すずき」から鈴木を名字とする一族は熊野信仰の神社、王子社の神官となった。熊野信仰の布教につれ、「鈴木」の名字も全国に広まった。中でも三河国の鈴木氏はもっとも栄え、徳川家康に従い、関東で栄えた。

抱《だ》き稲《いね》

高橋

たかはし

ランキング 3位

地名由来では最多

「高い橋のあるところ」を意味する地名「高橋」が由来の地名姓。昔から住民にとって、川を渡る橋は非常に大切なもので、橋は名字に多く使われている。その中でも高橋がもっとも多い。高橋姓は古代からみられ、8代孝元天皇の子孫が大和国添上《そえかみ》郡高橋（奈良県天理市）の地名から高橋を名乗ったとされる。歌人高橋虫麻呂が出た。

高橋是清

日本銀行総裁、大蔵大臣、内閣総理大臣を歴任した政治家。絵師の川村家に生まれ、仙台藩の高橋氏の養子に入った。

（国立国会図書館蔵）

笠《かさ》

三《み》つ割《わ》り沢瀉《おもだか》

【田中】

◉たなか

ランキング4位

田んぼの中にある家

田中姓の歴史は古く、『古事記』『日本書紀』にも見られる。「水田の中」を意味する地形に由来し、地名にも多く見られる。米がもっとも重要な農作物であったことを物語る名字だ。全国にまんべんなく広がっているが、沖縄県を除く西日本に特に多い。これは、稲作がかつては西日本のほうが盛んだったためではないかと考えられる。

左《ひだり》三《み》つ巴《どもえ》

木瓜《もっこう》

【渡辺】

◉わたなべ

ランキング5位

伝説の人物を祖にもつ

摂津国西成郡渡辺（大阪府大阪市）という地名からきた名字。嵯峨天皇の血を引く一族、嵯峨源氏が「渡辺党」という水軍を率いて活躍した。

渡辺党の祖は酒呑童子《しゅてんどうじ》退治の逸話で有名な渡辺綱《つな》。綱は源頼光に仕え、摂津渡辺に住んだことから渡辺を名乗った。渡辺党は海上交通を通して、広範囲に広まったといわれる。

渡辺星《わたなべほし》

三本骨三《さんほんほねみ》つ扇《おうぎ》

【伊藤】

◉いとう

ランキング6位

伊勢守になった藤原氏

栄華を誇った藤原氏の一門、尾藤基景《もとかげ》が伊勢守となり、伊勢の藤原氏として伊藤姓を称した。基景は百足退治の伝説で有名な藤原秀郷（俵藤《たわらとう》太《た》）の子孫。一族は伊勢平氏に仕えたが、平氏が敗れると各地へ散った。三重県では特に多く、次いで愛知、岐阜にも多い。近代では松坂屋を創始した伊藤祐道《すけみち》や、伊藤忠商事を創業した伊藤忠兵衛など、商才に長けた人物を輩出している。

下《さ》がり藤《ふじ》

【山本】

◉やまもと

ランキング7位

山の麓にある家

地形に由来し、「山の麓《ふもと》」を意味する。山元も同じ起源の名字である。古代の日本人は山を神格化していた。山の恵みは人々の暮らしを助け、人々は山の麓に住むことを好んだ。日本は山が国土全体の70％以上を占める山国である。そのため、山本姓も各地で多いが、西日本で特に多い。近江国浅井郡（滋賀県）に武家の山本氏がいる。江戸後期の歌人である良寛の生家は山本だった。

丸《まる》に違《ちが》い鷹《たか》の羽《は》

中村
8位

なかむら

中心となる村という意味

「中心となる村」、あるいは、「分村に対して元からある村」が由来の地名姓。常陸国（茨城県）の中村氏は桓武平氏の流れで、鹿島郡中村が起源。鹿島郡郡司の平成幹《なりもと》の子孫・重頼が中村に住み、中村氏を称したとされる。

立《た》ち沢瀉《おもだか》

加藤清正　（東京都立中央図書館蔵）

戦国時代の武将で肥後熊本藩初代藩主。藤原北家道長流を称している。

小林
9位

こばやし

小さな林のそばの家

小さな林のそばにある家はあちこちに見受けられる。そのため、地形由来の小林姓の起源の特定は難しい。甲信越に多く、信濃国伊那郡小林村（長野県飯田市）が発祥。また、群馬県藤岡市には、小林党と呼ばれる鎌倉時代から活躍した氏族がいた。

丸《まる》に揚《あげ》羽《は》蝶《ちょう》

加藤
10位

かとう

加賀の藤原氏の意味

藤原北家の藤原利仁《としひと》の子孫である景通《かげみち》が、加賀国の高官の役職、加賀介に就任し、加藤を称したことからはじまる。景通の子は伊勢に移り伊勢加藤氏へ発展。その子孫が美濃《みの》（岐阜県南部）へ移ったことから、美濃でも加藤姓は発展した。

蛇《じゃ》の目《め》

加《か》藤《とう》藤《ふじ》

吉田
11位

よしだ

縁起のいい「よい田んぼ」

地名姓で、「よい田んぼ」の意味。よい田んぼになってほしいという願いをこめて「よし」とつけたものと、葦《あし》のはえた田んぼの意味だが、「あし」の読みだと、縁起が悪いために「よし」といい換えて「よし」になったものがあると考えられている。

抱《だ》き柏《かしわ》

丸《まる》に日《ひ》の丸扇《まるおうぎ》

山田
12位

やまだ

山の中にある田んぼ

地形由来の名字で、「山の中の水田」の意味。米を得るため、山間部にも田んぼを作ってきた稲作文化がうかがえる。鎌倉幕府に御家人として仕えた尾張（愛知県）山田氏が有名。信濃国の諏訪一族にも山田氏がいた。

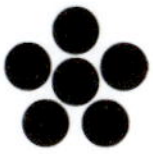

六《む》つ星《ほし》

丸《まる》に丹《たん》の字《じ》

佐々木小次郎

江戸時代の剣豪。宮本武蔵との巌流島の戦いで知られる。出生地は豊前（福岡県）の豪族佐々木氏、越前（福井県）など諸説ある。

平《ひら》四《よ》つ目《め》

隅《すみ》立《だ》て四《よ》つ目《め》

【佐々木《ささき》】

ランキング13位

近江国蒲生郡佐々木から

地名姓。宇多天皇の子孫、宇多源氏の源経頼《つねより》が、近江国蒲生《がもう》郡佐々木（滋賀県近江八幡市）に住みはじめたことから、佐々木を名乗った。この地には、もともと沙沙貴神社を氏神とする、沙沙貴山《ささきやま》氏がいたが、佐々木氏と同化した。

経頼の子孫は鎌倉幕府成立後、12か国の守護になって広まった。現在は東北や中国地方に多い。

【山口《やまぐち》】

ランキング14位

山への入り口の意味

地形由来の名字。「山への入り口」を意味する。日本各地に起源があり、全国にまんべんなく存在している。現在では特に九州地方に多い。中でも佐賀県と長崎県では、最多姓となっている。山口県山口市には、中国地方を支配した大内家の分家の山口氏が出た。また、武蔵国入《いる》間《ま》郡山口（埼玉県所沢市）を起源とする山口氏がおり、武蔵七党村山党の村山頼家の子家継が山口を称した。

山口菱《やまぐちびし》

【斎藤《さいとう》】

ランキング15位

伊勢神宮での仕事から

藤原氏の子孫が名乗った姓のひとつ。藤原北家利仁《としひと》の子である叙用が、「斎宮頭《さいくうのかみ》」に就いたことが起源となる。斎宮頭とは、伊勢神宮に仕える未婚の皇女「斎王」の世話をする役職。藤原利仁は越前国（福井県東部）の出で『宇治拾遺物語』中の芋《いも》粥《がゆ》の話や、それを基にした芥川龍之介の『芋粥』に登場する。

齋藤、齊藤も、斎藤と同じ系統である。

下《さ》がり藤《ふじ》

撫子《なでしこ》

16位 【松本】
◉まつもと

松の根元の意味から

「松の木の根元」を意味する地形姓。古来、松は神の依代となる神聖な木として扱われ、縁起のよい名字として用いられた。神職では松本姓が多い。松本市のある信濃国（長野県）の松本氏は清和源氏の満快《みつよし》を祖とし、その子孫は地頭や神官を務めた。

丸《まる》に松皮菱《まつかわびし》

17位 【井上】
◉いのうえ

井戸や水汲み場より上

地名、地形両方の由来があるが、井戸や水汲み場より上方の場所を指す。地名由来で有名なのは、信濃国高井郡井上（長野県須坂市）を起源とする武家の井上氏。平安時代に清和源氏の源頼季《よりすえ》が「井上」を名乗ったのがはじまりとされている。

丸《まる》に二《ふた》つ雁金《かりがね》

18位 【木村】
◉きむら

「木が多い村」が起源？

「木村」の意味は諸説ある。「木の多い、または木の茂る」村という説や、新しい村と区別して「木が茂るほど古い村」という説など。藤原秀郷の子孫で武将の足利信綱が、下野国《しもつけのくに》（栃木県）で木村を称したのが起源と伝わる。

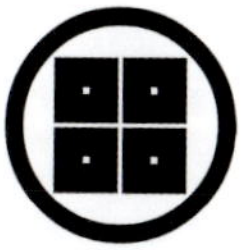
丸《まる》に平四《ひらよ》つ目《め》

19位 【林】
◉はやし

「木が茂る場所」の起源が多い

文字通り、林のある場所という意味の地形由来と考えられる場合が多く、全国各地にみられる。河内国拝志郷（大阪府藤井寺市）の場合のように「はいし」から「はやし」に変化し、「林」の字を当てるようになった場合もある。

丸《まる》に林《はやし》の角字《かくじ》

20位 【清水】
◉しみず

水の湧くところ

山間部で水が湧き出る場所を指すと考えられ、山に近い場所に多い地形姓。山梨、群馬、長野など豊富な水源を持つ地域に多い。静岡県清水市など、地名にちなんだ清水姓も多い。美濃国（岐阜県南部）の清和源氏多田氏流の武家、清水氏が有名。

丸《まる》に九枚笹《きゅうまいざさ》

左三《ひだりみ》つ巴《どもえ》

21位 【山崎】
◉やまざき

突き出た山の先端部分

日本は山林が国土の70％以上を占め、名字に山がつく例は多い。山崎は山の稜線《りょうせん》が突き出た部分を指す。「山崎」「山嵜」も同じ起源の姓。東日本では「やまざき」、西日本では「やまさき」と読む場合が多い。

丸《まる》に隅立《すみたて》て四《よ》つ目《め》

【森】◉もり

ランキング22位

「毛利」→「森」への場合も

木々が多く生い茂る場所という地形由来の名字。

「毛利」から「森」へ変化したケースもある。武家の森氏は相模国愛甲郡毛利荘（神奈川県厚木市）が起源で、清和源氏の流れ。勇猛な武士として知られる八幡太郎源義家の子義隆が毛利荘を治める際に「森冠者」と称したことがはじまりと伝わる。分家に播磨三月日藩主の森家、子孫に織田信長の家臣・森蘭丸がいる。

鶴《つる》の丸《まる》

【阿部】◉あべ

ランキング23位

相対立する起源が存在

漢字の表記には、阿部以外にも、「安倍」「安部」などがあるが、どの「あべ」も起源は同じ。天皇家に由来する説と、朝廷への反逆者に起源がある説で違いがある。

古代の豪族で、第8代孝元天皇の子孫が大和国安倍（奈良県桜井市）に住んだことを起源とするものと、神武天皇に抵抗して滅ぼされた青森の古代豪族の子孫が、「阿部」を称したというものがある。

違《ちが》い鷹《たか》の羽《は》

【池田】◉いけだ

ランキング24位

池と田んぼから

池と田んぼのある場所という地形・地名姓。水田を作る際に水源としての池が近くに作られたことから、全国各地で発祥した。

美濃国《みののくに》池田郡（岐阜県揖斐郡）をルーツとする紀姓の池田氏がいる。はっきりしないが戦国武将の池田輝政がその子孫という。信長・秀吉・家康に仕えた輝政の子孫は、長男光政が因幡鳥取藩主に、次男忠継が備前岡山藩主となり、その2つの流れが発展した。

備前蝶《びぜんちょう》

【橋本】◉はしもと

ランキング25位

橋は重要な建造物

川を渡る手段として、橋は貴重な建造物だった。橋本という地名も多く、地形由来も地名由来もどちらも存在する。建造物由来の名字の中で、「橋」がもっとも使われている。

藤原北家の流れで西園寺氏の流れを汲む橋本氏は、笛で朝廷に仕えた公家の一族。福井藩には清和源氏の流れで、藩医を務めた橋本家があり、橋本左内《さない》がこの一族の出身。

丸《まる》に立《た》ち沢瀉《おもだか》

尾長巴《おながともえ》

石川五右衛門 （国立国会図書館蔵）

安土桃山時代の大盗賊。三好氏家臣石川明石の子や、丹後国の豪族石川氏の出など出自にいろいろな説がある。

26位 山下 ◉やました

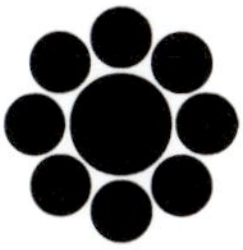

九曜《くよう》

「山本」とほぼ同じ起源

山の麓《ふもと》で暮らす人々が名乗った地形姓。全国各地に発祥しているが、東北南部から北関東に少なく、九州に多い。安房《あわの》国《くに》（千葉県）の氏族山下氏は、平群《へぐり》郡山下が起源。信濃国（長野県）の山下氏は、清和源氏の武家木曾氏の一族と伝わる。

27位 石川 ◉いしかわ

丸《まる》に笹龍胆《ささりんどう》

河原に石がごろごろする

石が散らばる河原、あるいは川そのものを指す地形姓で、地名となった場合も。古代豪族の石川氏は、大化の改新で生き延びた蘇我氏の一族が改姓したもの。大和国高市郡石川（奈良県高取町など）、または河内国石川郡（大阪府南河内郡）にちなむ。

28位 中島 ◉なかじま

丸《まる》に三《み》つ柏《かしわ》

轡《くつわ》

水の中の島

「中島」という地名から名字になった。「水の中の島」「周りと区別された地区」という意味を持つ。尾張国中島郡（愛知県稲沢市）を支配していた氏族、中島氏が有名で、鎌倉時代の『吾妻鏡』にも中島宣長の名前が登場する。

29位 前田 ◉まえだ

加賀《かが》梅鉢《うめばち》

手前の方にある田んぼ

稲作が盛んであることを連想させる名字。「手前にある田」、または「何かの前にある田」という意味で地形姓とされるが、地名姓も多くある。加賀前田家は美濃国安《あん》八《ぱち》郡前田村の前田氏からで、加賀百万石を築いた前田利家が出た。

30位 藤田 ◉ふじた

丸《まる》に違《ちが》い鷹《たか》の羽《は》

丸《まる》に桔梗《ききょう》

「藤のある田」「フチの田」

「佐藤」のように「藤」の字が後ろにつく名字は藤原氏の子孫を意味するが、前につくときは植物の藤を意味するとされる。地形姓で藤のある田んぼという由来のほか、縁や淵を意味する「フチ」を美しい「藤」に変えたという由来もある。

31位 【小川】◉おがわ

小さな川が流れる場所

十六葉《じゅうろくよう》裏菊《うらぎく》

小《しょう》の字《じ》菱《びし》

「小さな川」の意味で、全国に生じた名字で地名にもなっている。常陸国《ひたちのくに》茨城郡小河郷（茨城県小美玉市）が起源の小川氏は、清和源氏の流れで佐竹義胤《よしたね》の子宗義が称した。武蔵国小河郷（東京都あきる野市）には武蔵七党西党の小川氏がある。

32位 【後藤】◉ごとう

「後」の意味は諸説あり

下《さ》がり藤《ふじ》

左《ひだり》三《み》つ藤巴《ふじどもえ》

藤原氏の子孫を指すが「後」の意味は判然としない。官職名の肥後守の「後」を取った説、藤原氏の後裔《こうえい》で「後の藤原氏」から由来するとも。室町幕府に仕え、鋳造業で先駆となった後藤祐乗《ゆうじょう》がいる。金工後藤家の祖で、子孫は天正大判を鋳造。

33位 【岡田】◉おかだ

高いところにある水田

寓生《ほや》

「岡」は平地よりやや高い場所を指し、岡にある水田という意味の地名姓。栃木の岡田氏は、相模国高座郡岡田（神奈川県高座郡）が起源で、敏達天皇の子孫と伝わる。武士だったが、江戸時代に帰農。新田開発に取り組んだ豪商岡田氏が知られる。

34位 【長谷川】◉はせがわ

大和国の泊瀬川が起源

上《あ》がり藤《ふじ》

丸《まる》に檜扇《ひおうぎ》

第21代雄略天皇の頃、大和国（奈良県）に泊瀬川《はつせがわ》があり、細長い谷を流れていたことから、長谷川となり、読みは「はせがわ」となった。この地に天皇直属の家臣が住み、全国の天皇領に派遣された時、本拠地の地名である長谷川を名乗ったという。

35位 【村上】◉むらかみ

流刑地だった地名から

上《うえ》の字《じ》

信濃国更科《さらしな》郡村上郷（長野県千曲市）に配流された源盛清の子、為国が村上を称したのが起源とされる。為国はその後、保元・平治の乱に参加した。中世の瀬戸内海で海賊として勢力を振るった村上水軍は北信濃村上氏の一族という。

36位 【近藤】◉こんどう

近江の藤原氏

抱《だ》き鹿角《かづの》

藤原秀郷の子孫で近江（滋賀県）に住んだ一族が、近江の藤原氏と称したのがはじまり。鎌倉時代には御家人となり、三河国（愛知県東部）で大いに繁栄した。子孫は井伊家に仕え、井伊家が徳川家で重用されたため、近藤氏も旗本に取り立てられた。

37位 【石井《いしい》】

地名の石井が由来

半菊《はんぎく》に一《いち》の字《じ》

「石の多い水汲み場」を表す地名が起源となっており、全国各地で発祥した。下総国石井（茨城県）、相模国石井（神奈川県）にも石井姓が見られる。西日本では安芸国安南郡府中村石井（広島県）起源の石井氏が著名。

坂本龍馬
幕末の志士で倒幕活動に活躍。土佐藩郷士の坂本家の出で、坂本家は商家才谷家の分家である。

（国立国会図書館蔵）

38位 【斉藤《さいとう》】

もうひとつの「サイトウ」

丸《まる》に撫子《なでしこ》

「斉藤」と「斎藤」は同一の起源で藤原氏の子孫。しかし本来は「斉」の旧字体は「齊」で、「斎」の旧字体は「齋」。「斉」の「斉藤」氏は西日本に多く、島根、徳島、宮崎では特に多い。東日本では新潟や長野で多い。

39位 【坂本《さかもと》】

「サカモト」の起源は同じ

組《く》み合《あ》い角《かく》に桔《き》梗《きょう》

「坂の麓《ふもと》」の意味で各地にみられる。「阪本」「坂元」など、字は違っても起源は同一。

和泉国《いずみのくに》和泉郡坂本（大阪府和泉市）を起源とする坂本氏は歴史が古く、ヤマト王権の重臣、武内宿禰《たけうちのすくね》の子孫と伝わる。

40位 【遠藤《えんどう》】

藤原氏の子孫が称す

三《み》つ盛《も》り亀甲《きっこう》に花菱《はなびし》

遠江《とおとうみ》（静岡県西部）に住んだ藤原南家の子孫が称したのが起源。摂津国西成郡（大阪府大阪市）に移住したため、関西にも広まった。東日本に多く、仙台藩にも藤原氏の子孫を称する遠藤姓の家臣がいた。

41位 【青木《あおき》】

豪族多治比氏の末裔

丸《まる》に洲《す》浜《はま》

地名由来。古代豪族の多治比《たじひ》氏の子孫で武蔵国入間郡青木村（埼玉県入間郡）が起源の青木氏は武蔵七党丹党の末裔の一族。清和源氏武田氏の一族、青木氏の子孫には種痘を施して、人命を救った青木周弼《しゅうすけ》がいる。

42位 【藤井《ふじい》】

神道の祭祀を司る

下《さ》がり藤《ふじ》に一文字《いちもんじ》

山陽地方に多い名字で、地名に由来する。神道の祭祀を司る役割を担っていた卜部《うらべ》氏の庶流から公家の藤井家が出た。卜部兼忠の子兼国が藤井氏を称したことがはじまり。明治時代は子爵となった。

43位 【西村《にしむら》】

天下一の釜を作る

鳳凰《ほうおう》の丸《まる》

集落に対して「西方にある村」を意味する方位姓。

室町時代から江戸時代にかけて、茶の湯釜を製作し、「天下一」の称号を持つ西村家が京都にあった。現在は滋賀県を中心に関西に多い。

44位【福田】◉ふくだ

縁起のよい田を表す

「よい田んぼになるように」と願ってつけられた「福田」が由来の地形姓。湿地を指す「ふけた」からともいわれる。備後国芦品《あしな》郡福田（広島県東部）が起源の福田氏は、湊川《みなとがわ》の戦いで活躍して、足利尊氏から福田を与えられ、利鎌山《とかまやま》城を築いた。

丸《まる》に五本骨扇《ごほんほねおうぎ》

45位【太田】◉おおた

「太田」由来の地名姓

各地の「太田」という地名に由来する地名姓。武蔵（東京都・埼玉県）の太田氏は、清和源氏の流れで源頼朝に仕えた源広綱が家祖。子孫が丹波国太田郷(京都府亀岡市)に移り、太田を名乗る。一族はのちに扇谷上杉氏に仕え、太田道灌《どうかん》を出した。

丸《まる》に蔦《つた》

太田桔梗《おおたききょう》

46位【三浦】◉みうら

三浦半島に由来

三浦半島の一部、相模国三浦郡（神奈川県三浦市）を起源とする地名姓。三浦氏は桓武平氏の末裔だが、三浦為継が源義家に従って以降、源氏に仕えた。鎌倉幕府の御家人となり、相模国守護を任され、三浦を名乗る。北条早雲との争いに敗れて衰退。

丸《まる》に立《た》ち沢瀉《おもだか》

三浦三《みうらみ》つ引《ひき》

47位【岡本】◉おかもと

古代から伝わる名字

丘や高台の麓《ふもと》を意味する地形姓。渡来系で、河内国交野《かたの》郡岡本郷（大阪府交野市）に忌寸《いみき》姓を下賜された古代豪族岡本氏がいる。大和国高市郡岡本（奈良県高市郡）の一族も真人《まひと》姓を下賜された。下野(栃木県)には薬の製造で栄えた岡本家がある。

丸《まる》に唐花《からはな》

丸《まる》に剣片喰《けんかたばみ》

48位【松田】◉まつだ

松が近くにある田

「豊作祈願のための松が近くに植えられている田んぼ」という意味の地名姓。相模国松田郷（神奈川県足柄上郡）で藤原秀郷の子孫が名乗ったのが起源で御家人として活躍。陸奥国樋ノ口《ひのくち》館（宮城県東松島市）に頼朝の奥州攻めに従った松田氏がいる。

組《く》み直違《すじかい》

49位【中川】◉なかがわ

中央の川、川の中流

方位由来の姓で、北陸に多い。中央の川、または川の中流の意味。豊後国（大分県）岡藩主となった中川氏は清和源氏の流れ。秀吉に従って戦功を挙げ、岡藩初代藩主となった。若狭国小浜藩の藩医、中川淳庵《じゅんあん》は杉田玄白らと『解体新書』を著した。

丸《まる》に松皮菱《まつかわびし》

50位 中野《なかの》

丸《まる》に三階菱《さんかいびし》

「中央」「間」に由来

「野の中央」あるいは「山の間の野」の意味の名字。「中ノ庄」「中ノ郷」の省略形とも。源氏由来では出羽国最上郡（山形県）の中野氏。桓武平氏由来では長門国豊浦郡（山口県下関市）の中野氏など。

51位 原田《はらだ》

丸《まる》に剣梅鉢《けんうめばち》

反乱を鎮圧した一族

山陽から北九州に多い地名姓。筑前国原田郷（福岡県筑紫野市）が起源の原田氏は、古代氏族大蔵氏の子孫。海賊として知られ、朝廷に反乱を起こした藤原純友の乱を鎮圧。戦国時代に豊臣秀吉に敗れ、所領を没収された。

52位 小野《おの》

丸《まる》に橘《たちばな》

多くの文化人を輩出

「小さな野」を意味する地名姓。近江国滋賀郡小野村（滋賀県大津市）を発祥とする一族は、遣唐使の小野妹子《いもこ》、絶世の美女で歌人の小野小町、平安初期の知識人、小野篁《たかむら》らの文化人を輩出した。

53位 田村《たむら》

田村茗荷《たむらみょうが》

稲作と人々の結びつき

全国にある「田村」という地名が由来となっている。稲作と人々の結びつきを表す名字。

陸奥国の田村氏は奈良時代に朝廷から命じられて、東北地方へ蝦夷《えぞ》討伐に赴いた坂上田村麻呂の子孫との説がある。

54位 竹内《たけうち》

丸《まる》に根笹《ねざさ》

竹に囲まれた場所

地形由来。「たけのうち」と「たけうち」の読み方があり、「たけうち」のほうが多い。「たけのうち」と読むのは源氏系公家の流れとされる。戦国期の美作《みまさか》一之瀬城（岡山県）城主の竹内氏は京都の公家の出身。

55位 金子《かねこ》

丸《まる》に対《むか》い蜻蛉《とんぼ》

砂金の採れる川？

武蔵国入間郡金子郷（埼玉県入間市）がおもな起源の地名姓。砂金の採れる川の上流を指す場合と、鍛冶屋の神「金屋子《かなやご》神《かみ》」に縁のある場所と説がいくつかある。武蔵の金子氏は武蔵七党に属し、源平合戦で活躍。

56位 和田《わだ》

丸《まる》に三《み》つ引《ひき》

相模の和田氏が有名

地名姓。相模国三浦郡和田（神奈川県三浦市）が起源の和田氏は桓武平氏の流れの御家人。三浦一族から義盛が和田を称し、源頼朝に従って戦功を挙げた。北条氏に警戒され、義盛は反乱を起こすも敗北。

坂上田村麻呂《さかのうえのたむらまろ》

平安時代の公卿。蝦夷地平定で活躍。陸奥国の田村氏の祖といわれる。

（国立国会図書館蔵）

中山 なかやま 57位

山脈の中の山など

地形・地名姓。「山脈の中の山」、または「山の中の地域」を表す。全国各地で見られ、北関東、北陸、北九州などに多い。藤原北家花山院《かざんいん》氏の流れで、公家の中山氏があった。明治天皇の母となった中山慶子はその一族である。

中山杜若《なかやまかきつばた》

藤原 ふじわら 58位

藤原不比等から発展

大化の改新の功労者である中臣鎌足が、天智天皇から賜った姓。藤原姓を引き続き名乗ることを許されたのは鎌足の次男の不《ふ》比《ひ》等《と》のみだった。不比等の４人の子が藤原四家（北家、南家、式家、京家）として発展。佐藤など「藤」のつく名字の起源。

下《さ》がり藤《ふじ》

石田三成

安土桃山時代の武将。関ヶ原で徳川家康と天下を争った。石田氏は石田村を治める領主と見られる。

石田 いしだ 59位

伊勢神宮創始者が起源

地名由来の名字で、「石のように固い土地の田」を意味する。伊勢神宮を創始した垂仁天皇の子孫が山城国久世《くせ》郡石田庄（京都府）に住み、石田を名乗ったと伝わる。石田三成は近江国坂田郡石田村（滋賀県長浜市）の出身というが、出自は不明。

大一大万《だいいちだいまん》大吉《だいきち》

三《み》つ橘《たちばな》

上田 うえだ 60位

川上の水田を表す

「川上の水田」を表す地名姓。日本各地に地名があるが、上田姓は近畿地方に特に多い。信濃国小県《ちいさがた》郡上田荘（長野県上田市）を起源とする上田氏は、清和源氏小笠原氏の一族で、尾張（愛知県）へ、さらに広島へ移って発展していった。

丸《まる》に花菱《はなびし》

森田 もりた 61位

那須与一とつながる

地形姓で「森と田のある場所」を意味する。下野国《しもつけのくに》那須郡下荘森田（栃木県那須烏山市）の森田氏は、平安時代後期に那須資《すけ》隆《たか》の長男光隆が森田氏を称したのがはじまり。資隆は、源平合戦の屋島の戦いで扇の的を射た那須与一の父と考えられている。

丸《まる》に片喰《かたばみ》

丸《まる》に蔦《つた》

62位 【原《はら》】

平野を意味する地形姓

割《わ》り九曜《くよう》

平野を意味する地形姓。全国に広く分布するが、島根県に特に多い。美濃国《みののくに》恵那郡原（岐阜県恵那市）を起源とする原氏の子孫、原長頼は、安土桃山時代に信長、秀吉に仕え、美濃太田山城城主となった。

63位 【柴田《しばた》】

勝家の出自は不明

丸《まる》に二《ふた》つ雁金《かりがね》

広く分布する地名姓。陸奥国柴田郡柴田（宮城県柴田郡）が起源の柴田氏は、仙台藩の重臣。家老柴田外記《げき》は伊達藩のお家騒動の主要人物。信長の家臣柴田勝家は清和源氏の流れと称していたが、くわしくは不明。

64位 【酒井《さかい》】

家康の右腕

剣片喰《けんかたばみ》

地名姓。三河国（愛知県東部）坂井郷が起源の土豪。徳川家の始祖松平親氏《ちかうじ》の子孫と伝わる。酒井忠次は家臣団筆頭、大名として幕末まで仕えた。また豊前国宇佐郡酒井郷（大分県宇佐市）に古代豪族酒井氏がいる。

65位 【工藤《くどう》】

殿舎を造る人々

庵木瓜《いおりもっこう》

藤原南家の武智麻呂《むちまろ》の子孫である藤原為憲からはじまった。為憲は木工助という役職に就いて、工藤を名乗った。木工助とは律令制下で殿舎を造り、木材を集める職工をとりまとめる木工寮《もくりょう》の職官。

66位 【横山《よこやま》】

武蔵七党横山党

石持《こくも》ち地抜《じぬ》き左万字《ひだりまんじ》

「横手に山がある」村落に由来する方位姓。関東地方で平安～室町時代にかけて勢力をふるった武蔵七党横山党が有名。家祖は武蔵守として赴任し、多摩郡横山荘から勢力を伸ばした小野孝泰《たかやす》とされる。

67位 【宮崎《みやざき》】

西九州に多い

丸《まる》に抱《だ》き茗荷《みょうが》

「神社（宮）の所領の近くで、丘などが突き出た場所」に由来する名字。西九州に特に多い。陸奥国加美《かみ》郡宮崎（宮城県加美郡）を起源とする宮崎氏は木曽義仲の子孫とも。戦国時代は宮崎城を拠点とした。

68位 【宮本《みやもと》】

神社を支える

九曜巴《くようどもえ》

「神社（宮）の麓《ふもと》」という意味の名字。「神社を支える家」の意味を持つ場合も。小倉藩（福岡県北九州市）から出仕を請われた宮本武蔵は、養子の伊織を士官させ、その後、宮本家は小倉藩の家老を務めた。

69位 【内田《うちだ》】

物部氏が内田に？

丸《まる》に三《み》つ銀杏《いちょう》

地形に由来し、「山の中の田」、または「勢力範囲内の田」を意味する。特に埼玉県西部に多い。古代豪族の物部氏の子孫が内田を称したとされる。遠江国《とおとうみのくに》（静岡県）を起源とする、藤原南家の流れの内田氏もいる。

70位 【高木《たかぎ》】

御神木と城壁の意味

丸《まる》に三《み》つ柏《かしわ》

丸《まる》に蔓柏《つるかしわ》

地名姓。「神の宿る御神木」という意味と、古代の城壁「高城」の意味がある。三河国高木（愛知県）発祥の高木氏は家康に仕え、丹南藩（大阪府）を立藩。肥前国佐《さ》嘉《が》郡高木村（佐賀県）には鎌倉御家人で本領の地頭職を得た豪族高木氏がいる。

71位 【安藤《あんどう》】

安芸と安倍氏に由来？

下《さ》がり藤《ふじ》に安《あん》の字《じ》

由来には2説ある。安芸（広島県）に住んだ藤原氏という説と、安倍氏の一族が藤原姓を賜り、安藤と名乗ったという説だ。江戸時代の浮世絵師・歌川広重の本名は安藤で、幕府直轄の火消し（定火消《じょうびけ》し）の家柄だった。

72位 【谷口《たにぐち》】

谷の入り口の集落

丸《まる》に橘《たちばな》

木瓜《もっこう》に二《ふた》つ引《ひき》

地形に由来する。「谷の入り口」にある集落に由来した名字。旧家も多く知られ、近江国蒲生《がもう》郡西川村（滋賀県蒲生郡）には、代々庄屋を務めた谷口家がある。肥前（佐賀県）には藩御用鋳物師の谷口家があり、英《ひ》彦《こ》山《さん》神宮の銅の大鳥居を造った。

73位 【大野《おおの》】

なだらかに広がる野原

丸《まる》に四《よ》つ石《いし》

地名姓。「広々とした原野」を意味する。各地にあるが、関東、東海、四国に多い。山城国愛宕郡大野郷（京都府京都市）に古代豪族の大野氏がいた。また、壬申の乱で活躍した武将大野果安《はたやす》は皇別氏族上毛野《かみつけの》氏の氏族と伝わる。

74位 【丸山《まるやま》】

長野で生まれた地形姓

丸《まる》に林《はやし》の角字《かくじ》

地形姓。「円形の丸く盛り上がった山」を意味する。信濃国（長野県）の発祥で、関東地方から東北地方南部へと広がった。長野県、新潟県に多い。江戸時代、信濃須坂藩家老だった丸山氏は、室町時代から続く名家。子孫に評論家の丸山邦男がいる。

75位 【今井《いまい》】

新しく作られた井戸

丸《まる》に剣片喰《けんかたばみ》

井桁《いげた》に花菱《はなびし》

地形姓。「新しく作られた水汲み場」を意味する。新井、荒井も由来は同じ。安土桃山時代の茶人・今井宗久《そうきゅう》は近江国高島郡今井（滋賀県高島市）起源の今井氏の出で宇多源氏流。源義仲の四天王・今井兼平の子孫の今井氏は長野、岐阜などにいる。

（国立国会図書館蔵）

村田経芳《つねよし》
明治・大正期の陸軍軍人。射撃の名手で村田銃の発明者。薩摩藩士、村田蘭斎の子である。

76位 【高田】 たかだ

丸《まる》に四《よ》つ片喰《かたばみ》

古代から伝わる名字

地名姓。「高いところにある田」に由来。大和の高田氏は、用明天皇の皇子で、聖徳太子の異母弟の当麻皇子《たいまのみこ》の子孫とされる。山城国葛野《かどの》郡高田（京都府）発祥の古代豪族の高田氏は高句麗からの渡来人の一族。

77位 【藤本】 ふじもと

丸《まる》に釘抜《くぎぬき》

美しいイメージの名字

植物の「藤」に由来すると考えられるが、「富士」「不二」と書く場合もあり、発祥は定かでない。西日本に多く、特に山口県や徳島県の吉野川流域に集中する。加賀藩（石川県）の観世《かんぜ》流《りゅう》能楽師の藤本家が有名。

78位 【武田】 たけだ

武田菱《たけだびし》

甲斐武田氏の一族

地名由来と考えられるが、甲斐の武田信玄一族の子孫である場合も多い。この武田氏は清和源氏に属する源義清が常陸国吉田郡武田郷（茨城県ひたちなか市）に住んで名乗り、甲斐国（山梨県）に配流されたのが祖。

79位 【村田】 むらた

丸《まる》に二《ふた》つ引《ひき》

村田は日本全国に

地名姓。村田の地名は全国各地にあり、名字は広く分布するが、滋賀県、三重県、山口県に多い。陸奥国柴田郡村田（宮城県柴田郡）が起源の村田氏は藤原北家に遡《さかのぼ》る。近重の時に伊達氏に従い仙台藩士となった。

80位 【上野】 うえの

頭《あたま》合《あ》わせ三《み》つ三階菱《さんかいびし》

上野の地名は全国に

上野は各地に広く分布する地名姓。三河国碧海郡上野（愛知県豊田市）では、清和源氏足利流の系統の、足利泰氏《やすうじ》の子・義《よし》有《あり》が名乗ったのがはじまりとされる。室町幕府で奉公衆（政治中枢を担当）を務めた。

81位 【杉山】 すぎやま

藤輪《ふじわ》に蔦《つた》

日本の山林を象徴

「杉が生えている山」を表す名字。静岡県を中心に多い。藤原氏の子孫が三河国渥美郡杉山村（愛知県豊橋市）に住んで杉山と称したのが起源。石田三成の次男重成は杉山源吾と改名、津軽藩（青森県）に仕えた。

82位 【増田】 ますだ

枡《ます》に枡掻《ますか》き

四角い田に由来

地形姓。「枡のように四角い田」を「マスダ」と呼び、漢字を当てたもの。静岡県を中心に関東南部、四国東部に多い。駿河国（静岡県）の今川氏の家臣に増田氏が多かった。京都の伏見には酒造業の増田家がある。

83位 平野《ひらの》

平らな野原の地形から

丸《まる》に三《み》つ鱗《うろこ》

地形由来の名字。「平らな野原」を意味し、関東地方南部、東海地方に多い。鎌倉幕府執権北条時政の後裔《こうえい》という平野氏から、秀吉の家臣平野長泰《ながやす》が出た。摂津国の平野庄（大阪府大阪市）を起源とする氏族・平野氏は、坂上田村麻呂の子孫。

84位 大塚《おおつか》

大きな塚が由来

丸《まる》に唐《とう》団扇《うちわ》

地形由来の名字。「地面を盛り上げた場所」を塚と呼び、その大きなものをいう。常陸国多珂《たか》郡大塚（茨城県北茨城市）発祥の大塚氏は、藤原氏の末裔で旧家が多い。出羽国置賜《おきたま》郡大塚（山形県川西町）にも、藤原氏系の大塚氏が残る。

85位 千葉《ちば》

桓武平氏の子孫が房総へ

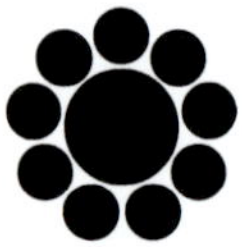

十曜《じゅうよう》

平安時代末期、桓武平氏の一族である平忠常が、上総国千葉荘（千葉県）に住み、千葉姓を称したのがはじまり。源平合戦の功績で全国で所領を得たが、戦国時代に北条氏に従属した。庶流は東北地方と九州地方で発展した。

86位 久保《くぼ》

「くぼんだ地」を縁起よく

抱《だ》き柊《ひいらぎ》

地形由来の名字。「くぼんだ地」を意味し、全国各地に見られる。縁起のよい字をあてて、久保となった。代々、庄屋を務めるような旧家が多く、武蔵国多摩郡下長渕村（東京都青梅市）や山城国紀伊郡（京都府京都市）の久保家がある。

87位 松井《まつい》

朝廷から賜った姓

丸《まる》に蔦《つた》

古代豪族の松井氏は、百済からの渡来人で、天皇から連《むらじ》姓を賜った。河内源氏源為義（頼朝の祖父）の子維義《これよし》は松井冠者を称し、子孫が松井を名乗った。清和源氏満政《みつまさ》流の松井氏は御家人となり、三河国（愛知県東部）に移った子孫は家康に仕えた。

88位 小島《こじま》

「小さな島」が由来

五瓜《ごか》に隅立《すみた》て四《よ》つ目《め》

「小さな島」を意味する地形姓。清和源氏満政流の流れの浦野重平が尾張国小島郷（愛知県）で小島を名乗ったとされる。ほかに武蔵七党丹党から小島を名乗る武士が出た。埼玉県川越市には、江戸時代より「相徳《あいとく》」という呉服商を営む小島家がある。

89位 【岩崎《いわさき》】

丸《まる》に三階菱《さんかいびし》

武田一族にゆかりあり

起源はいくつかあり、甲斐国山梨郡岩崎（山梨県甲州市）を起源とする氏族が有名。一族の武田信隆が岩崎姓を名乗った。明治の実業家・岩崎弥太郎は土佐（高知県）出身だが、甲斐岩崎氏の子孫とされる。

岩崎弥太郎
三菱財閥を創立。岩崎氏は古くは安芸氏、江戸時代は山内氏に郷士として仕えた。

（国立国会図書館蔵）

90位 【桜井《さくらい》】

桜《さくら》井《い》桜《ざくら》

古くから愛された桜

「桜の木の生えている用水路」の地形由来と、地名由来の名字がある。関東を中心に信越、東海地方に広がる。古代豪族の桜井氏には、河内国河内郡桜井（大阪府）と大和国十《と》市《いち》郡桜井（奈良県）のふたつの流れがある。

91位 【野口《のぐち》】

丸《まる》に三《み》つ柏《かしわ》

水田になった平野

地形由来の名字。野は「水田になった平野」のことで、その「入り口」を表す。関東と九州北部に目立ち、茨城県神栖《かみす》や埼玉県長瀞《ながとろ》に集中。起源は複数あり、その中のひとつが、常陸国那珂郡野口村（茨城県常陸大宮市）。

92位 【松尾《まつお》】

三階菱《さんかいびし》

御神木の松から

地名姓で「御神木（松）と山の裾野（尾のほう）」の意味。九州西部に多い。武田信虎の叔父・信賢は甲斐国松尾郷（山梨県甲州市）を得て松尾を称したという。俳人松尾芭蕉は伊賀(三重県）の土豪の一族の出身。

93位 【野村《のむら》】

捻《ね》じ四《よ》つ目《め》

起源のひとつは近江

地名姓。北陸や山口、高知に多い。起源のひとつは近江国栗《くり》太《た》郡野村（滋賀県草津市）といわれる。宇多源氏佐々木氏の子孫の盛季《もりすえ》が野村を名乗った。加賀藩（石川県）の和泉流狂言師の野村家は、野村萬斎《まんさい》の祖。

94位 【木下《きのした》】

木下沢瀉《きのしたおもだか》

秀吉の名字で有名

地形由来の名字で、文字通り「木の下」を表す。各地に分布するが、西日本に多い。秀吉の妻の実家の名字として知られ、秀吉も一時、木下藤吉郎を名乗った。もとは播磨（兵庫県）だったが、尾張（愛知県）に移った。

95位 【菊地《きくち》】

並《なら》び矢《や》

肥後国から東北へ

肥後国（熊本県）で勢力を誇った菊池氏の一族が、室町時代に東北へ進出し、漢字が変化して菊地を名乗ったとされる。現在では栃木県を中心に東北南部から北関東に多い。東日本では全般に菊池より菊地が多い。

新井白石 （国立国会図書館蔵）

江戸時代の学者、政治家、詩人。新井氏は常陸国多賀谷氏に仕え、幕臣に参加。６代将軍を補佐した。

96位 【佐野《さの》】

左《ひだり》三《み》つ巴《どもえ》

佐野の発祥は下野国

地名姓。足利氏の足利基綱が下野国《しもつけのくに》安蘇郡佐野（栃木県佐野市）に住み、佐野太郎と名乗った。多くはこの佐野氏が発祥だが、ほかにも甲斐や伊豆にも起源があり、山梨県、静岡県を中心に、南関東、中部地方に多い。

97位 【大西《おおにし》】

三《み》つ輪違《わちが》い

西日本に多い名字

阿波国三好郡大西（徳島県三好市）が起源。鎌倉時代、荘官として移住した西園寺家の子孫と伝わる。西日本を中心に分布し、四国に特に多い。京都でも、伏見稲荷の神官や釜作りの鋳物師に大西姓がある。

98位 【杉本《すぎもと》】

丸《まる》に本《ほん》の字《じ》

静岡県に多い名字

「杉の生えた土地」の地名に由来。相模国鎌倉郡杉本（神奈川県鎌倉市）に住んだ桓武平氏の三浦氏族の義宗が称したのが起源と伝わる。遠江国《とうとうみのくに》、駿河国（静岡県）に子孫が広がり、今も東海、北陸に多い。

99位 【新井《あらい》】

丸《まる》に根笹《ねざさ》

上野の新井が発祥

地形に由来し、「新しい水汲み場・用水路」を意味する。井戸だけに限らない。新田開発と関わり、利根川流域で広く生まれた名字。上野国《こうづけのくに》新田郡新井村（群馬県）で、新田氏出身の覚義が新井を名乗った。

100位 【浜田《はまだ》】

頭《あたま》合《あ》わせ三《み》つ雁金《かりがね》

水岸で見られる名字

地名姓。「海岸や川岸の田」を意味する。伊勢国浜田村（三重県四日市市）発祥の一族は、秀郷流田原氏族の豪族。東北に桓武平氏千葉氏の庶流があり、室町時代の武将浜田基継は広田湾（岩手県）一帯を治めた。

101位 【菅原《すがわら》】

梅鉢《うめばち》

学者を輩出する一族

大和国添下《そえじも》郡菅原（奈良県奈良市）に住んでいた古代豪族の土師氏が、菅原宿禰《すくね》の姓を賜ったのが起源とされる。代々学者を輩出した一族で、菅原道真もその一人。子孫も学者として朝廷に仕えた。

102位 【市川《いちかわ》】

丸《まる》に剣花菱《けんはなびし》

甲斐源氏の一族も

地名姓で市河も同じ。出自は多く、関東、甲信、東海に多い。甲斐国八代郡市川（山梨県）が発祥の市川氏は、甲斐源氏の祖、源義光の子覚義が家祖という。平安〜戦国期の動向を記した『市河家文書』が残る。

103位 水野《みずの》

水野《みずの》沢瀉《おもだか》

地名姓。源氏の流れをくむ小河重清が頼朝に仕え、尾張国春日井郡水野（愛知県）の地頭となり名乗った。同じ尾張に桓武平氏良兼流の武家水野氏がいる。

104位 小松《こまつ》

丸《まる》に梶《かじ》の葉《は》

地名姓。土佐国安芸郡(高知県)の小松氏は六波羅《ろくはら》小松第に住み「小松殿」と呼ばれた平重盛の子孫と伝える。大隅（鹿児島県）役人の末裔禰寝氏は小松と改姓。

105位 島田《しまだ》

三《み》つ割《わ》り剣花菱《けんはなびし》

「ほかの耕作地と離れた田」という意味を持つ地名姓。関東と北陸に多い。駿河国(静岡県)の島田氏は駿東《すんとう》郡島田の発祥で清和源氏の流れ。

106位 古川《ふるかわ》

丸《まる》に二《ふた》つ引《ひき》

「流れの変わった古い川」の意味の地形姓。青森では「こがわ」。古川城（宮城県）拠点の大崎氏家臣が名乗るほか、飛騨の武家姉小路氏の庶流にもいる。

107位 小山《こやま》

右二《みぎふた》つ巴《どもえ》

地形姓。「小さい山」の意味。東北北部では「おやま」が、関東、信越は「こやま」が多い。西日本では関西から岡山にかけて、堺市、神戸市に多い。

108位 高野《たかの》

高野《たかの》杏葉《ぎょうよう》

地名姓で、関東から北陸、特に新潟県に多い。百済からの渡来人の高野氏は大和国添下郡高野（奈良県）が由来。桓武天皇の母、高野新笠はこの一族。

109位 西田《にしだ》

丸《まる》に唐梨《からなし》

西の方位に由来。富山県から関西に多い。越中国新川郡（富山県）発祥の西田氏は江戸時代の豪農。出羽国最上郡金山（山形県）に豪商の西田氏がいた。

110位 菊池《きくち》

並《なら》び鷹《たか》の羽《は》

肥後国菊池郡（熊本県）発祥の菊池氏は九州で勢力を築き戦国大名に。藤原北家の子孫則隆が家祖説、藤原氏に仕えた地方豪族則隆が家祖説も。

111位 山内《やまうち》

丸《まる》に土佐柏《とさかしわ》

地形姓で、「山の中」を意味する。武家の山内氏は、藤原北家の子孫が相模国鎌倉郡山内荘（神奈川県）で称したのが起源。土佐藩の山内氏も同族。

112位 西川《にしかわ》

亀甲《きっこう》に花菱《はなびし》

西にちなむ方位姓。関西、特に奈良県、大阪府に多い。近江国蒲生郡西川（滋賀県）を起源とする西川氏では、西川兵庫が秀吉に仕えた。

113位 五十嵐《いがらし》

黒餅《くろもち》

地名姓。信越、東北に多い。垂仁天皇の皇子・五十日足彦命《いかたらしひこのみこと》が開拓した土地、越後国沼垂郡五十嵐(新潟県)発祥の一族がいる。新潟では「いからし」とも。

114位 北村《きたむら》

亀甲《きっこう》に蔦《つた》

「本家から見た北の村」を意味する方位姓。桓武平氏の武家柘植氏分家に北村氏がいる。大隅国姶良《あいら》郡蒲生北村(鹿児島県)の蒲生清則は北村を称した。

【安田◉やすだ】 115位

丸《まる》に二《ふた》つ干網《ひあみ》に水《みず》

岐阜県に特に多い

地名姓。特に岐阜県大垣市に多い。甲斐国安田郷（山梨県）発祥の武家のほか、越後国（新潟県）武家の安田氏は2系統あり、刈羽《かりわ》郡鵜川荘安田条発祥の一族は毛利氏系、蒲原《かんばら》郡白河荘安田発祥の一族は桓武平氏系。

【中田◉なかだ】 116位

丸《まる》に桔梗《ききょう》

東北、北陸に多い

「中央の田んぼ」の意味をもつ方位姓。陸奥国江刺《えさし》郡中田（岩手県）や近江国長上《ながかみ》郡中田村（滋賀県）など、各地に発祥がある。江戸時代、越中（富山県）には薬種商を営む中田家があり、富山藩の御用商人を務めた。

【川口◉かわぐち】 117位

丸《まる》に抱《だ》き茗荷《みょうが》

海や川に近い地域

「河口や川への出入り口」の意味を持つ地形姓。東海、近畿、九州有明海近辺に多い。武蔵国多摩郡川口（東京都）を発祥とする川口氏は、武蔵七党西党に属し、八王子市の円福寺《えんふくじ》を再興したとされる。

【平田◉ひらた】 118位

丸《まる》に隅立《すみた》て四《よ》つ目《め》

西日本に多い

地名姓。東北以外の各地に分布し、特に山陽から福岡県に多い。近江国愛智郡平田郷（滋賀県）を起源とする一族は、渡来人の子孫といわれる。沖縄県にも平田の地名があり、ここを起源とする平田氏もある。

【川崎◉かわさき】 119位

丸《まる》に橘《たちばな》

川の流れが変わる地

地形姓で、「川の先端部分が海や湖にそそぐ場所」、または「川の蛇行部分にせり出した場所」の意味。九州に多い。日向国（宮崎県）の川崎氏は紫波《しわ》洲崎城主となり、江戸時代は飫肥藩の重臣として宮崎南部に広まった。

【本田◉ほんだ】 120位

丸《まる》に立《た》ち葵《あおい》

新田と対になる

「もともとあった田」の意味の地名姓。新田（新しくできた田）に対する名字。江戸幕府旗本の本田家は桓武平氏の末裔。戦国時代は北条氏に仕え、正家が家康に仕えた。古代氏族安曇氏の一族に信濃本田氏がいる。

【久保田◉くぼた】 121位

丸《まる》に花菱《はなびし》

縁起のいい漢字に

「窪地にある田」の意味の地形姓。「窪」の字を縁起のいい「久保」に変えた。長野県を中心に、静岡県、群馬県に多い。長野市の久保田家は清和源氏源義家の六男の末裔とされ、苗字帯刀を許され、幕末に松代藩士族に。

【吉川◉よしかわ】 122位

九曜《くよう》

「恵み」「葦」が由来

地名姓で、「恵みの川」と「葦《よし》の茂る川」が由来のものがある。関西、特に滋賀と奈良に多い。大和国平群《へぐり》郡吉川郷（奈良県）発祥の橘氏族に吉川氏がある。駿河国吉川郷（静岡県）では「きっかわ」と読む。

【飯田《いいだ》】 123位

月星《つきほし》

地名姓。千葉県から茨城県に多い。信濃国伊那郡飯田荘（長野県）発祥の飯田氏は清和源氏村上氏流。為公《ためとも》が功をあげ信濃守となり、孫為実が飯田を称した。

【沢田《さわだ》】 124位

丸《まる》に三《み》つ柏《かしわ》

地名姓で、北海道や愛知県に多い。仙台藩士の沢田氏は陸奥国石川郡沢田（福島県）が発祥。伊勢神宮に仕える荒木田氏庶家に沢田家がある。

【辻《つじ》】 125位

丸《まる》に左三階松《ひだりさんがいまつ》

「道の交差したところ」や「山の頂上や峰」を指す地形姓。出自は多く、雅楽を伝える辻家がある。平安時代の雅楽家の高季《たかすえ》が辻氏を称したのが発祥。

【関《せき》】 126位

丸《まる》に揚羽蝶《あげはちょう》

関所など「ふさぐ」意味の「セキ」から出た地名姓。伊勢国鈴鹿郡関（三重県）発祥の豪族関氏は桓武平氏流。常陸国関郡（茨城県）大方氏一族の関氏は秀郷流。

【吉村《よしむら》】 127位

丸《まる》に釘抜《くぎぬき》

「よい」村、「葦」の茂っている村の2説ある地形姓。摂津国能勢郡（大阪府）発祥の一族は清和源氏流。桑名藩（三重県）で家老を務めた吉村家がいる。

【渡部《わたなべ》】 128位

丸《まる》に三《み》つ扇《おうぎ》

「渡辺」の漢字が変化した名字で発祥や由来は渡辺と同じ、渡辺より少ないが、島根県と愛媛県では渡部のほうが多い。「わたべ」と読む地域もある。

【岩田《いわた》】 129位

丸《まる》に五本骨扇《ごほんほねおうぎ》

地名姓。武蔵国秩父郡岩田郷（埼玉県）発祥の岩田氏は、武蔵七党丹党の白鳥基政の子政広が岩田氏を称したのがはじまりである。

【中西《なかにし》】 130位

星梅鉢《ほしうめばち》

近畿地方、特に三重県に多い方位姓。大和国中西庄（奈良県）発祥の一族は紀ノ川の流域に多い。旗本の中西家は、戦国時代は大和の武家筒井家に仕えた。

【服部《はっとり》】 131位

八《や》つ矢車《やぐるま》

職業姓。古代の機織りを担当した「服織部」に由来。伊賀国阿拝《あはい》郡服部郷（三重県）発祥の服部氏がいた。その一族の服部半蔵が伊賀衆を率いた。

【樋口《ひぐち》】 132位

丸《まる》に揚羽蝶《あげはちょう》

「樋（水を流す装置）」の取水口を表す地名姓。甲信越、三重県、九州北部に多い。信濃（長野県）の樋口氏は伊那郡樋口が発祥、武士の樋口兼光が出た。

【福島《ふくしま》】 133位

丸《まる》に笹竜胆《ささりんどう》

地名姓。関東、山陰、九州に多い。摂津国西成郡福島荘（大阪府）発祥の福島氏は清和源氏の流れ。源頼光の曾孫満隆が福島氏を称したのがはじまり。

樋口一葉

小説家、歌人。民衆の悲苦を描き、女流作家の第一人者に。樋口家は甲斐国山梨郡中萩村の農家。

（国立国会図書館蔵）

134位 【川上】 ●かわかみ

丸《まる》に二《ふた》つ引《ひき》

上流を表す方位性

「川の上流」を表す方位姓。島根県と岡山県に多い。信濃国（長野県）の川上氏は佐久郡川上村が発祥、承久の乱で川上左近が活躍。薩摩（鹿児島県）の川上氏は鹿児島郡川上郷発祥で島津貞久の子頼久が祖という。

135位 【永井】 ●ながい

一文字《いちもんじ》三《み》つ星《ぼし》

松平家に仕える

地名姓。群馬・新潟・愛知県に多い。代々松平家に仕え、譜代大名となった永井家は、分家が美濃国《みののくに》（岐阜県）にある。石川県山代温泉の永井家は、平安末期の武将で『平家物語』に登場する斎藤実盛《さねもり》の子孫とも。

136位 【松岡】 ●まつおか

丸《まる》に違《ちが》い鷹《たか》の羽《は》

西日本に多く見られる

「松の生えている丘」を意味する地名姓。高知県と熊本県に集中している。奥州の浄法寺氏の一族から松岡を称するものが出、子孫は南部藩士に。信濃国伊那郡松岡郷（長野県）が発祥、地頭の松岡氏は信玄に従った。

137位 【田口】 ●たぐち

丸《まる》に杜若《かきつばた》に水

田への水の供給地

「田への水の取入れ口」という意味の名字。沖縄を除く全国に見られる。古代豪族田口氏は蘇我氏の流れで、大和国高市郡田口(奈良県)が発祥。信濃国(長野県)佐久郡田口が発祥の田口氏は田口城を拠点とした。

138位 【山中】 ●やまなか

丸《まる》に平四《ひらよ》つ目《め》

山に囲まれた場所

「山の中」という意味の地形姓。全国でみられ、高知に多い。近江国甲賀郡山中（滋賀県）が発祥の山中氏は公卿橘諸兄《たちばなのもろえ》の子孫と伝わり、甲賀二十一家の中心とし活躍。清和源氏小笠原氏の一族からも山中氏がいる。

139位 【森本】 ●もりもと

丸《まる》に梅鉢《うめばち》

漢字が変化

地名姓。関西、中国、四国に多い。「守本」「盛本」「森元」はこの名字が変化した。伊勢国一志郡森本(三重県)が発祥の森本氏は村上源氏流、森本飛騨守を称した。土佐(高知県)の森本氏は伊勢から移った一族とも。

山中幸盛　（東京都立中央図書館蔵）

戦国時代の武将。通称鹿介。尼子家の再興に奮闘。山中氏は宇多源氏佐々木流の流れという。

140位 【土屋】 ●つちや

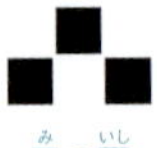

三《み》つ石《いし》

関東南部、東海に多い

地名姓。複数の出自があり、相模国余綾《よろぎ》郡中村荘土屋（神奈川県）が発祥の一族は桓武平氏の流れで頼朝の挙兵に参加。甲斐国（山梨県）の土屋氏は武田勝頼の家臣で子孫に赤穂浪士を助けた土屋主税《ちから》が出た。

141位 矢野《やの》

湿地を表す「やち」と「野」からきた地形姓。鎌倉幕府の御家人の矢野氏や、伊勢国（三重県）には一志郡矢野が発祥、桓武平氏流の矢野氏がいる。

丸《まる》に違《ちが》い矢《や》

142位 広瀬《ひろせ》

地形姓で山梨県に多い。「川幅が広くかつ流れが速い場所」を意味する。飛騨国吉城郡広瀬郷（岐阜県）で広瀬を称した藤原北家の一族がいる。

丸《まる》に木瓜《もっこう》

143位 秋山《あきやま》

地名姓。東日本に多い。甲斐の秋山氏は清和源氏加賀美氏族。信玄の侍大将を務めた秋山信友が出た。讃岐（香川県）、駿河（静岡県）にも一族がいる。

四《よ》つ花菱《はなびし》

144位 石原《いしはら》

「石が多い原」の意味で古代からある名字。各地に見られ、三河国の石原村（愛知県）、播磨国の石原（兵庫県）などで発祥した。

浮線蝶《ふせんちょう》

145位 松下《まつした》

松の木の下を指す地形・地名姓。各地で見られ、静岡と鹿児島が多い。三河国碧海郡松下（愛知県）発祥の一族から出た松下之綱《ゆきつな》は頭陀寺《ずだじ》城主（静岡県）。

丸《まる》に右《みぎ》三階松《さんかいまつ》

146位 大橋《おおはし》

「橋」を由来とする地形姓。肥後国大橋（熊本県）発祥の一族は桓武平氏流で宗良親王の末裔を称する。将棋家元の大橋家は初代宗桂は詰将棋を御所に献上。

丸《まる》に抱《だ》き茗荷《みょうが》

147位 松浦《まつうら》

地名姓。静岡・島根・広島・宮崎県に多い。嵯峨源氏渡辺綱の孫源久が肥前国（佐賀県）で松浦を称した。その一族が松浦党として水軍を率いた。

梶《かじ》の葉

148位 吉岡《よしおか》

地名姓で西日本に多い。相模の吉岡氏は高座郡吉岡が発祥で桓武平氏の流れ。因幡国高草郡吉岡（鳥取県）の一族からは防己《つづら》尾《お》城主が出た。

丸《まる》に剣片喰《けんかたばみ》

149位 小池《こいけ》

地形姓。信濃国筑摩郡小池村（長野県）発祥の小池氏は桓武平氏の流れで、平安期の武士平良文の後裔を称した。甲斐に清和源氏流の一族がいる。

五瓜《ごか》に唐花《からはな》

150位 馬場《ばば》

地名姓。「馬の訓練場」を意味する。常陸の馬場氏は桓武平氏流で馬場城（水戸城）を築く。京都では「ばんば」、岐阜県や兵庫県では「うまば」とも。

釘抜《くぎぬき》

151位 浅野《あさの》

地名姓。美濃国土岐郡浅野村（岐阜県）発祥の一族から出た浅野長政は秀吉の重臣。広島藩主の浅野家も一族。忠臣蔵で知られる赤穂藩の浅野氏は分家。

丸《まる》に違《ちが》い鷹《たか》の羽《は》

152位 荒木《あらき》

「新しく開拓した土地」という意味の名字。長崎県から熊本県に多い。丹波国天田郡荒木（京都府）発祥の一族から出た荒木村重は伊丹城を得た。

八《や》つ矢車《やぐるま》

【大久保《おおくぼ》】153位

由来は「大きな窪」

上《あ》がり藤《ふじ》に大《だい》の字《じ》

地形姓。「大きな窪」を意味し、「窪」を忌み「久保」に改めた。下野国那須郡大久保（栃木県）発祥の一族は桓武平氏の流れで、派生した一族が多い。三河国（愛知県）に移った一族は松平家に仕え、小田原藩主となった。

【野田《のだ》】154位

熱田神宮にゆかり

菊菱《きくびし》

地名姓で各地に分布。三河国設楽《したら》郡野田（愛知県）が発祥の野田氏は熱田神宮宮司の一族。関東に移り、南北朝期は下総（茨城県）の古河城と栗橋城を本拠とした。下野国《しもつけのくに》梁田郡野田（栃木県）が発祥の一族は桓武平氏流。

【小沢《おざわ》】155位

各地に分布

丸《まる》に抱《だ》き鹿角《かつの》

「山間部の清流」を意味する地形姓。丹波の発祥で、江戸時代に幕府の儀礼を担当した小沢家は藤原北家の流れ。武蔵国橘樹《たちばな》郡小沢（神奈川県）発祥の一族は桓武平氏の流れ。愛知県では「こざわ」と読むところも。

【田辺《たなべ》】156位

朝廷の田を育てる

轡《くつわ》

古代、朝廷の田を耕作する人々を「田部」と呼んだ。「田辺」はこの「田部」が由来。地名ともなり、そこに住んだ人々が「田辺」を称した場合もある。大阪の薬種商、田辺家は田辺屋橋で開業、のちに田辺製薬に。

【川村《かわむら》】157位

川の近くに住んだ

丸《まる》に五三桐《ごさんきり》

「川沿いにある村」を意味する地名姓。高知県でもっとも多い。藤原北家の流れを汲む川村氏は武田信玄に従ったのち、徳川秀忠に仕えて旗本となった。土佐（高知県）には有力な豪族となる一族がいた。

【星野《ほしの》】158位

片品村の4分の1

丸《まる》に三《み》つ星《ほし》

地名姓。東日本、特に群馬県に多く利根郡片品村では人口の4分の1を占めるという。江戸時代、越後（新潟県）に豪商星野家があった。筑後国生葉《いくは》郡星野（福岡県）発祥の一族は高岩城を築き、九州の戦乱を戦った。

【黒田《くろだ》】159位

黒田長政が有名

左《ひだり》三《み》つ藤巴《ふじどもえ》

地名姓。新田に対し「古い田」を意味する。黒田長政は近江国伊香郡黒田村（滋賀県）が発祥の宇多源氏佐々木氏の庶流。関ヶ原の戦いで功を上げ、福岡藩を立藩。分家に筑前秋月藩藩主の黒田家がある。

黒田孝高　（東京大学史料編纂所蔵）

戦国時代の武将、通称官兵衛。秀吉に仕えた天才軍師。黒田氏は近江国伊香郡黒田村の出という説がある。

160位
堀《ほり》

三《み》つ盛《も》り亀甲《きっこう》に花菱《はなびし》

「掘割」「溝」を意味する地形姓。中部地方に多い。信長と秀吉に仕えた武将堀秀政は、利仁流斎藤氏族で美濃厚見郡（岐阜県）発祥の一族の出。

161位
尾崎《おざき》

丸《まる》に立《た》ち沢瀉《おもだか》

「尾根の先」を意味する。愛知県以西の西日本に多い。相模国津久井郡津久井（神奈川県）発祥の尾崎氏は北条氏に仕え、江戸時代は名主を務めた。

162位
望月《もちづき》

丸《まる》に下《さ》がり藤《ふじ》

地名姓。中部地方に多く、山梨県早川町住民の約４割が望月姓。信濃国望月（長野県）発祥の古代豪族滋野氏の一族は鎌倉御家人、武田氏にも仕えた。

163位
永田《ながた》

上《あ》がり藤《ふじ》に一文字《いちもんじ》

地名姓。愛知県と九州、特に熊本市に多い。近江国高島郡永田（滋賀県）発祥の永田氏は宇多源氏佐々木氏流で、のちに一族は旗本や長州藩士となった。

164位
熊谷《くまがい》

寓生《ほや》に鳩《はと》

地名姓。武蔵国大里郡熊谷郷（埼玉県）に住んだ桓武平氏の平直貞が熊谷を称したのがはじまり。子の直実は源平合戦で頼朝に従い熊谷郷地頭となった。

165位
内藤《ないとう》

内藤藤《ないとうふじ》

天皇を警護する内舎人の「内」と、藤原氏を表す「藤」が結びついた。室町期に丹波内藤氏と長門内藤氏の流れがあり、譜代大名の内藤氏は前者。

166位
松村《まつむら》

丸《まる》に右《みぎ》三階松《さんかいまつ》

地名姓。山口県下松市に多い。大阪府羽曳野《はびきの》市島泉の松村氏は、代々庄屋を務めた。京都上雑色の松村氏は、江戸時代、洛外の行政を担当した

167位
西山《にしやま》

丸《まる》に笠《かさ》

「西の山」にちなむ方位姓。甲斐国巨摩郡西山郷（山梨県）発祥の西山氏は藤原北家の流れで、戦国期は武田氏に仕え、江戸期は旗本となった。

168位
大谷《おおたに》

八《や》つ槌車《つちぐるま》

「大きい谷」を意味する地形姓。「おおたに」と呼ぶが、群馬県太田市では「おおや」。浄土真宗本願寺法主は東西ふたつの大谷家が務めた。

169位
平井《ひらい》

丸《まる》に隅《すみ》立《た》て四《よ》つ目《め》

地名姓で、富山県に多い。甲斐国八代郡平井郷（山梨県）発祥の平井氏は清和源氏の流れ、源清隆が平井郷を領して平井氏を称したのがはじまり。

170位
大島《おおしま》

丸《まる》に揚羽蝶《あげはちょう》

地名姓で、栃木県に多い。上野国新田郡大島（群馬県）発祥の大島氏は、光義の時に秀吉に仕えた。信濃（長野県）も大島氏が多く、どちらも清和源氏流。

171位
岩本《いわもと》

丸《まる》に二《ふた》つ鈴《すず》

「岩の根本」を表す地形姓。東北と沖縄には少ない。尾張藩士の岩本氏は宇多源氏で馬渕氏を名乗ったが、近江国甲賀郡岩本（滋賀県）で岩本を称した。

大石良雄 （国立国会図書館蔵）

赤穂藩浅野家家老。赤穂事件をもとにした『忠臣蔵』で有名に。大石氏は秀郷流小山氏の一族。

172位 片山《かたやま》

中国地方に特徴的

丸《まる》に結《むす》び雁金《かりがね》

地名姓。中国地方、特に岡山県に多い。上野国《こうずけのくに》多胡郡片山郷（群馬県）発祥の片山氏は、武蔵七党児玉党に属し鎌倉御家人となった。ほかに備前国（岡山県）発祥の一族、藤原北家流で讃岐（香川県）の一族がいる。

173位 本間《ほんま》

酒田の豪商として有名

十六《じゅうろく》目《め》結《むすび》

地名姓で東北、北陸に多い。相模国愛甲郡本間（神奈川県）発祥の一族は武蔵七党横山党。佐渡の本間家は守護代として移住したのがはじまり。酒田の豪商本間家は越後（新潟県）から移住した一族。

174位 早川《はやかわ》

中部地方に多い名字

源《げん》氏《じ》車《くるま》

新潟県、山梨県、岐阜県から愛知県に多い。甲斐国巨摩郡早川（山梨県）発祥は、清和源氏武田信光の子信平が早川八郎を名乗ったことから。肥後国益城《ましき》郡早川（熊本県）の早川氏は嵯峨源氏に属する一族。

175位 横田《よこた》

全国各地に分布

丸《まる》に平《ひら》四《よ》つ目《め》

各地の地名より発祥。近江国甲賀郡横田（滋賀県）の一族は武田氏に、のちに家康に仕えた。下野国《しもつけのくに》の横田氏は河内郡横田郷（栃木県）発祥。藤原北家の流れで鎌倉幕府御家人宇都宮頼綱の子頼業が横田を称した。

176位 岡崎《おかざき》

公家から武士団まで

竹《たけ》輪《わ》に三《さん》羽《ば》雀《すずめ》

「岡（丘）の先端」という意味の地形姓。各地に見られるが、中国・四国地方に多い。公家で藤原北家が発祥の岡崎氏、相模国（神奈川県）の桓武平氏三浦氏の一族の岡崎氏、そして武蔵七党児玉党の一族がいる。

177位 荒井《あらい》

廃止した水汲み場

丸《まる》に井桁《いげた》

「廃止した水汲み場」を意味する地形姓。新井と同様、北関東を中心に利根川流域に多く発生した。岩代国安達郡荒居（福島県）発祥の一族は桓武平氏の流れ。戦国武将葦名盛氏に仕えた会津の荒井氏がいた。

178位 大石《おおいし》

内蔵助の祖は近江

丸《まる》に三《み》つ銀杏《いちょう》

地名姓で静岡県に多い。『忠臣蔵』で有名な大石内蔵助は近江国栗太郡大石荘（滋賀県）発祥の一族という。武蔵国滝山城（東京都）城主の大石氏は木曽義仲の子孫で信濃国小県《ちいさがた》郡大石（長野県）が発祥の一族と伝わる。

179位 鎌田《かまた》

地名姓。東北、四国、鹿児島に多い。源義朝の重臣、鎌田政清は藤原北家の首藤氏の一族。首藤助清の次男、通清が遠江《とおとうみ》鎌田（静岡県）で鎌田を称した。

六《む》つ鎌車《かまぐるま》

180位 成田《なりた》

地名姓。武蔵国幡羅《はら》郡成田（埼玉県）の成田氏が有名。戦国期、成田親泰《ちかやす》は関東管領上杉憲政に従い、子孫は秀吉に仕え、下野烏山城（栃木県）城主に。

丸《まる》に竪《たて》二つ引《ひき》

181位 宮田《みやた》

地名姓のほか、「神社（宮）の田」という意味でその関係者が名乗った。常陸の宮田氏は鹿島郡宮田郷（茨城県）発祥、戦国時代は結城氏の家臣だった。

丸《まる》に五三桐《ごさんきり》

182位 小田《おだ》

地名姓。安芸国の小田氏は賀茂郡小田（広島県）が発祥で、桓武平氏小早川氏の一族で小田城を拠点に。石川県や高知県では「こた」「こだ」とも読む。

丸《まる》に洲浜《すはま》

183位 石橋《いしばし》

「石の橋」を意味する地形姓。北九州と島根に多い。下野国河内郡石橋（栃木県）発祥の石橋氏がいる。石橋和義は足利尊氏に仕え、若狭（福井県）守護に。

対《むか》い鳩《ばと》

184位 篠原《しのはら》

「細い竹（シノ）の生えた土地」を意味する名字。徳島の吉野川、香川・愛媛の県境に多い。阿波国の篠原氏は勝浦郡篠原郷（徳島県）が発祥。

丸《まる》に九枚笹《きゅうまいざさ》

185位 須藤《すどう》

平安期の武将藤原資家《すけいえ》が下野国那須郡（栃木県）に移住した際、那須の藤原氏の意味で称した。宮城県に秀郷の末裔と伝えられる須藤家がある。

丸《まる》に下《さ》がり藤《ふじ》

186位 河野《こうの》

「川（河）と原野の近く」という意味の地名姓。愛媛を中心に西日本に分布。古代豪族の越《お》智《ち》氏の子孫が伊予国河野（愛媛県）に移り、河野氏を称した。

折敷《おしき》に三《さん》の字《じ》

187位 大沢《おおさわ》

全国に分布する地形姓。江戸時代の高家《こうけ》（儀式を司る）大沢氏は丹波国大沢（兵庫県）発祥で、藤原北家の一族。南北朝期には堀江城（静岡県）を築城。

浮線蝶《ふせんちょう》

188位 小西《こにし》

地名姓のほか、「集落の西側にできた小集落」を小西と呼ぶ説がある。戦国大名の小西行長は商人から豊臣氏に仕える大名となり、秀吉の水軍を率いた。

中菱《なかびし》に違《ちが》い櫂《かい》に十字《じゅうじ》

189位 南《みなみ》

「中心の集落から見て、南」を意味する方位姓。大阪、奈良、石川に多い。伊予国風早《かざはや》郡（愛媛県）に南氏があり、横山城を拠点として河野氏に仕えた。

丸《まる》に剣片喰《けんかたばみ》

190位 高山《たかやま》

地名姓。長野県松本市に多い。高槻城（大阪府）城主でキリスト教に帰依した高山友照は、摂津国三島郡清渓村高山（大阪府）発祥の地頭の一族。

祇園守《ぎおんまもり》

191位 【栗原《くりはら》】

丸《まる》に割《わ》り菱《びし》

渡来系の一族も

地名姓。関東地方に多い。古代豪族の栗原氏は美濃国《みののくに》不破郡栗原（岐阜県）発祥で、百済系の渡来人と伝えられる。甲斐（山梨県）の栗原氏は清和源氏流。南北朝期の武将武田信成の子武《たけ》続《つぐ》が称したのがはじまり。

192位 【伊東《いとう》】

庵木瓜《いおりもっこう》

伊豆の工藤氏が伊東

地名姓。伊豆国田方郡伊東（静岡県）で藤原南家流の工藤氏が伊東荘に住み、伊東氏を名乗ったのがはじまり。のち二派に分かれ、一派は伊東に残り、一派は日向国（宮崎県）に地頭として任じられた。

193位 【松原《まつばら》】

丸《まる》に右三階松《みぎさんかいまつ》

天皇の皇子が起源

全国に分布する地名姓。西日本に多い。古代豪族の松原氏は、孝元天皇の皇子・大彦命《おおひこのみこと》の子孫が起源という。近江の松原氏は犬上郡松原（滋賀県）で発祥。代々一族は六角氏に従い、松原城を拠点とした。

194位 【三宅《みやけ》】

三宅輪宝《みやけりんぽう》

倉庫の管理者

地名姓のほか、倉庫の管理者「屯倉《みやけ》」が由来の職名姓。備中国児島郡三宅郷（岡山県）発祥の三宅氏は、のちに田原藩（愛知県）藩主に。摂津国の三宅氏は島下郡三宅荘（大阪府）発祥の武家で、三宅城が拠点。

195位 【福井《ふくい》】

丸《まる》に木瓜《もっこう》

地名由来が多い

地名姓。関西から鳥取に多い。江戸時代の旗本福井氏は、藤原北家秀郷流の子孫と伝わる。武田信通の子信方は安芸国福井（広島県）に住み、福井を称した。土佐国には戸波《へわ》城（高知県）城主となった福井氏がいる。

196位 【大森《おおもり》】

五瓜《ごか》に違《ちが》い鷹《たか》の羽《は》

各地に勢力拡大

地名姓。全国に分布し、山梨県や岡山県に多い。駿河国駿河郡大森（静岡県）発祥の大森氏が有名。鎌倉～室町期に勢力を拡大し小田原城城主に。大和国（奈良県）の大森氏は清和源氏の流れと伝わる。

197位 【奥村《おくむら》】

永楽銭《えいらくせん》

加賀藩家老に

「奥のほうの村」という意味の方位姓。近畿地方に多い。尾張国中島郡奥村（愛知県）発祥の一族からは武将奥村宗親が出た。信長に仕え、次男は前田利家に仕え、江戸時代は加賀藩の家老となった。

198位 【岡《おか》】

丸《まる》に梅鉢《うめばち》

西日本に多い

全国でみられる地形姓。中国、四国に多い。大和国高市郡岡（奈良県）には古代豪族の岡氏がいる。宇喜多秀家の家臣で庭瀬城（岡山県）城主に岡家利がいる。また土佐国の岡城（高知県）城主に岡輝之がいる。

【内山】199位

◉うちやま

丸《まる》に三階菱《さんかいびし》

地名姓。遠江国《とおとうみのくに》浜名郡内山（静岡県）発祥の内山氏は戦国期に内山党を率いた。越中（富山県）内山氏は京都に住み、垂仁天皇の名を受けて八幡宮を建立。

【片岡】200位

◉かたおか

丸《まる》に下《さ》がり藤《ふじ》

地名姓。大和の片岡氏は葛下郡片岡荘（奈良県）が発祥。土佐の一族は、一説によると上野《こうづけの》国《くに》片岡郡片岡荘（群馬県）の子孫が土着したとされる。

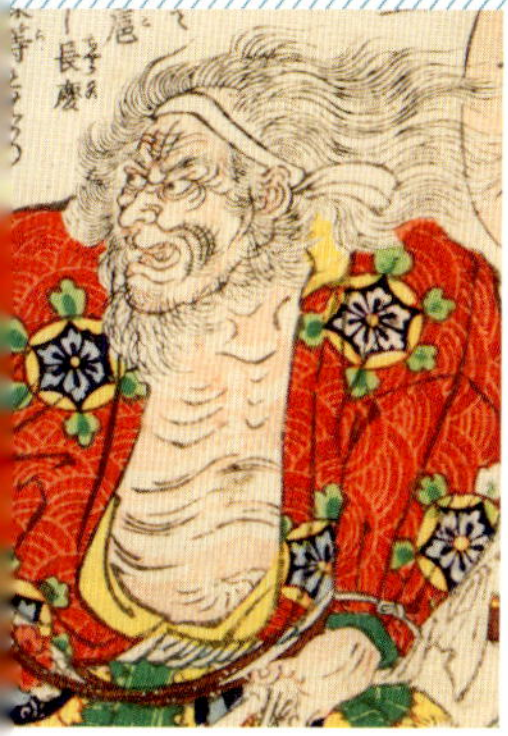

（東京都立中央図書館蔵）

松永久秀

戦国時代の武将で、畿内支配を目指した。摂津国五百住の豪族出身説がある。

【松永】201位

◉まつなが

丸《まる》に片喰《かたばみ》

九州と東海地方に多い。大和（奈良県）の戦国大名、松永久秀は山城国西岡（京都府）など出自に所説ある。江戸期の俳人松永貞徳《ていとく》は久秀の孫である。

【桑原】202位

◉くわばら

中陰唐団扇《ちゅうかげからうちわ》

地名姓。兵庫県篠山市の桑原氏は、雄略天皇が桑の木を植えた故事に由来と伝わる。また大和国葛上郡桑原郷（奈良県）発祥の古代豪族桑原氏がいる。

【関口】203位

◉せきぐち

丸《まる》に二《ふた》つ引《ひき》

「堰《せき》の取水口」「人馬をセキ止める」意味から。栃木や群馬に多い。駿河（静岡県）関口氏は代々今川氏に仕えた。徳川家康の正室は関口氏出身の築山殿。

【北川】204位

◉きたがわ

三《み》つ茗荷《みょうが》

方位姓。特に滋賀県に多い。加賀藩の重臣の北川氏は、前田利家の家臣北川九兵衛が起源。土佐の北川氏は安芸郡北川（高知県）が発祥で北川城を居城。

【奥田】205位

◉おくだ

丸《まる》に剣片喰《けんかたばみ》

「奥にある田」という意味の方位姓。尾張国中島郡奥田（愛知県）発祥の奥田氏は、松永久秀、豊臣、徳川に仕えた。沖縄の奥田氏は奥田良《おくだら》を改称したもの。

【富田】206位

◉とみた

軍配唐団扇《ぐんばいとううちわ》

全国にある地名姓。東日本に多い。武蔵国児玉郡富田（埼玉県）発祥の富田氏は武蔵七党児玉党に属する平安期の武家。児玉家行の子親家が富田を称した。

【古賀】207位

◉こが

丸《まる》に重《かさ》ね釘抜《くぎぬき》

「荒蕪地《こうぶち》」を表す地名姓。北九州に多い。肥前国佐賀郡古賀村（佐賀県）が発祥の古賀氏は幕府の儒官で、渡来系氏族。佐賀藩士から幕臣となった。

【八木】208位

◉やぎ

石《こく》持《も》ち

地抜《じぬ》き木瓜《もっこう》

地名姓。古代豪族に和泉国和泉郡八木郷（大阪府）にちなむ八木氏。但馬の八木氏は養父《やぶ》郡八木谷（兵庫県）発祥で、但馬《たじまの》国造《くにのみやつこ》日下部氏の子孫と伝わる。

【吉野】209位

◉よしの

丸《まる》に桔梗《ききょう》

地名姓で東日本に多い。古代豪族の吉野氏は大和国吉野郡吉野郷（奈良県）発祥で、敏達天皇の子孫といわれる。駿河の吉野氏は清和源氏流。

（小泉八雲記念館蔵）

小泉八雲

英文学者・作家。小泉セツと結婚し、日本に帰化する際、小泉に改姓した。

210位 【中沢】 なかざわ

丸《まる》に梶《かじ》の葉《は》

甲信越に多い

地名姓。下総の中沢氏は印東荘中沢（千葉県）が発祥で、桓武平氏の流れ。地頭を務め鎌倉幕府の奉行衆となった信濃国の中沢氏は伊那郡中沢郷（長野県）が発祥。戦国期に中沢光俊が幕府の秘書役を務めた。

211位 【上原】 うえはら

鶴《つる》の丸《まる》

沖縄にも多い

地名姓。沖縄と本土に共通して多くみられる。沖縄では本島と西表島に上原の地名がある。信濃国上原郷（長野県）の上原氏は諏訪大社神職の大祝《おおほうり》氏から出た。上原成政は鎌倉幕府軍に参加し、京都警護に残った。

212位 【今村】 いまむら

七宝《しっぽう》に花菱《はなびし》

熊本県に多い

「新しい村」という意味。全国に分布するが、九州に多い。熊本県の南阿蘇村ではもっとも多い名字。今村は地名にも多く、仙台藩の今村氏は陸奥国伊達郡今村（福島県）が発祥とされている。

213位 【白石】 しらいし

折敷《おしき》に三《さん》の字《じ》

幕末の志士を援助

地名姓。長門国（山口県）には廻船問屋の白石家があり、幕末に志士を援助。陸奥国刈田郡白石（宮城県）の白石氏は「しろいし」と読む。藤原北家秀郷流の流れで刈田から白石に改姓。南北朝期に伊達氏に仕えた。

214位 【中尾】 なかお

丸《まる》に剣片喰《けんかたばみ》

捕鯨で財をなした

地名姓で関西、九州北部に多い。九州で初めて捕鯨を行い、鯨大尽と呼ばれた中尾次左衛門は肥前国中尾郷（長崎県）発祥の一族から。肥前国松浦郡呼子《よぶこ》村にも鯨組の中尾家があり、財力は藩主以上だったという。

215位 【小泉】 こいずみ

小《しょう》の字《じ》菱《びし》

関東甲信越に多い

富士郡小泉郷（静岡県）から駿河の小泉姓が発祥。今川氏と徳川氏に仕え、江戸期は旗本となった。信濃国小県《ちいさがた》郡小泉郷（長野県）発祥の小泉氏は清和源氏村上氏族。小泉城（群馬県）城主小泉氏は武田氏に仕えた。

216位 【川島】 かわしま

丸《まる》に抱《だ》き茗荷《みょうが》

東日本に多い

地名姓で東日本に多い。阿波国の川島氏は麻植郡川島（徳島県）が発祥。三好氏一族の川島惟忠《これただ》が川島城を築き、拠点とした。近江国高島郡川島村（滋賀県）発祥の一族は宇多源氏佐々木氏流。

日本の名字ランキング216

順位	名字	順位	名字	順位	名字	順位	名字	順位	名字
1	佐藤	45	太田	89	岩崎	133	福島	177	荒井
2	鈴木	46	三浦	90	桜井	134	川上	178	大石
3	高橋	47	岡本	91	野口	135	永井	179	鎌田
4	田中	48	松田	92	松尾	136	松岡	180	成田
5	渡辺	49	中川	93	野村	137	田口	181	宮田
6	伊藤	50	中野	94	木下	138	山中	182	小田
7	山本	51	原田	95	菊地	139	森本	183	石橋
8	中村	52	小野	96	佐野	140	土屋	184	篠原
9	小林	53	田村	97	大西	141	矢野	185	須藤
10	加藤	54	竹内	98	杉本	142	広瀬	186	河野(こうの)
11	吉田	55	金子	99	新井	143	秋山	187	大沢
12	山田	56	和田	100	浜田	144	石原	188	小西
13	佐々木	57	中山	101	菅原	145	松下	189	南
14	山口	58	藤原	102	市川	146	大橋	190	高山
15	斎藤	59	石田	103	水野	147	松浦	191	栗原
16	松本	60	上田	104	小松	148	吉岡	192	伊東
17	井上	61	森田	105	島田	149	小池	193	松原
18	木村	62	原	106	古川	150	馬場	194	三宅
19	林	63	柴田	107	小山	151	浅野	195	福井
20	清水	64	酒井	108	高野	152	荒木	196	大森
21	山崎	65	工藤	109	西田	153	大久保	197	奥村
22	森	66	横山	110	菊池	154	野田	198	岡
23	阿部	67	宮崎	111	山内	155	小沢	199	内山
24	池田	68	宮本	112	西川	156	田辺	200	片岡
25	橋本	69	内田	113	五十嵐	157	川村	201	松永
26	山下	70	高木	114	北村	158	星野	202	桑原
27	石川	71	安藤	115	安田	159	黒田	203	関口
28	中島	72	谷口	116	中田	160	堀	204	北川
29	前田	73	大野	117	川口	161	尾崎	205	奥田
30	藤田	74	丸山	118	平田	162	望月	206	富田
31	小川	75	今井	119	川崎	163	永田	207	古賀
32	後藤	76	高田	120	本田	164	熊谷	208	八木
33	岡田	77	藤本	121	久保田	165	内藤	209	吉野
34	長谷川	78	武田	122	吉川	166	松村	210	中沢
35	村上	79	村田	123	飯田	167	西山	211	上原
36	近藤	80	上野	124	沢田	168	大谷	212	今村
37	石井	81	杉山	125	辻	169	平井	213	白石
38	斉藤	82	増田	126	関	170	大島	214	中尾
39	坂本	83	平野	127	吉村	171	岩本	215	小泉
40	遠藤	84	大塚	128	渡部	172	片山	216	川島
41	青木	85	千葉	129	岩田	173	本間		
42	藤井	86	久保	130	中西	174	早川		
43	西村	87	松井	131	服部	175	横田		
44	福田	88	小島	132	樋口	176	岡崎		

- 本ランキングは各地域の電話帳の情報を基に、森岡浩氏が独自に集計したものです。
- 名字で読み方が複数ある場合は、別々に集計しています。
- ただし、「やまさき」「やまざき」など濁点のあるなしは同じとしています。
- 原則として、「斎藤」「齋藤」など新旧字体は同じ名字とみなしています。

都道府県別 珍しい名字事情

名字の歴史や傾向に迫る。
その土地ならではの珍しい名字を紹介。

※ここでの名字の読み方は、おもな読み方のみ記載しています

北海道【ほっかいどう】

移民のふるさとを映す名字

北海道の先住民、アイヌには名字というものがなく、北海道には古くからの地域独特の名字は少ない。江戸時代の終わり頃から北海道への移民は行われていたが、明治時代、戊《ぼ》辰《しん》戦争で朝敵となった東北各藩の藩士が移住。後に明治政府が屯《とん》田《でん》兵《へい》制度を定め、本格的に農民の移住をすすめた。移住者の出身地の割合は東北と北陸で7割を超えているが、四国も多い。名字の分布もこれを反映している。北海道でもっとも多い名字は東北各県と同じく佐藤である。また長谷川、本間といった新潟に多い名字、山本、中川といった四国に多い名字がもよく見られる。

北海道の独特な名字

秋田谷（あきたや）	加我（かも）	門別（もんべつ）
帰家（かんや）	十（もげき）	行町（あるきまち）

青森県【あおもりけん】

津軽と南部で異なる分布

青森県でもっとも多い名字は工藤だ。また青森の名字ランキング40位以内に他県では珍しい三上、小笠原、対馬、福士《ふくし》、神《じん》が入っている。木村が全国でもっとも多いのも特徴的だ。

名字の傾向は県西部と県東部では大きく異なっている。県西部、津軽地方では工藤、佐藤、斎藤、成田、三上が多く、県東部、南部地方では佐々木、中村、木村、高橋、佐藤の順で多い。

同じ読みながら、違う漢字の名字の例も目立つ。小山内と長内、対馬と津島など、どちらの名字も同じくらい見られる。

青森県の独特な名字

葛西（かさい）	津軽（つがる）	二本柳（にほんやなぎ）
悪虫（あくむし）	伊調（いちょう）	出町（いずりまち）

岩手県【いわてけん】

「館」の付く名字が多い

岩手県では佐藤が南部に、佐々木が東部、高橋が西部に多い。

東北地方には「こん」の付く名字が多いが、これは古代「こん」一族が暮らしていた名残とされる。岩手には特に多く、今野、紺野、昆などが見られる。また、岩手県の特徴の一つに下館《しもだて》、古館《ふるだて》など「館」の付く名字の多いことがあげられる。奥羽《おうう》地方では、丘の上に作られた砦を「館」と呼ぶことに由来する。

岩手県には近江にルーツを持つ佐々木氏、千葉にルーツを持つ千葉氏も多いが、これは中世、源平合戦で源頼朝に従い、岩手で勢力を伸ばした一族である。

岩手県の独特な名字

留場（とめば）	東井（あずまい）	西風館（ならいだて）
金田一（きんだいち）	合砂（あいしゃ）	牛抱（うしだき）

秋田県【あきたけん】

特定の名字の割合が高い

秋田県の佐藤姓は県の8％にも及び全国占有率が1位。県民の3割が秋田の名字ランキング上位12位までの名字に入る。

秋田では「東海林」と書いて「しょうじ」と読む。もともとは「とうかいりん」だったが、その一族が秋田で荘園を管理する荘司《しょうじ》をつとめたため、漢字を変えず、読みをあてた。

また秋田は北前船《きたまえぶね》で商家が繁栄していた。加賀谷、越後谷など、屋号を名字にする際、「屋」を「谷」に変えたものも目立つ。中世までは秋田氏が支配していたが、関ヶ原の合戦で敗れた佐竹氏が常陸(茨城県)から秋田へ封じられ、その名を残している。

秋田県の独特な名字

由利（ゆり）	草彅（くさなぎ）	三ヶ田（みかだ）
及位（のぞき）	六平（むさか）	小番（こつがい）

宮城県【みやぎけん】

典型的な東北の名字分布

東北他県と同じで佐藤が多く、高橋、鈴木、佐々木と続く。仙台は東北有数の都市で、伊達藩が治めた時も現在も、東北全体から人が流入したため、典型的な東北型の名字分布になっている。

荘司（荘園の管理者）が多かったため、庄子または庄司の名字が多い。県内の有力氏族、国分《こくぶん》氏は桓武平氏千葉氏の一族といわれるが、宮城郡国分荘に住んだ氏族という説もある。蘇武《そぶ》は遣唐使とともに渡来したといい、北面の武士として活躍した。色摩《しかま》は陸奥国加美郡色麻がルーツで、はじめは色麻だったが、現在は色摩と書く。

宮城県の独特な名字

丹野（たんの）	赤間（あかま）	沼倉（ぬまくら）
若生（わこう）	三塚（みつづか）	萱場（かやば）

山形県【やまがたけん】

「悪」の付く名字は「強い」

山形県は秋田県に次いで佐藤が多く県全体の7％弱を占める。続く高橋は佐藤の約半分。以降、鈴木、斎藤、伊藤、阿部と続き、県内10位までの名字で県全体の26％に達する。

山形県では、かつて日本一の豪商といわれた酒田の本間家が有名。本間氏はもともと相模国愛甲郡本間（神奈川県厚木市）が起源で、鎌倉時代に佐渡の地頭となり、やがて分家が酒田に渡って大地主となった。

山形には、悪七《あくしち》、悪原《あくはら》など「悪」の付く名字がいくつかある。この場合の「悪」は「強い」「実力がある」といった中世的な「悪」の意味で用いられている。

山形県の独特な名字

押切（おしきり）	森谷（もりや）	寒河江（さがえ）
八鍬（やくわ）	今田（こんた）	五十公野（いずみの）

福島県【ふくしまけん】

関東の影響が強い

福島では佐藤、鈴木、渡辺の3つが圧倒的に多く、以下、斎藤、遠藤、高橋と続く。遠藤は全国に分布するが、福島県の割合がもっとも高い。

福島県は、浜通り、中通り、会津の3つに区分される。浜通りでは北部は佐藤、いわきでは鈴木が多く、小野、草野も多い。中通りでは北部で佐藤、南部で鈴木が多く、ほかに紺野、熊田、国分《こくぶん》が目立つ。会津では星が集中している。特に檜枝岐村《ひのえまたむら》は人口の4割が星姓である。

福島県の戦国大名は芦名《あしな》氏、二階堂氏や相馬氏などがあげられるが、いずれも関東が起源。相馬氏の起源は茨城県。平将門の一族だ。

福島県の独特な名字

円谷（つむらや）	上遠野（かどおの）	桑折（こおり）
田母神（たもがみ）	飯（いい）	鉄（くろがね）

茨城県【いばらきけん】

「あくつ」と「はなわ」

茨城県は鈴木が一番多い。上位に根本、関、野口があるのが珍しく、50位以内では、倉持がこの地域に独特の名字である。

北関東北部では、窪地を「あくつ」と呼ぶが、これに「阿久津」「圷」などの漢字をあてている。逆に、土地が盛り上がっている場所は「はなわ」と呼ばれ、ほとんどの地域では「塙」の漢字が使われている。

茨城には有力な2つの武士団、大《だい》掾《じょう》氏と佐竹氏がいた。平安時代に栄えた大掾氏からは芹沢、武田など、鎌倉時代以降に栄えた佐竹氏からは、稲木、岡田など、地名を姓にした一族が出ている。

茨城県の独特な名字

海老原（えびはら）	小瀬（おぜ）	磯崎（いそざき）
宇留野（うるの）	瓦吹（かわらぶき）	結解（けっけ）

栃木県【とちぎけん】

関東の武家のふるさと

栃木は、茨城とともに阿久津が多い。また、宇賀神は全国の6割以上が県内にいる。

県内で誕生した武家の中で有名なのが、足利氏と宇都宮氏。足利氏は室町幕府を開いた足利尊氏が有名である。宇都宮氏は北関東で栄え、八田、小田、茂木《もてぎ》などが一族である。

早乙女、五月女は栃木に独特の名字である。この地域では5月に田植えをするため、五月女とも書くようになった。また他県では「さおとめ」が多いが栃木では「そおとめ」とも読む。益子は他県では「ますこ」と読むが、栃木では地名から「ましこ」と読む。

栃木県の独特な名字

磯（いそ）	大豆生田（おおまみゅうだ）	鯨（くじら）
四十八願（よいなら）	生田目（なばため）	丁嵐（あたらし）

群馬県【ぐんまけん】

古代豪族が栄えていた地

群馬県で多いのは高橋、小林、佐藤の順だが、新しくできた水汲み場が由来の新井が4位に入っているのが特徴。古墳が多く古代豪族が栄えた地で、由緒正しい名字も多い。

群馬を代表する名字の一つに茂木があるが、県東部、南部では「もてぎ」、県北部では「もぎ」とも読む。

群馬の名家として新田氏がいる。新田氏は源氏の嫡流に近い系統で、徳川家康は自らハクをつけるため、新田氏の子孫だと称したほど。

館林の名家として、上皇后美智子の実家の正田《しょうだ》家がある。正田家は江戸時代に豪商で、近代に日清製粉の創業家となった。

群馬県の独特な名字

小保方（おぼかた）	田部井（たべい）	小此木（おこのぎ）
多胡（たご）	怒木（いかるぎ）	八月一日（ほずみ）

埼玉県【さいたまけん】

武蔵七党の多くがいた

平安時代末期に、埼玉付近を中心に武蔵七党と呼ばれる武士団があった。武蔵七党の多くは源平合戦の時に源氏方につき、戦後は御家人として西日本に新たな領地を得た。その後一族は各地に拡大。埼玉には特に有力だった児玉党、丹党、猪俣党の本拠地があった。埼玉県に独特な名字に浅見、熊谷《くまがい》がある。

ほかに珍しい名字として、左衛門《さえもん》三郎《さぶろう》がある。左衛門尉《さえもんのかみ》という官職名を元にした名字で、漢字五文字の名字は最長のもの。昼間《ひるま》という名字は徳川家康が渡河する際、住民が松明を昼間のように明るく照らしたことから、家康に授けられた名字という。

埼玉県の独特な名字

遊馬（あそま）	越阪部（おさかべ）	埼玉（さいたま）
勅使河原（てしがわら）	生明（あざみ）	舎利弗（とどろき）

千葉県【ちばけん】

桓武平氏の子孫の千葉氏

千葉で多いのは、ほかを大きく引き離して鈴木。以下、高橋、佐藤、渡辺、伊藤と続く。東京のベッドタウンとして発展した影響か、埼玉同様、東京とほとんど変わらない。

千葉らしい名字としては、加瀬、宮内、椎名、鶴岡、岩井、香取などがある。また、全国の名字を50音で並べたときの最初と最後の名字がある。「あい」と読む相、藍、そして分目《わんめ》である。ちなみに、小川が人口比で千葉に一番多い。

県名と同じ千葉氏は平安時代末期、桓武平氏の子孫が千葉荘に赴任し、千葉を名乗ったのが起源。全国にいる千葉氏はここがルーツだ。

千葉県の独特な名字

伊能（いのう）	椎名（しいな）	中台（なかだい）
清宮（せいみや）	砂明利（すなめり）	伊大知（いおち）

東京都【とうきょうと】

1位のみ全国順位と逆転

東京都の人口は日本の約1割。各地から人が集まっているため、名字のランキングも全国とほとんど同じである。しかし、1位は佐藤ではなく、鈴木。その理由として、佐藤が東北に多いのに対し、鈴木は関東、東海地方に多いということがあげられる。東京だけでなく、関東地方は鈴木のほうが多い傾向だ。

伊豆諸島や小笠原諸島では菊池が多い。また多摩西部には独特の名字が残っている。奥多摩町では原島が一番多く、第28代宣化天皇の子孫といわれる。23区内に残る独特な名字では宇田川があげられる。青山は名字が地名になった例。

東京都の独特な名字

乙幡（おつばた）	河辺（かべ）	天明（てんみょう）
瀬堀（せぼり）	首代（しゅだい）	一六沢（いざさわ）

神奈川県【かながわけん】

武家政権の影響も残る

神奈川県は埼玉と並んで、首都圏として似たような名字の分布となる。神奈川らしい名字といえるのは、小沢と小泉。都心から離れた地域では、小田原方面の露木など、地元本来の名字がみられる。

歴史的には武蔵七党として中世に活躍した横山党に関連した名字、平《たいら》子《こ》、石川、室伏、海老名、本間などがある。三浦半島を起源とする三浦氏は、源頼朝の挙兵にすぐに応じて支援したため、鎌倉幕府で要職についた。三浦氏の一族からは津久井、芦名などが出ている。ほかに源頼朝に仕えた一族として、渋谷、青木、御守《おんもり》がいる。

神奈川県の独特な名字

石渡（いしわた）	新堀（しんぼり）	愛甲（あいこう）
二見（ふたみ）	土志田（としだ）	外郎（ういろう）

新潟県【にいがたけん】

名字の境目を超えて

新潟県は、佐藤、渡辺、小林、高橋の上位4つが特に多い。佐渡だけは、鎌倉時代守護代だった本間氏が今も最多の名字。

「さいとう」は斎藤の多い東日本型と斉藤の多い西日本型に分かれるが、新潟・長野は西日本型に入り、そして新潟は全国一で斉藤が多い。

ほかに長谷川、五十嵐が上位に入っている。五十嵐は新潟が発祥。越後国沼垂《めったり》郡五十嵐が起源で、第11代垂仁天皇の皇子、五十日足《いかたらし》彦命《ひこのみこと》の子孫が名乗ったとされる。皇后の実家、小和田家は、越後村上藩士の子孫。村上藩主内藤家とともに静岡から移転したと見られる。

新潟県の独特な名字

捧（ささげ）	田巻（たまき）	色部（いろべ）
熊倉（くまくら）	伊勢亀（いせかめ）	残熊（ざんま）

富山県【とやまけん】

名字の東西の分岐点

富山県から西日本型の名字の分布となる。富山と新潟の県境には「親知らず子知らず」という難所があり、ここが分岐点となるようだ。県で1位の山本に次ぐ2位に林が入っているのが富山独特。加賀藩から分割して富山藩が成立した経緯もあり、名字も石川県と重なる部分が多い。

　富山県は古代豪族の繁栄し、石黒、佐伯はその代表的な名字。蜷《にな》川《がわ》は古代豪族物部氏の末裔という。新湊地区は珍しい名字が多いことで有名。明治時代商家は「屋」を「谷」に変えて名字にすることが多かったが、新湊では、飴、米など商品名を名字とした。

富山県の独特な名字

四十物（あいもの）	赤祖父（あかそふ）	庭植（にわとこ）
中陣（なかじん）	十二町（じゅうにちょう）	旅（たや）

石川県【いしかわけん】

庄屋を中心に方位姓が特徴

金沢を含む加賀北部では中村が突出。小松市を中心とする加賀南部では山本と田中が多い。能登地区は山本が最多。坂本が多い地域もある。

　石川県の名字の特徴は方位に関する名字が多いこと。北村、西田といった名字のほか、能美市の下開発地区では元の庄屋の杉本家を中心に東、西、南、北や、中が名字として使われている。

　独特な名字として、谷《や》内《ち》、坂下、喜多、表などがあげられる。

　東出、西出といった下に「出」のつく名字が多い地区もある。これは新田開発の際、分村して出たことを表している。

石川県の独特な名字

香林坊（こうりんぼう）	大桑（おおくわ）	長（ちょう）
富樫（とがし）	阿字地（あじち）	閖（どんど）

福井県【ふくいけん】

戦国期をリードした家系

福井県は、木下、高島、宇野が人口比で日本一多い。白崎、玉村、坪川、竹沢、野路なども特徴的。県の上位は田中、山本の順だが、県庁所在地の福井市では1位2位が吉田と小林で、県全体と異なる。

福井県の名家といえば、越前守護を務めた朝倉氏があげられる。直接の先祖は古代豪族日下部《くさかべ》氏とされる。織田信長に敗れた後も一族の一部は武家として存続していた。

織田信長の出た織田家の起源も福井県にある。織田家は源平合戦で敗れた平氏の流れを汲む。本能寺の変で、信長の嫡流は滅亡したが、信長の次男や弟の子孫は存続した。

福井県の独特な名字

天谷（あまや）	友保（たんぼ）	瓜生（うりゅう）
滝波（たきなみ）	文珠四郎（もんじゅしろう）	大正寺谷（だいしょうじたに）

山梨県【やまなしけん】

ほかと読み方が違う名字

山梨では県の1位は渡辺。望月、中込、雨宮《あめみや》、小俣なども県内に多い。ランク上位の名字が独特で、これは江戸時代以前に他国から人の流れが少なかったため。

山梨県では、名字の読み方がほかと異なるものがいくつかあげられる。藤原は「ふじわら」と読むのが一般的だが、山梨では「ふじはら」が多い。三枝も全国的には「さえぐさ」が多いが、山梨は「さいぐさ」となる。

山梨県は甲斐源氏の本拠地で武田信玄はその宗家の出身。武田一族は、板垣、秋山、甘利《あまり》など地名を由来とする名字を名乗った。

山梨県の独特な名字

功刀・切刀（くぬぎ）	有泉（ありいずみ）	穴山（あなやま）
貴家（さすが）	牛奥（うしおく）	薬袋（みない）

長野県【ながのけん】

渓流由来で「沢」が多い

長野県では、小林が圧倒的に多く、2位の田中の2倍以上となっている。その他、宮沢、柳沢、宮下、滝沢、ほかに百瀬、宮坂も特徴的だ。

長野の名字には、沢が付くものが目立つが、山間部を川が流れる地域がたくさんあることを反映している。

清和源氏の子孫が信濃国に住み、信濃源氏と呼ばれた。信濃源氏で有名なのは井上氏。明治時代の政治家、井上馨《かおる》が、この流れを汲んでいる。信濃源氏の一族には夏目氏も含まれ、文豪夏目漱石はその子孫。

信州の名家といえば、諏訪氏。諏訪大社の神官の家柄。金刺、藤森、など関連の名字が残っている。

長野県の独特な名字

大日方（おびなた）	新海（しんかい）	杏（からもも）
木曽（きそ）	位高（やごと）	輪地（そろじ）

岐阜県【ぎふけん】

「加藤」が一番多い

県内で加藤が一番多いのは全国で岐阜だけ。加藤の一族は濃尾《のうび》平野一帯で活躍していた。武家の加藤家は美濃国の出身という例は多く、加藤清正も美濃の出身である。人口が名古屋に近い南部に集中しており、愛知県との共通部分が多い。

高木、浅野、古田、村瀬は人口比で岐阜県が全国一多い名字。浅野内匠頭《たくみのかみ》のルーツは岐阜である。長屋、日比野、安江、小栗なども岐阜県らしい名字。交告《こうけつ》、各務《かがみ》、可児《かに》も独特だ。

岐阜県から愛知県に小木曽（おぎそ、こぎそ）の名字があるが、木曽殿と呼ばれた源義仲の子孫と伝わる名字である。

岐阜県の独特な名字

鷲見（すみ）	兀尾（はげお）	明智（あけち）
三八九（さばく）	交告（こうけつ）	池井戸（いけいど）

静岡県【しずおかけん】

多くの氏のルーツを持つ

鈴木が日本で一番多いのが静岡県で、県人口の5%以上を占める。佐野、大石、増田、村松が県ランク上位に入るのも珍しい。静岡は地区で名字分布に違いがあり、伊豆は渡辺、佐藤が多く、駿河は望月、杉山が多く、遠江は鈴木がとても多い。

平安時代後期に、藤原南家の一族が伊豆地方に住み、その地域の地名を名字とした。伊東氏、入江氏、宇佐美氏など。子孫は武士として伊豆・駿河地方で活躍した。江戸時代、岩国藩主となった吉川《きっかわ》家や徳川幕府の御用絵師だった狩野《かのう》家も末裔。

彦根藩主井伊家のルーツは浜松市の井伊谷《いいのや》という地名由来。

静岡県の独特な名字

阿井（あい）	紅林（くればやし）	百鬼（なきり）
小粥（こがゆ）	一尺八寸（かまつか）	月見里（やまなし）

愛知県【あいちけん】

有名武将発祥の地

山田氏は、尾張国山田郡山田荘を起源とする清和源氏の一族。全国の山田は、この一族とされることが多い。近藤も愛知が日本一多く、杉浦、鬼頭、都筑なども特徴的。

足利氏は栃木県を基盤としていたが、三河にも大きな所領があった。仁木《にき》氏、吉良《きら》氏などがその流れを汲む。有力な戦国大名となった今川家、熊本藩主の細川家もこの一族。吉良上野介《こうずけのすけ》は今川氏の本家筋。織田信長は尾張の守護代の織田家の分家筋。元は福井だった。尾張の徳川家のルーツは三河国松平郷。家康は、松平姓から格の高い清和源氏新田氏の家系の徳川に改姓した。

愛知県の独特な名字

阿知波（あちわ）	壁谷（かべや）	天屯（たかみち）
蟹江（かにえ）	勘解由（かげゆ）	樹神（こだま）

三重県【みえけん】

伊勢神宮の存在が重要

三重県では伊藤がほかを圧倒。伊藤は「伊勢の藤原氏」の意味で、三重県が発祥である。水谷は三重の代表的な名字で、稲垣、出口、矢田、世古《せこ》（瀬古）、川北なども特徴的。服部《はっとり》は本来、機織《はたお》りの意味。忍者の里として知られる伊賀の服部郷が服部氏の発祥。服部半蔵が有名。

三重県といえば伊勢神宮。伊勢神宮は内宮《ないくう》と外宮《げくう》に分かれ、内宮を荒《あら》木田《きだ》家、外宮を度会《わたらい》家が神官を務めたが、それぞれ分家し、家田、沢田、出口などの名字を称した。

三重県には名字の東西の境目がある。津市の雲出川《くもずがわ》の流域が東西の境目と考えられている。

三重県の独特な名字

土性（どしょう）	荒木田（あらきだ）	紀平（きひら）
榊原（さかきばら）	王来王家（おくおか）	天春（あまかす）

滋賀県【しがけん】

甲賀からも名字が発祥

滋賀県は近畿地方の名字分布の典型で、京都とも近い。田中、山本、中村、西村、山田と続く。地形や方位に由来する名字が多いのが特徴。また、藤居、松居など、「井」の代わりに「居」を用いるのも独特。

滋賀県の有名な氏族に佐々木氏がある。沙沙貴《ささき》神社の神官で古代豪族の佐々木氏と、宇多源氏の子孫の武家の佐々木氏がいたが、後に同化。

忍者の里として知られる甲賀地方には甲賀五十三家と呼ばれる地侍がいた。望月家、伴《ばん》家、山中家など、家康の護衛をしたことから家康の家臣になった一族も多い。戦国大名の浅井氏も近江の出身だ。

滋賀県の独特な名字

尼子（あまこ）	一円（いちえん）	倶利伽羅（くりから）
鳩代（くしろ）	皇（すめらぎ）	浮気（ふけ）

京都府【きょうとふ】

歴史や文化を感じる名字

京都は都としての歴史があるため、古くからの名字がある反面、人口が集中したため、西日本全体を表す名字の分布になっている。周辺部では、古川、岡田、足立、塩見、大槻などが多い。

平安時代の公家の多くが藤原姓で区別がつかないため、一条家、姉小《あねのこう》路《じ》家など、住んでいる場所を名字とした。また神社には代々神官を務める一族がおり、吉田神社の神官は吉田家で『徒然草《つれづれぐさ》』の吉田兼好はその一族。『方丈記《ほうじょうき》』の鴨長明は下鴨神社の神官の鴨家の一族。浄土真宗の大谷家、茶道の千家、華道の池坊《いけのぼう》家も京都文化を代表する名家。

京都府の独特な名字

勘解由小路（かでのこうじ）	一口（いもあらい）	四方（しかた）
辻子（ずし）	鶏冠井（かいで）	舌（ぜつ）

大阪府【おおさかふ】

商業都市らしく「谷」がつく

田中、山本が他を引き離している。大阪は江戸時代、流通の拠点で各地から人が集まったため、特徴的なものは薄れている。しかし、周辺部には独特な名字がある。印藤、松浪、根来《ねごろ》やカタカナの「ノ」で終わる名字、脚《きゃく》ノ、辻ノ、奥ノなどが珍しい。

商業都市ゆえに屋号を名字にすることが多く、「屋」を「谷」に変えた屋号由来の淡路谷、和泉谷、小間物谷などが見られる。

大阪には全国の渡辺の発祥の地がある。梅田駅から南に1キロほどのところに渡辺橋があり、この付近に住んだ嵯峨源氏の一族が渡辺を名乗ったのがはじまりという。

大阪府の独特な名字

芥川（あくたがわ）	鴻池（こうのいけ）	能勢（のせ）
鼻毛（はなげ）	目（さかん）	京（かなどめ）

兵庫県【ひょうごけん】

酒造業で有名な名家

兵庫県も大阪と同様、田中と山本が圧倒的に多い。5位に藤原が入っているのが独特。ほかに足立、高見も特徴的な名字。兵庫県はかつて、摂津、播磨、丹波、但馬《たじま》、淡路の5国に分かれ、16もの小藩があったため、地域ごとに名字の分布は異なっている。

酒造業で有名な名家がある。嘉納《かのう》家は御影に湧く沢の井の水で酒を造り後醍醐天皇に献上し、天皇が嘉納（進物を受領する）したため、嘉納の名字を賜ったという。本家が「菊正宗」、分家が「白鶴」を醸造している。西宮の名家、辰馬《たつうま》家は本家が「白鹿」、分家が「白鷹」を醸造。

兵庫県の独特な名字

太田垣（おおたがき）	神吉（かんき）	魚住（うおずみ）
加集（かしゅう）	田（でん）	日外（あぐい）

奈良県【ならけん】

古代に遡る由緒ある名字

奈良県は、山本、田中、吉田が多いが、名字が分散し偏りは少ない。米田は全国的には「よねだ」が多いが、「こめだ」と読むのが、奈良県独特である。

奈良県には方位姓が多い。方位を十二支で表して名字とした乾《いぬい》、辰巳《たつみ》などがある。

長谷川という名字は桜井市初瀬町が起源。昔、雄略天皇が泊瀬川《はつせがわ》の近くに住んでいた。長い谷に沿って流れる川だったので、長谷川の字を当て、「つ」が抜けて、長谷川《はせがわ》となった。

「あべ」氏の起源は古代豪族阿倍氏で、諸説あるが桜井市の安倍という地名が発祥とされる。

奈良県の独特な名字

葛城（かつらぎ）	五鬼助（ごきじょ）	東奥（あちおく）
柳生（やぎゅう）	東川（とがわ）	愛水（えみ）

和歌山県【わかやまけん】

鈴木氏の拠点がある

和歌山県は典型的な西日本型の名字分布で、山本と田中が多い。

海南市には鈴木総本家がある。鈴木氏は熊野信仰の神官の一族から発展した名字だ。玉置《たまき》は吉野郡の玉置という地名から由来している。貴志、南方、雑賀《さいが》なども和歌山県らしい名字。貴志は那賀郡貴志荘を由来とする荘官の子孫。雑賀はもともと鈴木氏の一族で戦国時代、鉄砲集団として活躍した。南方からは博物学者・南方熊楠《みなかたくまくす》が出た。

古代豪族を代表する一族に紀氏がいる。木の国と呼ばれた紀伊国の国造《くにのみやつこ》を神武天皇の時代から務め、紀《ひ》伊国造《のこくぞう》氏と呼ばれた。

和歌山県の独特な名字

垣内（かきうち）	硲（はざま）	神前（こうざき）
竜神（りゅうじん）	旦来（あっそ）	小鳥遊（たかなし）

鳥取県【とっとりけん】

東西で「安達」と「足立」に

鳥取県も田中と山本が多い、西日本型の名字分布である。続いて山根が入るのが独特。山根は山の頂上を意味する、中国山地に多い名字。谷口、小谷《こだに》、西尾、門脇が鳥取県の人口比で多く、生田、小椋、角《すみ》、林原、景山などは、鳥取県ならではの独特な名字である。

鳥取県は因幡《いなば》地区と伯耆《ほうき》地区に分かれる。因幡地区では田中が飛び抜けて多い。伯耆地区は東伯と西伯に分かれる。西伯では、松本、山根、遠藤が多くなる。

鳥取の東西の違いがはっきり出るのが「あだち」。因幡地区では安達、伯耆地区では足立となる。

鳥取県の独特な名字

相見（あいみ）	北窓（きたまど）	名和（なわ）
十九百（つづお）	飼牛（かいご）	瀧（ながたに）

島根県【しまねけん】

出雲大社に象徴される名字

島根も西日本型の名字分布で田中、山本が多い。森山、勝部、野津、森脇、門脇のほかに、錦織《にしごり》も島根を代表する名字の一つである。錦織は古代の職業名、錦織部《にしごりべ》が由来。近江（滋賀県北東）の武家、佐々木氏に仕えた一族が、主家と一緒に島根に移ったといわれる。

出雲は古代神話の故郷で、中心に出雲大社がある。出雲市には神門《かんど》氏という古代豪族がいた。周辺には関連の名字、神田、神庭などがある。出雲大社の神官は北島家、千家《せんげ》家が務めた。たたら製鉄の菅谷たたらの田部家は日本一の山林王とも呼ばれ、島根経済を支えた一族だ。

島根県の独特な名字

生和（にゅうわ）	鉱（あらがね）	吾郷（あごう）
卜蔵（ぼくら）	当木（あてき）	重栖（おもす）

岡山県【おかやまけん】

三宅は岡山が起源

岡山県でもっとも多い名字は西日本型と同じ山本だが、2位に三宅が入っている。三宅は岡山が起源で、全国の半数以上が瀬戸内海沿岸にある。藤原、藤井、原田などは山陽地方に共通して多い。平松、守屋、河本なども独特。守屋は物部守屋《もののべのもりや》の子孫と伝わる場合が多い。

難波は全国の4割弱が岡山県。備前国で中世から難波氏が活躍していた。妹尾《せのお》も全国の3割以上が県内。備中国妹尾郡が起源で神官の卜部《うらべ》氏の子孫と伝えられる。

地域的には、備前地区では山本と藤原が多い。備中では南部で三宅が目立つ。美作《みまさか》地区は山本が多い。

岡山県の独特な名字

花房（はなふさ）	白神・白髪（しらが・しらかみ）	角南（すなみ）
一十林（いちじゅうばやし）	五老海（いさみ）	仁科（にしな）

広島県【ひろしまけん】

愛媛との共通点が多い

広島も山本が最多。3位の藤井は実数では広島が全国で最多。6位の村上は村上水軍由来で、広島と愛媛に多い。愛媛を起源とする河野は広島にも多い。備後《びんご》南部では村上、佐藤が多い。佐藤は東日本に多い名字だが、ほかにも後藤など東日本に多い名字が目立つ。東国の武士が鎌倉時代には地頭として、福山藩時代には何家もの譜代大名として入国してきた影響と見られる。

長州藩主の毛利氏は元々、相模国愛甲郡毛利荘が起源。この地域の地頭職を得て勢力を拡大した。毛利氏は分家し、桂、中馬、福原などの名字の家臣団を作った。

広島県の独特な名字

馬屋原（うまやはら）	巨炊（からき）	世良（せら）
橘高（きったか）	石風呂（いしぶろ）	着月（あきつき）

山口県【やまぐちけん】

大大名の広大な支配の影響

山本、田中、中村、藤井と山陽地方の割合を反映した順位だが、5位に原田が入るのが独特。全国では「かわむら」は川村、「おおた」は太田が多いが、山口ではそれぞれ河村、大田が主流となる。宇佐川は山口ならではの名字で、同名の川が由来。

室町時代から中国地方を支配していた大内氏は、百済《くだら》の王族の子孫と称した。大内氏に代わって中国地方を治めたのが毛利氏。関ヶ原の合戦後に防長2国に領地を減らされたため、山口県には中国地方各地に由来をもつ氏族が多い。たとえば長州藩家老の福原家、増田家、国司家はすべて県外に名字の由来を持つ。

山口県の独特な名字

二十八（つちや）	三分一（さんぶいち）	目（さつか）
阿武（あんの）	厚東（ことう）	洗湯（せんとう）

徳島県【とくしまけん】

東国武士の影響で佐藤が多い

西日本に珍しく、佐藤がもっとも多い。西日本で佐藤がベスト3に入っているのは徳島と大分のみ。どちらも、鎌倉時代に東国から武士が派遣されたと考えられる。

県全体で見ると、特に多い名字は見当たらず、集中したものはない。

「ばんどう」は徳島を代表する名字で、吉野川の上流に坂東、下流に板東が分布している。2つをあわせると徳島で2番目に多い名字。坂東は「坂の東」という地形姓と見られるが、板東は「板野郡の東」という意味。

室町時代に大きな勢力を持っていた三好氏は、阿波国三好郡が起源。現在は香川や愛媛に多い。

徳島県の独特な名字

阿佐（あさ）	美馬（みま）	阿麻橘（あおきつ）
撫養（むや）	芥原（くぐはら）	計盛（かずもり）

香川県【かがわけん】

阿波国発祥の大西が多い

香川県は全国で唯一、大西が最多の名字となっている。大西の起源は阿波国三好郡大西。2位以下は西日本型の順位とほとんど同じ。

多田は香川ならではの名字。摂津国河辺郡多田荘（兵庫県川西市）が起源で、源頼光の子孫という。

中世に香川で繁栄した香川氏は元々、相模国高座郡香川（神奈川県茅ヶ崎市）が起源。鎌倉幕府の御家人となり、あちこちに所領を得たが、讃岐の香川氏は南北朝時代に讃岐の守護代となった。香川県阿野郡には、古代の英雄、日本武尊《やまとたけるのみこと》の子孫という綾氏がおり、綾野、綾田など「綾」の付く名字がある。

香川県の独特な名字

萱原（かやはら）	藤目（ふじめ）	三井（みい）
福家（ふけ）	米麦（よねばく）	笑子（えみこ）

愛媛県【えひめけん】

村上水軍の名残が目立つ

愛媛県は高橋、村上、山本、越智の順。高橋が一番多い名字なのは群馬と愛媛のみだ。村上と越智《おち》は瀬戸内海沿岸に広がっている。村上は、瀬戸内海を支配していた村上水軍に関係している。越智氏は伊予国越智郡の起源で古代豪族。伊予最大の名家といわれる河野氏は越智氏の子孫。「わたなべ」は渡部、渡辺も多く、2つをあわせると県内でもっとも多い名字になる。矢野、白石、二宮、山内が上位にあるのが珍しい。宇都宮、兵頭、菅は愛媛県に独特。菅は愛媛以外では「すが」だが愛媛ではほとんど「かん」と読む。菅原家を「かんけ」と呼ぶことにならったもの。

愛媛県の独特な名字

井門（いど）	忽那（くつな）	祖母井（うばがい）
返脚（へんきゃく）	雷（いかずち）	魚海（うおみ）

高知県【こうちけん】

2位以下に独特な名字

高知県は、最多こそ西日本に典型的な山本だが、以下山崎、小松、浜田と続き、他県ではあまり見られないランキングになっている。

県内8位に入る岡林は、全国の岡林の約6割が高知県に集中している。ほかに、和田、片岡、西森、土居、中平《なかひら》などが高知県ならでは。続いて、公文《くもん》、楠瀬《くすのせ》、津野などがある。公文は中世に荘園の管理をしていた官僚に由来する。

小松は落ち武者の末裔が名乗った名字といわれる。小松は県東部に集中しているが、高知県には山深い地域が多くあることから、落ち武者にとって逃れやすかったようだ。

高知県の独特な名字

野老山（ところやま）	仙頭（せんとう）	武市（たけち）
五百蔵（いおろい）	入交（いりまじり）	和食（わじき）

福岡県【ふくおかけん】

九州と西日本の名字大集合

福岡県は田中が圧倒的に多い。以下は西日本と九州のランキングをあわせたような形で、福岡に九州全域を含め、西日本から人が集まっていることを示している。

4位の古賀は柳川周辺、福岡南部から佐賀県の一部に多い。石橋も福岡県らしい名字。ブリヂストンを創業した石橋氏は久留米の出身。安《やす》河内《こうち》は全国の8割が福岡県に集中。安武《やすたけ》、波多江、権丈《けんじょう》も多い。

古代日本の氏族アヅミ（安曇、阿曇）一族は福岡を拠点とし漁業や水軍などを掌握していた。この一族が長野県安曇野市にやってきて、地名の由来になったという。

福岡県の独特な名字

香月（かつき）	松延（まつのぶ）	蒲池（かまち）
宗像（むなかた）	独活山（うどやま）	京都（みやこ）

佐賀県【さがけん】

長崎と共通が多い

佐賀県は長崎県とあわせて肥前国だったため、名字のランキングも共通するところが多い。両県とも1位2位は山口、田中が入る。

江口は佐賀平野を中心に佐賀市から白石町に分布する。江頭《えがしら》、副島《そえじま》、大坪も佐賀に多い。ほかに石丸、横尾、低湿地を意味する牟田が目立つ。陣内は、他県では「じんない」と読むほうが多いが、佐賀で「じんのうち」が8割。唐津地方は、脇山、田久保、岩永など独特の名字が多い。早稲田大学を創設した大隈重信の大隈《おおくま》氏は、福岡県久留米市にあった大隈村が起源。佐賀県県南部から福岡南部に多い。

佐賀県の独特な名字

服巻（はらまき）	南里（なんり）	一番ヶ瀬（いちばんがせ）
百武（ひゃくたけ）	蘭（あららぎ）	皆良田（かいらだ）

長崎県【ながさきけん】

島原の乱の影響が大

かつて長崎県は佐賀県とあわせて肥前国だったため、共通する名字が多い。長崎らしい名字では、林田や宮崎があげられる。岩永や本田、平山も人口比で高い。

島原半島の名字は、寛永14年（1637）の島原の乱で大きく変化した。人口が激減し、四国や九州など他地域から農民の移住を進めたため、移住元の名字が残った。五島列島では中村が多いが、島ごとに名字が違う。水軍や交易で勢力を広げた松浦氏は平戸藩主となった。対馬では、阿比留《あびる》が圧倒的。阿比留の起源は上総《かずさ》（千葉県中央部）で、平安時代に対馬《つしま》に渡った。

長崎県の独特な名字

朝永・朝長（ともなが）	青方（あおかた）	五輪（いつわ）
何（が）	保家（ほけ）	路木（みちき）

熊本県【くまもとけん】

北九州の典型的な名字分布

北九州に多い田中と中村が圧倒的に多い。3位に松本が入っているが、全国でもっとも高い順位。北九州地方の平均的な名字の分布になっており、熊本県のランキングの上位に独特の名字はあまり見当たらない。緒方と田上は熊本ならではだ。

代々、阿蘇神社の大宮司を務める阿蘇家。その祖先は初代天皇の神武天皇まで遡《さかのぼ》る。神武天皇後の後継争いの末、天皇位を譲り神祇を祀る仕事を選んだ神八井耳命《かんやいみみのみこと》の子孫という。菊池氏は中世の熊本で活躍した氏族。官僚から武士化し戦闘に参加した。一族に西郷、山鹿、米良《めら》などがいる。

熊本県の独特な名字

有働（うどう）	網田（おうだ）	志垣（しがき）
傘（からかさ）	歩浜（かちはま）	父母（たらち）

大分県【おおいたけん】

名字の構成が関東と似る

大分県でもっとも多い名字は佐藤。以下は後藤、渡辺、小野とつづき、関東の構成と似ている。

この原因は歴史的背景にある。源義経が頼朝に追われたとき、豊後《ぶんご》の緒方氏は義経方に付き、敗北。豊後国は頼朝の直轄地となり、関東の御家人が派遣された。そのため、関東地方の名字が今も残る。

また、同じ漢字で読み方の分かれる名字や同じ読み方で違う漢字の名字が多い。「あべ」は安部と阿部が2つとも多く、安藤と安東、伊藤と伊東、足立と安達も同様だ。河野は「こうの」と「かわの」の両方の読み方が多い。

大分県の独特な名字		
阿南（あなん）	指原（さしはら）	御手洗（みたらい）
辛島（からしま）	安心院（あじみ）	御鱗（おいら）

宮崎県【みやざきけん】

針葉樹を表す黒木が最多

宮崎県でもっとも多い名字は黒木で、全国ランキングでは約300位の名字である。黒木は、冬でも葉を落とさない針葉樹のことを表す。

甲斐は甲斐国（山梨県）に由来する名字で、熊本、大分に広く分布する。3位の河野は宮崎では「かわの」と読むことがほとんどだ。児玉は埼玉を起源とするが、人口比も数も宮崎県が全国で最多である。

読みが独特なものが目立つ。小村は、島根では「おむら」と読むのがほとんどだが、宮崎では「こむら」が圧倒的。木下は「きのした」が全国的な読みだが、宮崎は「きした」が多い。

宮崎県の独特な名字		
岩切（いわきり）	上米良（かんめら）	温水（ぬくみず）
五六（ふのぼり）	真早流（まさる）	霊元（よしもと）

鹿児島県【かごしまけん】

鎖国政策で独特な名字に

鹿児島は中村、山下、田中が上位にくるが、松元、有村、福元、堀之内、大迫、福留など他県では珍しい名字も多くある。鹿児島は「元」「之」などが付く名字が多いのも特徴だ。大迫の「迫」は西日本で谷間を意味する言葉。

鮫島は本来、駿河国富士郡鮫島（静岡県富士市）が起源だが、地頭として赴任したことから鹿児島で栄え、静岡には少なくなった。

鹿児島県は本州の最南端で、島津氏の支配が続いた。鎖国的な政策を取っていたことから、外からの流入が非常に少なく、珍しい名字が残っていると考えられている。

鹿児島県の独特な名字

安楽（あんらく）	伊地知（いじち）	羽生（はぶ）
市来（いちき）	種子島（たねがしま）	日本（にっぽん）

沖縄県【おきなわけん】

本土とまったく異質な名字

沖縄の名字は本土とはまったく異なる。沖縄県で最多の名字は比嘉《ひが》だが、全国の9割弱が沖縄にいる。新垣、島袋、知念《ちねん》、仲宗根《なかそね》も8割以上が沖縄に在住している。沖縄の言葉、ウチナーグチは本土とは異なり、地名も名字も独特。琉球王朝時代は中国との交易を行っており、琉球政府の役人や士族は毛、向のような、中国でも通じる唐名《からな》を持ちつつ、日本風の名前（大和名《やまとな》）も持っていた（政治家・羽地朝秀《はねじちょうしゅう》の唐名は向象賢）。江戸時代、薩摩藩は大和風の名字の使用禁止と改名を強制し、船越は冨名越に、前田は真栄田に変えさせたという経緯もある。

沖縄県の独特な名字

小禄（おろく）	今帰仁（なきじん）	具志堅（ぐしけん）
豊見城（とみぐすく）	東江（あがりえ）	読谷山（よみたんざん）

豆知識 19

超レアな名字の意外な由来

一見妙な名字でも、なるほどな由来があるものです。地切《じぎり》さんは、青森と岩手にある名字です。岩手県一戸町には地切という地名があり、そこは地滑りが起きやすい場所。「地が切れる＝地滑り」を地名と名字にして、後世にメッセージを残しているのです。

神戸で見られる栗花落《つゆり》さん。栗の花が咲き落ちる頃に梅雨入りすることから、「つゆいり→つゆり」となった名字です。

栗花落さんの祖先にこんな話があります。山田郡司真勝という役人が、朝廷に仕える高官の娘・白滝姫と結婚します。2人はつつましく暮らしますが、ある梅雨の頃に白滝姫は病死。すると不思議な現象が起きました。毎年、白滝姫の墓前から泉が湧き出し、決まって栗の花が水面に散り落ちるのです。

これにより、日照りの年でも水に困らず、真勝は「栗花落」の姓を贈られ、摂津国山田荘（兵庫県神戸市）の氏族として、現在まで名字を残しています。白滝姫は各地に伝説を残していて、干ばつに困る付近の村で泉を湧かせ、その泉は「栗花落《つゆ》の井」として村人を喜ばせました。その言い伝えから、現在の町名も都由乃《つゆの》町と名付けられました。

白滝姫の栗花落の井は伝説の地として名所となっている。『摂津名所図会』（国立国会図書館蔵）

豆知識 20

都道府県別名字ランキング

日本の名字分布は、佐藤・鈴木の多い東日本型と、田中・山本の多い西日本型に分かれます。古代日本は近畿地方を中心に栄え、そのため西日本のほうが名字の種類が多く分散することに対して、東日本は名字の種類は少なく、1名字あたりの人口が多いという違いもあります。その東西の境界線は、日本海側は新潟県と富山県(飛騨山脈)。太平洋側は岐阜県関ヶ原付近で分かれます。飛騨山脈も関所が置かれた関ヶ原も人の行き来がしにくく、そこが東西の垣根となって名字の移動がおきなかったのでしょう。

【47都道府県別 名字ランキング】

	1位	2位	3位	4位	5位
北海道	佐藤	高橋	佐々木	鈴木	伊藤
青森県	工藤	佐藤	佐々木	木村	成田
岩手県	佐藤	佐々木	高橋	千葉	菊池
宮城県	佐藤	高橋	鈴木	佐々木	阿部
秋田県	佐藤	高橋	佐々木	伊藤	鈴木
山形県	佐藤	高橋	鈴木	斎藤	伊藤
福島県	佐藤	鈴木	渡辺	斎藤	遠藤
茨城県	鈴木	佐藤	小林	渡辺	高橋
栃木県	鈴木	渡辺	斎藤	佐藤	小林
群馬県	高橋	小林	佐藤	新井	斎藤
埼玉県	鈴木	高橋	佐藤	小林	斎藤
千葉県	鈴木	高橋	佐藤	渡辺	伊藤
東京都	鈴木	佐藤	高橋	田中	小林
神奈川県	鈴木	佐藤	高橋	渡辺	小林
新潟県	佐藤	渡辺	小林	高橋	鈴木
富山県	山本	林	吉田	中村	山田
石川県	山本	中村	田中	吉田	山田
福井県	田中	山本	吉田	山田	小林
山梨県	渡辺	小林	望月	清水	深沢
長野県	小林	田中	中村	丸山	伊藤
岐阜県	加藤	伊藤	山田	林	渡辺
静岡県	鈴木	渡辺	山本	望月	杉山
愛知県	鈴木	加藤	伊藤	山田	近藤
三重県	伊藤	山本	中村	田中	鈴木
滋賀県	田中	山本	中村	西村	山田
京都府	田中	山本	中村	井上	吉田
大阪府	田中	山本	中村	吉田	松本
兵庫県	田中	山本	井上	松本	藤原
奈良県	山本	田中	吉田	中村	松本
和歌山県	山本	田中	中村	松本	前田
鳥取県	田中	山本	山根	松本	前田
島根県	田中	山本	佐々木	藤原	高橋
岡山県	山本	三宅	藤原	佐藤	田中
広島県	山本	田中	藤井	佐藤	高橋
山口県	山本	田中	中村	藤井	原田
徳島県	佐藤	吉田	近藤	森	田中
香川県	大西	田中	山下	高橋	山本
愛媛県	高橋	村上	山本	越智	渡部
高知県	山本	山崎	小松	浜田	高橋
福岡県	田中	中村	井上	古賀	山本
佐賀県	山口	田中	古賀	松尾	中島
長崎県	山口	田中	中村	松尾	松本
熊本県	田中	中村	松本	村上	坂本
大分県	佐藤	後藤	渡辺	小野	河野
宮崎県	黒木	甲斐	河野	日高	佐藤
鹿児島県	中村	山下	田中	前田	浜田
沖縄県	比嘉	金城	大城	宮城	上原

豆知識 21

名字にならない都道府県

名字は、地名を由来としたものが大半を占めます。都道府県名も同様で、沖縄県、愛媛県、北海道以外は、都府県名と同じ名字があります。

その3つのみ名字がないのはなぜでしょうか。それは明治時代、戸籍制度ができたあとに命名された県名だからです。戸籍登録時は「江戸」さんが「東京」さんに改名する余裕はありましたが、その3つの名字は生まれませんでした。ちなみに「京都」さんはいますが「みやこ」と読む名字です。

都道府県と同じ名字がとりわけ多いのは山口さんと石川さん。どちらも地形由来の名字で、山と川だらけの日本では多い名字です。ただし、山口さんは山口県山口市には少ないようです。山口を本拠とした大内家の分家・山口氏がいたのですが、牛久藩を与えられ、一族が移住したためです。

豆知識 22

『長倉追罰記』の紋尽くし

永享7年（1435）、室町幕府は常陸国《ひたちのくに》佐竹郷（茨城県常陸太田市）の長倉城で反乱を起こした長倉義景を討伐しました。その合戦の様子は『長倉追罰記（羽継原《はねつくはら》合戦記）』に記録され、文中には合戦に参加した約120の武将の家紋が列記されています。リズミカルに家紋が並ぶ文体は「紋尽くし」と呼ばれ、江戸時代に流行。講談などに取り入れられました。

『長倉追罰記』から

竹に雀は上杉殿御両家。九ともえ（九曜巴）は長尾か紋。水色に桔梗は土岐の紋。斎藤かなてしこ（撫子）。鹿は富樫之助。伊勢国司北畠殿のわりひし（割菱）。大内介がからひし（唐菱）。甲斐武田とわかさ（若狭）の守護は武田ひし。半月に丸ひしは興津左衛門。越前の織田と由佐の河内守が瓜の紋。秋元も是を打。朝倉か三つもつかう（木瓜）。飛騨国司姉小路殿は日光月光。月に九えう（九曜）は千葉之介。八えう（八曜）は上総介。三引両は三浦之介。小山は左巴也。朝比奈も是同し。但遠江の朝比奈はケンヒシ（剣菱）也。

『史籍集覧』（近藤出版部）より引用

上杉氏は竹に雀、長尾氏は九曜巴、土岐氏は水色桔梗など、武将と家紋を次々に紹介している。

4章

ジャンル別 家紋大図鑑

皇室から神社まで、
さまざまなシーンで活用される家紋の意匠を紹介します。

01
戦国武将の家紋名鑑

多くの新興勢力が勃興した戦国時代には、数々の新しい家紋が生まれている。武将たちが戦場で掲げた数々の家紋を紹介しよう。

伊達家《だてけ》

【伊達政宗】 伊達家17代目当主。「独眼竜」の異名で知られる南奥羽の覇者であり、仙台藩の藩祖となった人物。
（仙台市博物館蔵）

丸《まる》に竪《たて》三《み》つ引《ひき》

源頼朝から拝領したとされる家紋をアレンジ。竹に雀を使いはじめてからも三つ引は用いた。

竹《たけ》に雀《すずめ》（仙台笹《せんだいざさ》）

竹に雀を独自にデザインした家紋で、葉は52枚、露16、阿吽の雀に根付き竹（時期によって異なる）。

上杉氏の紋がそのルーツ

藤原北家から分流したとされる伊達家は、鎌倉幕府から伊達郡（福島県北部）を与えられて勢力を築いた。古くから使用していた「三《み》つ引《ひき》」は、源頼朝が朝廷より下賜されて伊達家に与えたとされるもの。「竹に雀」は、伊達実元が上杉家からもらったもの。実元から実兄である15代目当主伊達晴宗がもらった後、独自にアレンジした竹に雀紋を使用し、江戸時代には「仙台笹《せんだいざさ》」の別名でも知られた。仙台藩ではほかにも「九曜《くよう》」や「菊《きく》」も使用した。

南部家《なんぶけ》

幸運を呼ぶ二羽の鶴

南部家は甲斐国（山梨県）の南部郷を本拠とする甲斐源氏の一族だった。鎌倉幕府の奥州藤原氏討伐戦に参加し、そのまま土着して奥州北部の地域勢力となる。家紋は同じ甲斐源氏である武田氏と同じ「割《わ》り菱《びし》」だったが、室町時代になってから「二羽鶴《にわつる》」に変更した。この家紋は、応永18年（１４１１）に出羽国（秋田県）に出征した第13代当主・南部守行《もりゆき》が、陣中に２羽の鶴が飛来したことを「幸運の前兆」と喜び、これをモデルとした。のちに「鶴御紋《つるごもん》」とも呼ばれる。

南部光行画像（もりおか歴史文化館蔵）

鶴御紋《つるごもん》（南部鶴《なんぶつる》）

津軽家《つがるけ》

摂関家から贈られた「牡丹」を採用

津軽為信《ためのぶ》は奥州藤原氏の末裔《まつえい》ともいわれるが、出自は謎が多い。南部家の一族である大浦家へ養子に入り津軽地方の管理を任され、自力を蓄えて独立。津軽氏を名乗る戦国大名となり、津軽藩の礎《いしずえ》を築いた。家紋は「卍《まんじ》」と「牡丹《ぼたん》」を併用。「卍」は坂上田村麻呂が奥州征伐に軍旗として用いたのが発祥である。為信も「卍」を戦陣の旗印として好み、家紋とした。また、「牡丹」のほうは江戸時代になってから摂関家の近衛家から贈られたもので「津軽牡丹《つがるぼたん》」とも称される。

津軽牡丹《つがるぼたん》

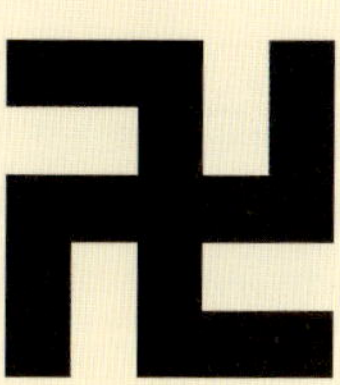

卍《まんじ》

最上家《もがみけ》

出羽国の支配者

最上家は足利氏一門の斯波《しば》家から分流した家柄で、家紋も足利家と同じ「二《ふた》つ引《ひき》」を使用。斯波家代々が奥州探題を世襲したことから、分家筋が南北朝時代に出羽国（山形県と秋田県）へと進出し、南朝勢力を駆逐して最上郡を支配。地名を名字として名乗った。戦国時代末期から江戸時代にかけての第11代当主・最上義光は、57万石を領有する大大名となった。

丸《まる》に二《ふた》つ引《ひき》

芦名家《あしなけ》

桓武平氏の名門家

芦名家の家紋である「三《み》つ引《ひき》」は、平安時代末期に相模国（神奈川県）を本拠とした桓武平氏の三浦氏の家紋として有名だ。三浦氏は鎌倉幕府の有力御家人として各地の守護職となり、一族の者を現地に送り込んだ。芦名家もこうした三浦氏の一門であり、会津地方を支配して戦国期には東北有数の勢力となる。しかし、伊達政宗に敗れ、領地を失い没落している。

丸《まる》に三《み》つ引《ひき》

相馬家《そうまけ》

暴れ馬がモデル

相馬地方（福島県の太平洋岸）を支配した相馬家は、桓武平氏の千葉氏から分流した家である。千葉氏の傍流は「八《はち》曜《よう》」「九《く》曜《よう》」「十《じゅう》曜《よう》」などの星紋を用いるのが慣例で、相馬家でもまた「九曜」を家紋としていた。しかし、代々が合戦で騎馬戦を得意としたことから、荒馬を繋ぎ止めた状況を図案化した「繋《つな》ぎ馬《うま》」も好んで用いて、こちらのほうが有名になった。

相《そう》馬《ま》繋《つな》ぎ馬《うま》

北条家《ほうじょうけ》

関東支配を意識し、名字と家紋を変更

初代・北条早雲は、室町幕府の政所執事《まんどころのしつじ》である伊勢氏の一族。早雲は「伊勢」を名乗っていたが、2代目の北条氏綱からは名字を「北条」に改める。関東の武士は鎌倉幕府執権・北条家への畏敬の念が強く、勢力の拡大を目論む早雲・氏綱の父子がその名にあやかろうとした。そのため歴史書では「後北条家」とも呼ばれる。家紋も北条家にあやかり「三つ鱗《みつうろこ》」だが、早雲の出自である桓武平氏ゆかりの蝶も使用した。ふたつの家紋は「北条鱗《ほうじょううろこ》」「北条対い蝶《ほうじょうむかいちょう》」とも呼ばれる。

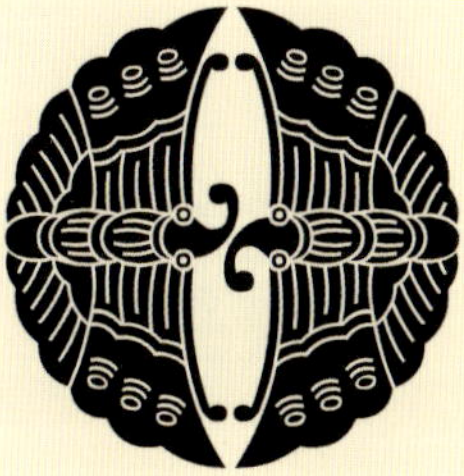

北条対い蝶《ほうじょうむかいちょう》

北条鱗《ほうじょううろこ》

上杉家《うえすぎけ》

関東管領の由緒ある名字と家紋

越後守護代だった長尾景虎《かげとら》は、後北条家に圧迫されて越後へ亡命してきた関東管領・上杉憲政《のりまさ》から管領職を与えられ、名も「上杉」に改名。家紋も上杉氏に代々に伝わる「竹に雀《たけにすずめ》」を用いた。上杉氏は勧修寺《かじゅうじ》家から出た一族なので、家紋も勧修寺家の家紋を基にしている。他家の紋と区別するために「上杉笹《うえすぎざさ》」とも呼んだ。また、長尾家は関東で武士化した桓武平氏の一族である鎌倉党が出自。上杉に改名する以前から使用してきた家紋は、この一族に多い「九曜巴《くようともえ》」だった。

上杉笹《うえすぎざさ》

上杉謙信肖像（米沢市上杉博物館蔵）

今川家《いまがわけ》

神のお告げで考案された赤鳥紋

東海道一帯を支配した今川義元は、室町幕府将軍家である足利氏の一族。代々が駿河国（静岡県東部）の守護職を継承し、将軍家に続く副将軍と呼ばれ、畏敬された家柄である。家紋も足利将軍家と同じ「二《ふた》つ引《ひき》」。「足利《あしかが》二《ふた》つ引《ひき》」とも呼ばれ、武士の間では特別視された紋でもある。また初代・今川範国《のりくに》はこのほかにも「赤鳥《あかとり》」を好んで使用した。範国が「赤鳥（馬の背を覆う布）を笠印とせよ」という神のお告げを受け、この紋を考案して旗印としたことに由来する。

丸《まる》に二《ふた》つ引《ひき》

今川赤鳥《いまがわあかとり》

武田家《たけだけ》

家宝の鎧にも入る伝統の菱紋

河内源氏の棟梁である源頼義《よりよし》の三男・源義光《よしみつ》が、甲斐国（山梨県）に土着して甲斐源氏と呼ばれた。本流である武田家は甲斐守護を継承し、第19代の武田信玄の時に信濃（長野県）や駿河などを支配する巨大勢力に成長した。家紋の「四《よ》つ割菱《わりびし》」は武田家代々に伝わる家紋で、先祖伝来の家宝の楯無鎧《たてなしのよろい》にもこの紋が入っている。武田家ではこの割菱を花文様に変化させた「花菱《はなびし》」も替紋として使っている。庶流や傍流《ぼうりゅう》の家紋にも意匠を変化させた菱紋が多い。

武田菱《たけだびし》（四《よ》つ割菱《わりびし》）

花菱《はなびし》

三浦家《みうらけ》

家紋は諸国で生き残る

相模国（神奈川県）の三浦半島を本拠とした三浦氏は桓武平氏の一族。源平の戦いでは源頼朝に与《くみ》し、鎌倉幕府の有力御家人となった。家紋は三浦の「三」の文字を図案化した「三《み》つ引《ひき》」。宝治元年（1247）に反乱を起こし惣領家は滅亡してしまうが、会津の芦名家や越後の和田家、美作《みまさか》の三浦家など各地に残る一族により「三つ引」の家紋は継承された。

三《み》浦《うら》三《み》つ引《ひき》

千葉家《ちばけ》

家祖を救った妙見の星

三浦氏と同様に桓武平氏の一族で、平安時代から房総半島に勢力圏を築いていた。千葉氏の祖・平良文は合戦で窮地に陥った時、流れ星に瑞兆《ずいちょう》を見て奇跡的な逆転勝利を得たという。家紋の「月星《つきほし》」はその伝説に由来するもの。ほかにも星に関連した「九曜《くよう》」などの紋もあり、こちらは東北地方に移住した千葉氏一族が、家紋として用いることが多かった。

月星《つきほし》

直江家《なおえけ》

越後の名家を相続

上杉家の家宰《かさい》として活躍した直江兼続《かねつぐ》は、木曽義仲四天王の一人樋口兼光《かねみつ》の子孫。上杉家の家老・直江景綱《かげつな》の未亡人と婚姻して直江家を相続し、直江姓を名乗るようになる。直江家は藤原不比等の三男・藤原宇合《うまかい》を祖とする藤原式家の後裔《こうえい》を自称し、家紋は「亀甲《きっこう》に花菱《はなびし》」などを使っていた。兼続もこれにアレンジをくわえて自らの家紋として継承している。

三《み》つ盛《ぼ》り亀甲《きっこう》に花菱《はなびし》

前田家《まえだけ》

菅原道真にちなんで梅を家紋に

前田家は尾張国（愛知県西部）の荒子城を本拠とする小領主だった。利家は織田信長に仕えて家督を相続し、加賀藩の藩祖となる。第2代藩主・前田利常《としつね》の頃から、家紋に「梅鉢《うめばち》」が使われるようになった。前田家は菅原道真の末裔《まつえい》を自称しており、道真がこよなく愛した梅を図案化した家紋を前田家も採用した。加賀藩が領地とした北陸一帯は、古くから道真を祀《まつ》った天神信仰がさかんな土地柄。前田家が道真の末裔を名乗ったのも、統治の安定が目的だったといわれる。

前田利家画像・部分（東京大学史料編纂所蔵）

加賀《かが》梅鉢《うめばち》

真田家《さなだけ》

「六連銭」は三途の川の渡し賃

清和源氏の一族が信濃（長野県）小県《ちいさがた》郡海野郷に土着して「海野《うんの》」と名乗った。真田家もその海野氏の一族であり、同じ小県郡の真田郷を本拠とした。海野氏一族は「六連銭《ろくれんせん》」や「結《むす》び雁金《かりがね》」を家紋として使用したが、それは真田家にも受け継がれる。「六連銭」は三途の川の渡し賃、命を捨てて戦う決意を表したものだ。真田幸隆《ゆきたか》がこれを戦場の旗印として用いてからは、真田家の戦いに欠かせないものとなる。孫の信繁《のぶしげ》も、大坂の陣で六連銭の旗を掲げて活躍した。

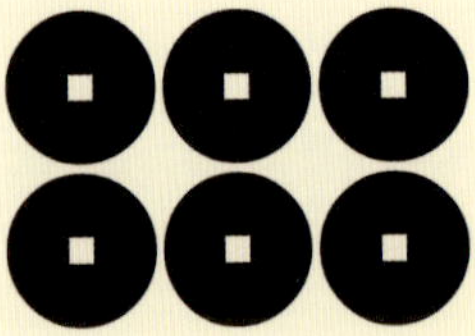

真田銭《さなだせん》（六連銭《ろくれんせん》）

結《むす》び雁金《かりがね》

徳川家《とくがわけ》

徳川家康画像（大阪城天守閣蔵）

【徳川家康】

家康は三つ葵にこだわり、権威の象徴として徳川・松平以外で葵紋の使用を禁止した。

剣《けん》三《み》つ銀杏《いちょう》

家康の父松平広忠の菩提寺・松応寺に伝わる紋で、葵紋以前に使用していたとの説もある。

徳川葵《とくがわあおい》（三《み》つ葵《あおい》）

当初の三つ葵は写実的なデザインだったが単純化され、江戸時代中期に上のデザインに。

賀茂葵《かもあおい》（二葉葵《ふたばあおい》）

実際のフタバアオイは葉が２枚で、賀茂葵では写実的に表したものを用いている。

葵紋のルーツは賀茂神社

三河国（愛知県東部）山間部の土豪だった松平氏は、清和源氏新田氏の庶流・得川《とくがわ》氏から発祥したと伝えられる。それを家康が、朝廷の許可を得て先祖の名字にちなんだ「徳川」に改称した。家紋の「三《み》つ葵《あおい》」は、すでに戦国前期の頃に用いていたという。こちらは松平氏が京都・賀茂神社の禰宜《ねぎ》・賀茂《かも》氏の子孫「賀茂朝臣」を称していたことに関連するもので、賀茂神社の紋章である「二葉葵《ふたばあおい》」をアレンジしたという説が有力だ。家康が新田一族の徳川に復姓してからも、葵紋を使い続けた。

ちなみに松平氏の家紋は、江戸時代の記録から菩提寺である松応《しょうおう》寺《じ》にあった「剣《けん》三《み》つ銀杏《いちょう》」との説もある。

明智家《あけちけ》

桔梗は土岐一族のシンボル

明智光秀の前半生は謎に包まれている。室町幕府将軍・足利義昭に仕える以前は、諸国を流転していた。伝わるところによれば、美濃（岐阜県）守護である土岐氏一族で明智庄（岐阜県可児市）を所領し、明智の名字を名乗ったという。家紋にも土岐一族と同じ「桔《き》梗《きょう》」を使用。本能寺の変が起きた時、突然現れ寺を包囲した軍勢が桔梗の旗を掲げていたことから、信長もこれを光秀の謀反とすぐに悟ったといわれる。それだけ「明智＝桔梗」のイメージは浸透していた。

明智光秀画像・部分（東京大学史料編纂所蔵）

水色《みずいろ》桔《き》梗《きょう》

斎藤家《さいとうけ》

道三は波の家紋を好んだ

斎藤道三の父は京都妙覚寺の僧侶で、還《げん》俗《ぞく》して西村を名乗り美濃国守護土岐氏の家臣長井氏に仕えた。やがて頭角を現し長井氏を名乗ると、息子の道三の代には斎藤家を乗っ取り、土岐氏を圧倒して美濃国を簒奪してしまう。斎藤家は藤原北家の庶流であり、室町時代から土岐氏に仕えて美濃国に勢力を築いた。代々の家紋は「撫《なでし》子《こ》」だが、道三は「二《に》頭《とう》立《たつ》浪《なみ》」を好んで使った。波は力強さの表れとされ、戦国期の武家には好まれた図柄。時代の風潮を取り入れたものだった。

二《に》頭《とう》立《たつ》浪《なみ》

太平記英勇伝 齋藤竜興（東京都立中央図書館蔵）

木曽家《きそけ》

木曽義仲が家祖？

木曽家は天然の要害である木曽谷を本拠に信濃国（長野県）有数の地域勢力となり、戦国時代には武田家と縁組して親類となった。木曽義仲の息子基宗《もとむね》が興した家と伝わるが、上野国（群馬県）から移った藤原姓沼田氏の一族との説が有力。使用家紋は定かではないが、江戸時代の鍼医《はりい》・葦原検校《あしはらけんぎょう》が清和源氏義仲流の木曽氏の末裔を称した際、龍胆紋を使った。

笹龍胆《ささりんどう》

井伊家《いいけ》

井戸の傍らに生える橘

井伊家は藤原北家の傍流とされ、平安時代末期にはすでに遠江国（静岡県西部）の井伊谷《いいのや》に勢力圏を築いていた。一時は領地を奪われ没落するが、井伊直政が徳川家康に臣従して家名を再興。関ヶ原合戦後は彦根藩主となる。井伊家の発祥にまつわる井戸を由来とする「細井筒《ほそいづつ》（彦根井筒《ひこねいづつ》）」にくわえ、井戸の傍らに生えていた「橘《たちばな》」を家紋として採用している。

井伊橘《いいたちばな》

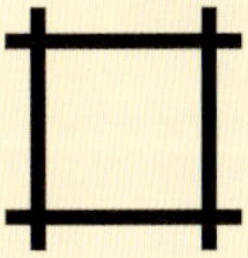

細井筒《ほそいづつ》（彦根井筒《ひこねいづつ》）

土岐家《ときけ》

戦場に咲く花が由来

土岐家は清和源氏の一族で、南北朝時代から美濃国（岐阜県）守護として勢力を築いてきた。家祖とされる土岐光衡《みつひら》は鎌倉幕府御家人で、源平の戦いでも活躍した人物。その光衡が戦いの陣中で野に咲く水色桔梗《みずいろききょう》を見つけ、これを兜の前立につけて戦ったところ大勝利を得たという。それから桔梗を縁起のいい花として好み、家紋にも採用したものという。

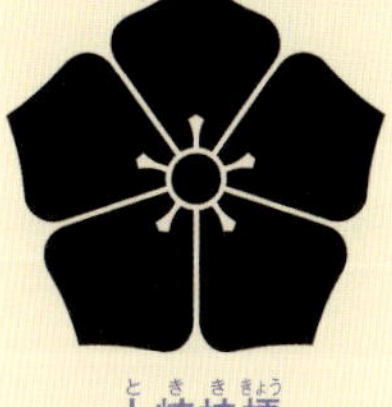

土岐桔梗《ときききょう》

豊臣家《とよとみけ》

豊臣秀吉像（高台寺蔵）

【豊臣秀吉】

天下人となった秀吉は、出世にあわせて氏姓を変更。また、家紋は天皇家から豊臣姓とともに桐紋を下賜された。

太閤桐のアレンジ

秀吉の太閤桐には特に決まった形がなく、適当に意匠がアレンジされることは多かった。

太閤桐《たいこうぎり》（五七桐《ごしちきり》）

天皇から下賜された家紋。基本は通常の五七桐であるが、秀吉が使う五七桐はすべて太閤桐と呼ばれた。

福島沢瀉《ふくしまおもだか》（立《た》ち沢瀉《おもだか》）

秀吉の親族には沢瀉を家紋とする家が多い。福島正則も秀吉の血縁者とわかる「福島沢瀉」を家紋とした。

家紋は天下人の証

豊臣秀吉が木下藤吉郎を名乗っていた頃、家紋には妻・ねねの実家である杉原家と同じ「立《た》ち沢瀉《おもだか》」を使っていたという。庶民の出自である秀吉には代々受け継いだ家紋がなく、妻の実家の家紋を借りていたのである。甥の秀次や家臣・福島正則らは、秀吉から受け継いだ「沢瀉」を使っていた。

秀吉は、天下人となって朝廷から豊臣姓を賜った時に菊紋と桐紋を与えられた。秀吉の桐紋は「五七桐《ごしちきり》」だが、適当にアレンジされて使われることが多かった。また、秀吉が使った「五七桐」はみな「太閤《たいこう》桐《きり》」と呼ばれた。秀吉は一門や諸氏にほうびとして豊臣姓と桐紋を与えたため、これをきっかけに桐紋の使用家が増えたという。

織田家《おだけ》

織田信長画像（長興寺蔵）

【織田信長】

信長の実家は尾張守護代で、織田氏の傍流だったが、実力で本家を圧倒して尾張国の支配権を手に入れた。

永楽銭《えいらくせん》

永楽銭の紋は信長が貨幣経済に関心が強かったことから用いたとの説もまことしやかに流布している。

揚羽蝶《あげはちょう》

平氏の家紋として有名な「揚羽蝶」も、信長の代になってから織田家の家紋となった。

織田木瓜《おだもっこう》

「木瓜」の紋にはさまざまな形状があり、織田家が使用したものは「織田木瓜」とも呼ばれた。

木瓜は子孫繁栄のご利益

織田氏は藤原北家の流れをくむ一族で、越前国（福井県）織田荘が発祥。その後、斯波《しば》家の家臣となり尾張（愛知県西部）の守護代となった。しかし、信長が天下取りを意識するようになると、桓武平氏の末裔《まつえい》を称している。

織田家代々が使ってきた家紋の「木瓜《もっこう》」は、主家である斯波家から拝領したものである。鳥の巣を図案化したものだともいわれ、子孫繁栄を祈る紋として武家には人気があった。

このほかにも、信長は平氏の諸家に多い「揚羽蝶《あげはちょう》」も家紋にくわえ、戦場では「永楽銭《えいらくせん》」の紋を旗印として使っていた。また、室町幕府将軍・足利義昭からは「五三《ごさん》桐《きり》」も与えられた。

足利家《あしかがけ》

武家社会のトップブランド

足利家は清和源氏の棟梁・源義家の四男・源義国が興した。家紋の「二《ふた》つ引《ひき》」は2頭の龍を象《かたど》ったものといわれる。シンプルな図柄はすぐに敵味方を識別でき、戦場の旗印に最適だった。ちなみに足利家と祖を同じくする新田家はよく似た太い横線を1本引いた「大中黒《おおなかぐろ》」を家紋とした。室町幕府の成立後は将軍家一族の証として武家社会でブランド力を持つようになる。細川、今川など同じ「二つ引」を家紋とする足利一門の諸家が各地へ守護として赴任した。

太平記英勇伝 足利尊氏（東京都立中央図書館蔵）

足利《あしかが》二《ふた》つ引《ひき》

浅井家《あざいけ》

「三つ盛り亀甲」は浅井長政の個紋？

近江国（滋賀県）北部の戦国大名・浅井長政は「三《み》つ盛《も》り亀甲《きっこう》」を家紋としていた。亀甲紋は出雲大社の神紋でもあり、北方の守護神である玄武《げんぶ》に由来するといわれる。南北朝時代にはさまざまな図柄の亀甲紋が考案され、武家の家紋としても流行った。浅井家の「三つ盛り亀甲」は長政一代限りの紋であった可能性も高い。長政の父、浅井久政の肖像には「井桁」の紋が描かれており、浅井の名字にある「井」の字にちなんだこの紋が、代々の家紋として使用された可能性が高い。

三《み》つ盛《も》り亀甲《きっこう》に花菱《はなびし》

浅井長政画像・部分（東京大学史料編纂所蔵）

京極家《きょうごくけ》

四つ目結は一族の結束

宇多源氏の一族で鎌倉時代初期に近江国守護となった佐々木信綱は、国土を4分割して息子たちに与えた。佐々木氏は4家（大原氏、高島氏、六角氏、京極氏）に分かれることになり、この時に生まれたのが京極家である。4家は一族の結束をはかるために「四《よ》つ目結《めゆい》」を共有した。京極家では江戸時代以降、目結を平行に並べた「平《ひら》四《よ》つ目《め》」を使用した。

平《ひら》四《よ》つ目《め》

一色家《いっしきけ》

足利一門の名族

室町幕府の要職に就き、若狭や丹後などの守護職を世襲した一色家は、斯波《しば》家や今川家などと同じ足利氏の同族である。足利一門の証である「二《ふた》つ引《ひき》」のほかにも「五七桐《ごしちきり》」もよく用いられた。応仁の乱後は衰退し、天正7年（1579）に織田信長と争い滅亡。分流の土屋家や丹羽《にわ》家などが、江戸時代に小藩の藩主となっている。

五七桐《ごしちきり》

六角家《ろっかくけ》

4家の宗家に

佐々木信綱の三男・泰綱《やすつな》を祖とする六角家は、京極家と同族であり家紋も同じ「四《よ》つ目結《めゆい》」。だが、六角家の場合は菱形の形状となる「隅《すみ》立《たて》て四《よ》つ目《め》」だった。家祖の泰綱が近江守護職を継承したことから六角家は宗家とみなされ、ほかの3家は分家ということになる。そのため「隅立て四つ目」は宗家の家紋として、一族の間で敬意を払われた時期もある。

隅《すみ》立《た》て四《よ》つ目《め》

毛利家《もうりけ》

皇族の品位を図案化した家紋

毛利家は相模国（神奈川県）毛利庄が発祥で、南北朝時代に安芸国（広島県西部）吉田荘に土着。戦国期の第52代当主・毛利元就《もとなり》が中国地方を統一して覇者となった。毛利家の家系をたどれば鎌倉幕府の重臣・大江広元につながり、家紋の「一文字三つ星《いちもんじみつぼし》」も大江氏に由来。大江氏の祖は平城天皇の第一皇子・阿保《あぼ》親王で、皇族でもっとも高い「一品《いっぽん》」の品位を与えられていた。その文字を図案化し、大江氏系諸家の家紋に使われた。毛利家ではほかに「沢瀉《おもだか》」を用いた。

毛利元就画像・部分（東京大学史料編纂所蔵）

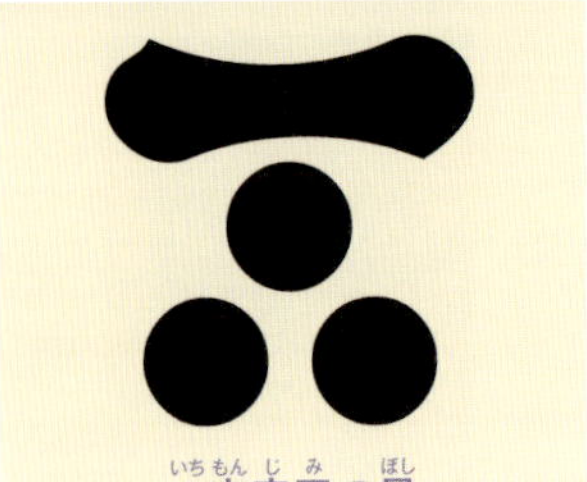

一文字三つ星《いちもんじみつぼし》

池田家《いけだけ》

信長から与えられた「揚羽蝶」

池田家は美濃国（岐阜県）土岐郡池田郷の土豪だったといわれるが、出自については不明な点が多い。戦国期の当主・池田恒利《つねとし》が織田家に仕えて家が繁栄するようになる。平氏の諸家に多い「揚羽蝶《あげはちょう》」の家紋も、主君の織田信長から与えられたものだ。恒利の孫にあたる池田輝政は徳川家康の娘婿となり、姫路藩52万石の大大名に出世。江戸時代には多くの分家が生まれたが、家紋は宗家の「揚羽蝶」をアレンジしたものが多く使われている。

備前蝶《びぜんちょう》

池田輝政画像・部分（東京大学史料編纂所蔵）

大内家《おおうちけ》

異国情緒あふれる菱紋

戦国時代前期まで中国地方の覇権を握っていた大内家の祖は、朝鮮半島百済《くだら》の王族とされている。平家追討に協力し、鎌倉幕府から長門国（山口県北部）の領有を許されて勢力を築いた。家紋は文様の花を変形させたもの。菱紋を家紋としている武家は多いが、大内家の場合は中国風の独特のデザインが異彩を放ち「唐《から》菱《ひし》」、あるいは「大《おお》内《うち》菱《ひし》」とも呼ばれていた。

大《おお》内《うち》菱《ひし》

尼子家《あまごけ》

京極家の分家筋

戦国時代に山陰地方を支配した尼子家は、京極家の分家筋であり、京極家が守護職を歴任した出雲国（島根県東部）で守護代から戦国大名へと成長した家。家紋は不明な点が多く「四《よ》つ目《め》結《ゆい》」「花《はな》輪《わ》違《ちが》い」のほかにも「隅《すみ》立《た》て四《よ》つ目《め》」を用いたとも。尼子家のほかにも出雲地方に土着した佐々木氏系の一族は多く、それらの諸家でも「花輪違い」を家紋に使っていた。

隅《すみ》立《た》て四《よ》つ目《め》

花《はな》輪《わ》違《ちが》い

赤松家《あかまつけ》

将軍家からの「二つ引」

赤松家は武士化した村上源氏の一族で、鎌倉時代に播磨国（兵庫県南部）赤穂郡赤松村の地頭職となり、この地を足場に勢力圏を築いた。室町将軍家から「二《ふた》つ引《ひき》」の使用を許されていたが、赤松家ではこれに「巴《ともえ》紋」をあわせた独特の「二つ引に左三つ巴」を家紋としていた。ほかにも源氏のシンボルである「龍《りん》胆《どう》」も併用して家紋として使われている。

二《ふた》つ引《ひき》に左《ひだり》三《み》つ巴《どもえ》

三好家《みよしけ》

代々の「三階菱」をアレンジ

室町時代から戦国期にかけて、阿波国（徳島県）を本拠に四国や畿内で勢力をふるった三好家は、清和源氏である小笠原氏の一族である。家紋も小笠原氏と同じ「三階菱《さんかいびし》」だが、三好家はこれに「釘抜《くぎぬき》」を組み合わせて独自性をもたせた。「釘抜」は「九《く》城《き》を抜く」として武将にとっては縁起のよい語感であり、阿波や讃岐（香川県）の武家には、これを図案化して家紋とする武家があったという。三好家でもこれを家紋に取り入れたようだ。

三好長慶画像・部分（東京大学史料編纂所蔵）

三階菱《さんかいびし》に五《いつ》つ釘抜《くぎぬき》

長宗我部家《ちょうそかべけ》

先祖の言い伝えが家紋のモチーフ

始皇帝の末裔《まつえい》を称する渡来系豪族・秦《はたの》河《かわ》勝《かつ》の子孫が、土佐国（高知県）に移り住んで長宗我部家を起こしたという。長宗我部家の家伝によれば、先祖の秦河勝は土佐国司にも任じられたとされる。河勝が国司となった時に朝廷から御盃を賜ったのだが、その盃の中には片喰《かたばみ》の葉が浮かんでいたという。そのエピソードから「片喰」を家紋とするようになった。室町時代の『見聞諸家紋』に「七《なな》つ片喰《かたばみ》」は載っており、元親の時代には普通の片喰紋に替えたといわれる。

丸《まる》に七《なな》つ片喰《かたばみ》

太平記英勇伝 長曾我部元親（東京都立中央図書館蔵）

山名家《やまなけ》

戦場の目印は笹の葉

山名家は新田氏の庶流。足利将軍家と同じ清和源氏の一族であり、家紋も同じ「二《ふた》つ引《ひき》」だった。しかし、同族が争う乱世では戦場での判別が難しく、自軍の軍装に笹の葉をつけて目印にしていた。これがのちに皇室から賜った桐紋と合体して「桐《きり》に笹《ささ》」となり、山名家の紋として採用される。応仁の乱で西軍大将となった山名持《もち》豊《とよ》も当紋を用いたという。

桐《きり》に笹《ささ》（山《やま》名《な》桐《きり》）

龍造寺家《りゅうぞうじけ》

分家とは輝きが違う?

藤原北家の末《まつ》裔《えい》を自称する龍造寺隆信は、肥前（佐賀県）を本拠に九州の3分の1を支配する戦国大名となった。太陽光線を図案化した「日《ひ》足《あし》」は、九州北部の同族武家が共有した家紋である。龍造寺家の場合、宗家は12本の光線を描いた「十《じゅう》二《に》日《ひ》足《あし》」を使用していたが、分家や庶家はそれよりも少ない「十一日足」や「十日足」を家紋として用いた。

変《か》わり十《じゅう》二《に》日《ひ》足《あし》

宇喜多家《うきたけ》

先祖が掲げた旗に由来

宇喜多家は百済《くだら》系豪族の末裔とされている。朝鮮半島から渡来した先祖は備前国（岡山県南部）の児島半島を拠点に勢力を築いた。軍船には児島の「児《こ》」の文字を描いた旗を掲げていたと伝えられる。「児文字」の家紋はそれにちなんだもの。また、備前国を本拠とする戦国大名に成長した頃には、子孫繁栄につながるとされる「剣《けん》片喰《かたばみ》」も用いた。

児《こ》文《も》字《じ》

島津家《しまづけ》

蒙古襲来で十の字を掲げた

鎌倉時代前期、島津忠久《ただひさ》が薩摩国（鹿児島県西部）の島津荘の地頭職となり、家の歴史ははじまる。『蒙古襲来絵詞』に描かれた島津家の軍装には、すでに家紋の「十《じゅう》の字《じ》」が描かれていた。十の字には魔除けの意味があり、縁起のよい文字として家紋に採用する家は多かったという。初期の頃はただの十の字だったが、戦国期の頃から円の中に十の字を描いた「丸に十の字」を用いるようになった。また、分家でもそれぞれ若干の変更をくわえた「十の字」を家紋に使っている。

島津義弘像（尚古集成館蔵）

丸《まる》に十《じゅう》の字《じ》

細川家《ほそかわけ》

殺人事件で家紋のデザインを変更

室町幕府管領だった細川氏は、清和源氏足利氏の一族。大名に出世した細川藤孝はその庶流で、家紋も一門に共通する「二《ふた》つ引《ひき》」だった。しかし、藤孝の息子・細川忠興《ただおき》が、信長の脇差しについていた九曜《くよう》紋の使用を願い出て許されたことにより、こちらを家紋に使った。また、人違いで肥後藩主・細川宗孝が殺害される悲劇が起きたことで九曜紋に変更をくわえた（➡P32）。周囲の星を小さくしたデザインは、「細川九曜」「離れ九曜」などと呼ばれるようになる。

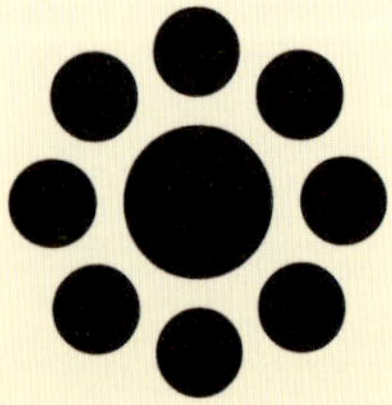

細川《ほそかわ》九曜《くよう》

細川頼之画像・部分（東京大学史料編纂所蔵）

大友家《おおともけ》

「杏葉」は功臣の証明

大友家は豊後国（大分県）守護職を歴任し、第21代目当主・大友宗麟の時に九州の大半を支配する覇者となった。家紋は馬具の飾りを図案化した「抱《だ》き花杏葉《はなぎょうよう》」。縁戚関係にあった厳島《いつくしま》神社大宮司家や北九州の諸家でも杏葉の紋が使われている。大友家は家臣や臣下の武将たちにも恩賞として杏葉紋の使用を許すことが多く、家中では名誉ある紋として羨望《せんぼう》された。

抱《だ》き花杏葉《はなぎょうよう》

鍋島家《なべしまけ》

戦勝記念に敵の家紋を使用

戦国大名の龍造寺家は、その家老だった鍋島直茂が継承して肥前鍋島藩35万石の基礎を築いた。戦国期に北九州の覇権を争った大友家の軍勢を撃破した時、これを記念して大友家の象徴である「杏葉《ぎょうよう》」を自分の家紋として使うようになったという。また、主家筋の龍造寺家が「十二日足《じゅうにひあし》」以前に使用した「剣花菱《けんはなびし》」も、併用して家紋に使っていた。

鍋島杏葉《なべしまぎょうよう》

剣花菱《けんはなびし》

立花家《たちばなけ》

苦境から救ったお守《まもり》

柳川藩12万石の藩主・立花宗茂は、関ヶ原合戦で西軍に与《くみ》して所領を没収され、諸国を流浪して辛酸《しんさん》を舐めた時期がある。この時に牛頭《ごず》天王を深く信仰するようになり、これをまつる京・八坂神社のお守りに描かれた図案を家紋「立花守《たちばなまもり》」とするようになった。立花家は豊後守護・大友家の一族であり、それ以前は大友家と同じ「杏葉《ぎょうよう》」を家紋に使っていた。

立花守《たちばなまもり》

皇室の家紋名鑑

現在、皇室が用いる紋章は、天皇家の紋章、宮家（皇族）の紋章、そして「お印」と呼ばれる、皇室の個々のシンボルマークの3種類です。

天皇家《てんのうけ》

【錦の御旗】 日月旗とも呼ばれる官軍の旗印。朝敵征討のため、官軍の大将に与えられた。

『錦旗図』（山口県立山口博物館蔵）

五七桐《ごしちきり》

日月紋《じつげつもん》

十六葉八重表菊《じゅうろくようやえおもてぎく》

皇室の紋章は3つ

皇室の紋章には、日月《じつげつ》紋、菊花紋、桐紋がある。

日月紋は皇室の儀式で、菊花紋は皇室からの賞杯の装飾などに、そして桐紋は政府の慣例的な紋章として用いられている。特に菊花紋は、天皇の乗る自動車や列車に付けられ、現在も天皇の紋章として活用されている。

そのほか、宮家《みやけ》と呼ばれる皇族たちも紋章を持ち、さらに皇室の紋章とは別に、一人ひとりの身の回りのものを識別する目印があり、これは「お印」と呼ばれる。

宮家《みやけ》

現在4家の宮家が存続

宮家は、一家を創立した皇族のことで、現在は三笠宮家、常陸宮家、秋篠宮家、高円宮家の４家が存続している。

かつては宮家も十数家があったが、戦後に定められた皇室典範によって、ほとんどが廃絶となっている。宮家の紋章は、十四葉菊花紋をアレンジした独自の図柄を用いている。

秩父宮家《ちちぶのみやけ》

大正天皇の第２皇子・淳宮雍仁《あつのみややすひと》親王が創設した宮家。スポーツの振興に尽力し、秩父宮ラグビー場などに名を遺す。平成７年（1995）に絶家。

高円宮家《たかまどのみやけ》

三笠宮崇仁親王の３男・大正天皇の皇孫にあたる憲仁《のりひと》親王の創設した宮家。宮号は三笠山に近い高円山からとられた。

秋篠宮家《あきしののみやけ》

今上天皇の弟・文仁《ふみひと》親王の結婚を機に創設された宮家。宮号は和歌の歌枕でも有名な、奈良県の「秋篠」からとられた。

三笠宮家《みかさのみやけ》

大正天皇の第４皇子・澄宮崇仁《すみのみやたかひと》親王が創設した宮家。宮号は「天の原　ふりさけみれば　春日なる　三笠の山に　いでし月かも」にちなむ。

伏見宮家《ふしみのみやけ》

北朝第３代天皇崇光《すこう》天皇の第１皇子栄仁《よしひと》親王が創設。住居である伏見殿が宮号の由来。22代約500年の歴史があったが、戦後に廃絶。

竹田宮家《たけだのみやけ》

北白川宮能久《きたしらかわのみやよしひさ》親王（伏見宮家の系統）の第１皇子・恒久王が創設。明治天皇より贈られた宮号は、京都伏見の竹田にちなむ。戦後に廃絶。

常陸宮家《ひたちのみやけ》

昭和天皇の第２皇子・正仁《まさひと》親王の結婚を機に創設された宮家。宮号は、古来より皇族が行政官を務めた「常陸国」に由来する。

皇室のお印

榮

今上天皇

【梓《あずさ》】

ミズメとも呼ばれる植物。香淳皇后と上皇夫妻が決めた。

上皇后美智子

【白樺】

上皇と出会った軽井沢を象徴する白樺を選んだという。

上皇

【榮《えい》】

「榮」は草花が盛んに茂るさまを表す漢字である。

皇嗣妃紀子

【檜《ひ》扇《おうぎ》菖蒲《あやめ》】

アヤメ科の多年草。那須高原に咲く同花を見て決めた。

皇嗣秋篠宮

【栂《つが》】

ツガマツとも呼ぶマツ科常緑針葉樹。昭和天皇夫妻が決めた。

皇后雅子

【ハマナス】

北海道でハマナスの花が印象に残り、結婚後に決めたという。

【歴代天皇のお印】

お印は幕末～明治期以降に使われるようになったが、くわしい起源は不明。

明治天皇	永（えい）
昭憲皇太后	若葉
大正天皇	壽（じゅ）
貞明皇后	藤
昭和天皇	若竹
香淳皇后	桃

個人の持ち物につける目印

「お印」は皇室が用いるシンボルマーク。文字や植物の意匠が用いられ、特にデザインは決められていないという。個々のものを識別する際、名前を書くのはおそれ多いことから、お印ができたといわれる。皇室の祝賀行事で配られる菓子器などで見られる。

愛子

【ゴヨウツツジ】

眞子

【木香茨《もっこうばら》】

佳子

【ゆうな】

悠仁

【高《こう》野《や》槙《まき》】

家紋大図鑑

03 公家の家紋名鑑

公家は朝廷に仕える貴族で、家紋も花鳥風月をモチーフとしたおしゃれで華やかなデザインのものが多いことが特徴です。

二条家《にじょうけ》

二条藤《にじょうふじ》

九条道家の２男・良実《よしざね》が二条京極の邸宅を二条殿と称したのが家名の由来。摂関家で、九条家の一門のため、下がり藤をアレンジした紋を持つ。

九条家《くじょうけ》

九条藤《くじょうふじ》

藤原北家嫡流、藤原忠通《ただみち》の３男・兼実が祖。近衛家と並ぶ家柄で、もともと牡丹紋を使っていたが、九条藤に改めた。陶化《とうか》家という別名がある。

近衛家《このえけ》

近衛牡丹《このえぼたん》

摂関家の筆頭で、藤原北家嫡流、藤原忠通の長男基実《もとざね》が祖。九条家と並ぶ家柄で権勢をほこった。邸宅・近衛殿が家名の由来。陽明家という別名も。

三条家《さんじょうけ》

三条花角《さんじょうはなかく》

清華家。天皇の外戚として権勢を得た藤原北家閑《かん》院《いん》流の嫡流、藤原公実《きんざね》の２男・実行からはじまる。邸宅のあった三条高倉から家名が定まった。

鷹司家《たかつかさけ》

鷹司牡丹《たかつかさぼたん》

近衛家実の４男・兼平が祖。邸宅のあった鷹司室町が家名の由来。摂関家で近衛家一門のため、牡丹紋をアレンジした紋を持つ。別名は楊梅《やまもも》家。

一条家《いちじょうけ》

一条藤《いちじょうふじ》

九条道家の３男・実経《さねつね》の邸宅、一条殿が家名の由来。区画名から桃華《とうか》家とも。摂関家で九条家の分家であり、下がり藤をアレンジした紋を持つ。

公家の美意識を映す

「公家《こうけ》」はもともと天皇や朝廷・国家を指す言葉である。武士が勢力を増して、「武家」と称したことで、それに対して「公家」は朝廷に仕える人々の総称ともなった。さらに時代が下ると、公家間に家格が生まれ、天皇の住む御所に昇れる資格を持つ摂関家、清華家、大臣家、羽林家、名家、半家が「公家《くげ》」と呼ばれるようになった。公家の家紋は、その多くは衣装を飾った有職《ゆうそく》の文様が元になっているためにデザインが華やかで、公家の美意識が感じられる。

久我《こが》家《け》

久我《こが》龍胆《りんどう》車《ぐるま》

清華家。村上源氏の嫡流、具平親王の子孫・源雅実《まささね》がはじまり。京都伏見の久我にあった別荘が家名の由来。

徳大寺家

木瓜《もっこう》花菱《はなびし》浮線綾《ふせんりょう》

清華家。藤原北家閑院流の嫡流、藤原公実の４男・実能《さねよし》が祖。牛車《ぎっしゃ》の装飾に木瓜文様を用い、それが家紋となった。

醍醐家

一条《いちじょう》藤《ふじ》

清華家。摂関家一条家の分家で、一条昭良《あきよし》の２男・冬基《ふゆもと》が祖で家紋も一条藤。家名は従弟にあたる霊元天皇から授かった。

西園寺家

西園寺《さいおんじ》巴《ともえ》

清華家。藤原北家閑院流の嫡流、藤原公実の３男・通季《みちすえ》がはじまり。京都北山に創建した西園寺が家名の由来。

花山院家

菖蒲《あやめ》菱《ひし》

清華家。関白藤原師実の次男・家忠にはじまる。清和天皇の皇子の邸宅・花山院を譲り受け、家名となった。

広幡家

十六葉《じゅうろくよう》裏菊《うらぎく》

清華家。第106代正親町天皇の皇孫智仁《ともひと》親王の第３王子忠幸が臣籍降下し創立。元皇族のため、家紋は菊紋を用いた。

大炊御門《おおいのみかど》家《け》

菱《ひし》に片喰《かたばみ》

清華家。関白藤原師実《もろざね》の３男・経実《つねざね》を祖とする。邸宅が大炊御門大路の付近にあったことから家名となった。

今出川家

三《み》つ楓《もみじ》

清華家。西園寺家の庶家で、西園寺実兼《さねかね》の４男・兼季《かねすえ》が祖。邸宅に菊が多く植えられていたことから「菊亭家《きくていけ》」とも呼ぶ。

中山家

中山《なかやま》杜若《かきつばた》

羽林家。花山院家の庶流、花山院忠宗の３男・忠親《ただちか》が祖。花山院家と同じ杜若紋をアレンジした家紋を用いる。

三条西家

八《や》つ丁子《ちょうじ》

大臣家。正親町三条家の庶家で、正親町三条実継《さねつぐ》の次男公時《きんとき》が祖。歌人や古典学者を輩出し、多くの史料を現代に残した。

中院《なかのいん》家《け》

六《む》つ龍胆《りんどう》車《ぐるま》

大臣家。久我家の庶流。村上源氏の全盛期を築いた源通親《みちちか》の５男・通方《みちかた》が祖。村上源氏の共通紋、龍胆《りんどう》紋を用いる。

正親町三条家

正親町《おおぎまち》連翹《れんぎょう》

大臣家。閑院流三条家の庶家、三条実房《さねふさ》の次男公《きん》氏《うじ》が祖。邸宅が正親町東洞院にあり、嫡流と区別するために家名とした。

山科家

稲妻菱《いなづまびし》

羽林家。藤原北家四条家（魚名の系統）の庶家。家名は住まいとした京都山科荘に由来。装束や衣紋を家業とした。

冷《れい》泉《ぜい》家《け》

雪《ゆき》持《も》ち笹《ささ》

羽林家。藤原北家御子左家（道長六男・長家が祖）の庶家。歌道の師範家として栄えた。家名は冷泉小路に由来する。

綾小路家

笹《ささ》龍胆《りんどう》

羽林家。宇多源氏の流れで、第59代宇多天皇第8皇子の子孫・信有《のぶあり》が祖。宮廷歌謡の師範家として現在も伝わる。

正親町家

三《み》つ藤巴《ふじどもえ》

羽林家。西園寺家の庶流である洞院《とういん》家の庶流。洞院公守《きんもり》の次男・実明《さねあきら》が祖。西園寺家の巴紋をアレンジした紋を使う。

甘露寺家

勧《か》修《じゅう》寺《じ》笹《ささ》

名家。藤原高藤を祖とする勧修寺家の嫡流。祖先の建立した甘露寺が家名の由来。一門は共通して「竹に雀」を用いた。

勧修寺家

勧《か》修《じゅう》寺《じ》笹《ささ》

名家。醍醐天皇の外戚・藤原高藤が祖。京都山科に建てた勧修寺が由来。なお「勧修寺家」とは一門13家の総称でもある。

広橋家

対《むか》い鶴《つる》

名家。藤原北家冬嗣流、日野家の分家。日野資実《すけざね》の弟・頼資《よりすけ》が創立。当初は勘解由小路を称し、のちに広橋家を名乗った。

難波家

落《お》ち牡《ぼ》丹《たん》

羽林家。花山院家の庶家で、師実の5男・忠教《ただのり》が祖。蹴鞠《けまり》を家業とする師範家だった。分家に飛鳥井家がある。

COLUMN

平家没落で「竹に雀」が大人気に？

「竹に雀」は平氏一門の平頼盛が用いた家紋だった。しかし平氏滅亡後、勧修寺家はもともとの雀紋に竹を加え、「竹に雀」を使いはじめた。竹と雀は「繁栄」を表す縁起のよい紋。勧修寺家の一族が家紋とし、一族の中でも関東管領上杉家の紋は、東国武家のあこがれの紋となる。のちに上杉氏から伊達氏に贈られ、これが伊達家の「仙台笹」となったという。

上《うえ》杉《すぎ》笹《ささ》

仙《せん》台《だい》笹《ささ》

日野家

鶴《つる》の丸《まる》

名家。右大臣藤原内麻呂の子孫・家宗《いえむね》が祖。京都伏見の日野が家名の由来。8代将軍足利義政の正室・日野富子が有名。

04

歌舞伎の家紋名鑑

歌舞伎役者は家を象徴する家紋を持ち、シンボルとしました。役者の紋は宣伝や装飾の一部にも使われ、大流行したのです。

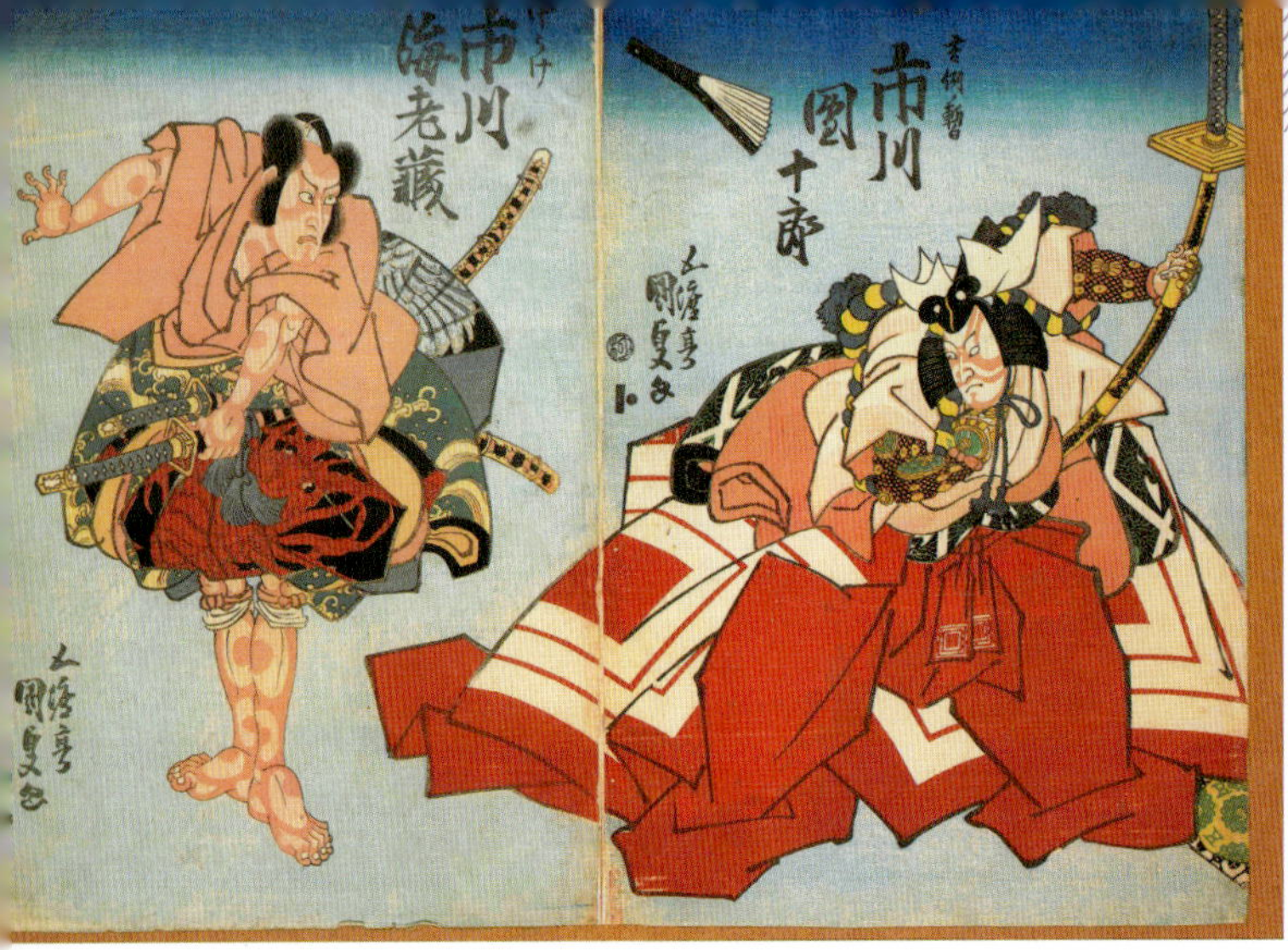

歌川国貞「恋入対弓取」（東京都立中央図書館蔵）
成田屋の役者紋をデザインした『暫』鎌倉権五郎景政の衣装。

中村勘三郎

隅《すみ》切《き》り角《かく》に銀杏《いちょう》

屋号は中村屋。元は芝居小屋中村座の座元で、小屋の家紋を受け継いだ。

尾上菊五郎

重《かさ》ね扇《おうぎ》に抱《だ》き柏《かしわ》

屋号は音羽屋。贔屓《ひいき》から扇にのせた柏餅を贈られたことが由来という。

市川團十郎

三枡《みます》

屋号は成田屋。初舞台の祝いに贈られた３つの枡が由来など諸説ある。

歌舞伎が家紋を普及

歌舞伎は、江戸時代の三大娯楽（相撲、歌舞伎、遊郭）として庶民の人気を集めた芝居である。

役者たちは、家の象徴である家紋を自分のシンボルとして衣装や道具に用いた。やがてそれは、たとえば「三枡《みます》」は團十郎の家芸『暫《しばらく》』には欠かせない文様となるなど、家に伝わる芸の伝統をも象徴する印となった。

庶民は、役者の紋が入った楽屋着や手ぬぐいを買い求めて身につけ、大流行が起こった。歌舞伎の家紋は庶民への家紋の普及に一役買ったのである。

松本幸四郎

四《よ》つ花菱《はなびし》

屋号は高麗屋。市川團十郎の弟子筋にあたる家柄である。

中村吉右衛門

揚《あげ》羽《は》蝶《ちょう》

屋号は播磨屋。初代は尾上菊五郎と「菊吉時代」を作り、盛り上げた。

中村歌《か》六《ろく》

桐《きり》揚《あげ》羽《は》蝶《ちょう》

屋号は萬屋。初代中村錦之助が播磨屋から独立し名乗った。

片岡仁左衛門

丸《まる》に二《ふた》つ引《ひき》

屋号は松嶋屋（7代目から）。替紋は追っかけ五枚銀杏。

市川左團次

松皮菱《まつかわびし》に鬼蔦《おにつた》

屋号は高島屋。替紋「松皮菱に鬼蔦」をよく使う。定紋は「三升に左の字」。

片《かた》岡《おか》市《いち》蔵《ぞう》

銀杏《いちょう》丸《まる》

屋号は松島屋。初代は敵役を演じ、「実悪《じつあく》の親玉」と呼ばれた。

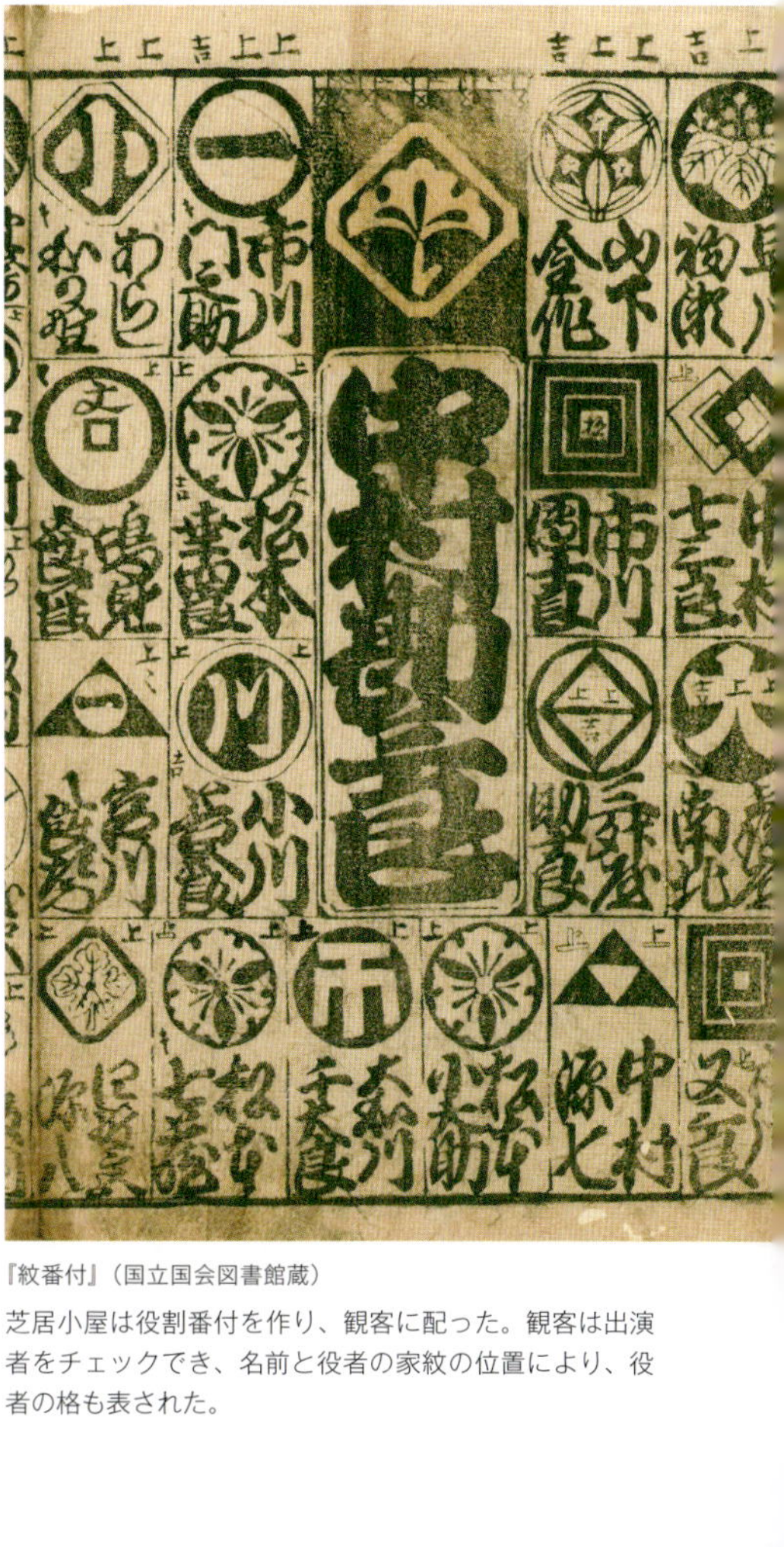

『紋番付』（国立国会図書館蔵）

芝居小屋は役割番付を作り、観客に配った。観客は出演者をチェックでき、名前と役者の家紋の位置により、役者の格も表された。

瀬川菊之丞

丸《まる》に結綿《ゆいわた》

屋号は濱村屋。かつては女形を象徴する大名跡だった。

岩井半四郎

丸《まる》に三《み》つ扇《おうぎ》

屋号は大和屋。初代の実家が扇商人だったことが家紋の由来。

市川猿之助

八重《やえ》沢瀉《おもだか》

屋号は沢瀉屋。現在はスーパー歌舞伎で有名。替紋は三つ猿。

坂《ばん》東《どう》三《み》津《つ》五《ご》郎《ろう》

三《み》つ大文字《だいもじ》

屋号は大和屋。初代は大阪だったが江戸へ出た。替紋は花勝見。

神社の家紋名鑑

正式に神紋を定めていない神社もありますが、祭神が使っていた家紋など、ゆかりのある紋章が神紋となるケースが見られます。

諏訪大社上社前宮

鹿島神宮

尾《お》長巴《ながともえ》

祭神・武甕槌神《たけみかづちのかみ》は藤原氏の氏神として、また武神として東国武士に信仰された。ほかに五三桐も用いる。

鹽竈《しおがま》神社

鹽竈桜《しおがまさくら》

境内には八重桜の一種で天然記念物でもある鹽竈桜が植えられており、神紋となった。ほかに尾長の三つ巴も用いる。

諏訪大社

四《よん》本《ほん》根《ね》梶《かじ》の葉《は》

古来より神紋は梶葉紋と知られる。上下二社からなり、上社は四本根の「諏訪梶」、下社の紋は五本根の「明神《みょうじん》梶」。

氣多大社

丸《まる》に山桜《やまざくら》

祭神は国造り神話で知られる大己貴命《おおなむちのみこと》（大国主神《おおくにぬしのかみ》）。神紋の山桜紋は、神職である櫻井家の家紋が由来である。

氷川神社

八《や》雲《くも》

祭神・須佐之男命《すさのおのみこと》が詠んだ「八雲たつ 出雲八重垣 妻籠みに 八重垣作る その八重垣を」が雲紋の由来であるという。

神社の紋章はさまざま

神紋は神社の紋章で、その発祥はさまざまだ。

祭神がもともと紋章を持つ場合、たとえば梅を好んだ菅原道真を祭神とする天満宮の神紋は梅紋である。応神天皇（誉田別命《ほんだわけのみこと》・八《や》幡神《はたのかみ》）を祭神とする神社は巴紋を用いる。応神天皇が生まれた時、腕の筋肉が、まるで弓具の鞆《とも》（巴紋は鞆の図案化といわれる）のように盛り上がっていたことにちなみ、八幡神社では巴紋を使う。

さらに神社の後援者のうち、有力な氏子の家紋を神紋とすることもある。

八坂神社南楼門の門帳
※こちらの門帳は大祭期間および7/10～7/28の祇園祭期間のみ掲げられる。

八坂神社

左三つ巴・五瓜に唐花
(ひだりみつどもえ・ごかにからはな)

祭神は素戔嗚尊など3柱をまつる。神紋は、祇園執行家である紀氏にゆかりのある木瓜紋と三つ巴をあわせたもの。

伊勢神宮

花菱
(はなびし)

天照大神をまつる内宮と豊受大神をまつる下宮からなる。正式な神紋はないが、神殿の飾り金具の花菱を用いる。

熱田神宮

桐笹
(きりささ)

三種の神器・草薙神剣を神体とする熱田大神をまつる。神紋は、神に捧げる神衣に桐と笹を用いることから。

厳島神社

三つ盛り亀甲に剣花菱
(みつもりきっこうにけんはなびし)

神紋の由来は諸説あり、祭神の宗像三女神を表した説、末社の御床神社が鎮座する岩盤の亀裂の形から生まれたとも。

大神神社
(おおみわ)

三つ杉
(みつすぎ)

日本最古の神社で、祭神は三輪山に鎮座する大物主神。古来より「三輪の神杉」と神聖視され、神紋の由来に。

出雲大社

亀甲に剣花菱
(きっこうにけんはなびし)

神紋は、神聖な亀甲紋と、祭神に用いる装束につけた剣花菱をあわせたもの。二重亀甲に有の字の紋も用いた。

伏見稲荷神社

抱き稲
(だきいね)

全国に約3万社の稲荷神社の総本社。稲荷は「稲生り」「稲刈り」が語源といわれ、神紋のもとになった。

大神神社 巳の神杉
(写真提供：大神神社)

宗像大社
(むなかた)

実付き楢の葉
(みつきならのは)

宗像三女神をまつる。神紋は十六葉八重菊。また境内にある樹齢約550年の楢の木に実をあしらった紋も用いる。

宇佐神宮

尾長巴
(おながともえ)

全国に約4万社ある八幡宮の総本宮。応神天皇など3神をまつり、神紋も十六葉八重菊、尾長巴、五七桐を用いる。

太宰府天満宮

梅
(うめ)

祭神は菅原道真。道真を慕って一夜で都から飛んだ御神木・飛梅をはじめ、天満宮では梅が象徴となっている。

06 寺社の家紋名鑑

寺紋は、お寺の創建者や庇護者、菩提寺とする家の家紋をそのまま使うことが多く、ひとつの寺社が複数の紋章を用いることもあります。

中尊寺　本堂
（写真提供・中尊寺）

建長寺

北条鱗《ほうじょううろこ》

鎌倉幕府５代執権北条時頼が、宋の蘭渓道隆《らんけいどうりゅう》を招いて建長寺を創建。寺紋も北条家と同じ北条鱗を用いた。

中尊寺

宝相華《ほうそうげ》鎹山《かすがいやま》

奥州藤原氏初代清衡《きよひら》が造営。寺紋は唐草文様の一種「宝相華《ほうそうげ》」に、天台宗の寺に見られる鎹山《かすがいやま》紋をつけたもの。

永平寺

久我龍胆車《こがりんどうぐるま》

曹洞宗の開祖で、永平寺を建立した道元は公家の久我家の出身。明治期の社殿再建時、久我家の家紋を寺紋とした。

善光寺

立《た》ち葵《あおい》

信濃の人・本田善光が都で拾った阿弥陀仏を安置するため、善光寺を建立。本田家の家紋をそのまま寺紋とした。

浅草寺

丸《まる》に変《か》わり五《いつ》つ割《わ》り万字《まんじ》

隅田川で投網をした兄弟が観音様を得て、後年、本尊として寺院を建立した。吉祥を表す卍紋を寺紋としている。

関連する家紋を用いる

寺紋は、お寺の紋章である。その発祥は、公家に関わりのある門跡寺院、武家が建立した菩提寺など、関係する氏族の家紋を、そのまま寺紋として用いることが多いようだ。たとえば、増上寺は徳川家の菩提寺のため、「三つ葉葵」が寺紋である。

また、宗派を開いた僧侶の家紋をそのまま寺紋にしたもの、寺院の山号を紋章化したものもある。たとえば、永平寺を開いた道元が久我家の出身のため、永平寺の寺紋は道元生家の「久我龍胆車《こがりんどうぐるま》」を用いている。

久遠寺　祖師堂
（写真提供・身延山久遠寺）

長谷寺

輪《わ》違《ちが》い

寺紋は、凡人と聖者がもとは同じであるという「凡聖《ぼんしょう》不《ふ》二《に》」を表す。長谷寺は真言宗豊山派の総本山で宗紋でもある。

紀三井寺

三《み》つ井筒《いづつ》

寺の名称のうち、「三井寺」は「境内に三つの井戸がある寺」から。そこから寺紋の「三つ井筒」も生まれた。

久遠寺

近衛《このえ》牡丹《ぼたん》

日蓮宗総本山。31世日脱が朝廷参内のため、近衛家の猶子となり、参内用具に紋章をつけたことから寺紋とした。

醍《だい》醐《こ》寺《じ》

醍《だい》醐《ご》桐《きり》

戦乱で荒廃した寺は秀吉の援助で復興。そのため三宝院唐門には秀吉の持つ五七桐と、勅使門であるため十二菊が用いられた。

清水寺

園《その》家《け》抱杏葉《だきぎょうよう》

清水寺塔頭・成就《じょうじゅ》院の住職となるには、園家の猶子となるしきたりがあり、そのため寺紋にも園家家紋を用いた。

延暦寺

菊《きく》輪《りん》宝《ぼう》

最澄が創建した天台宗総本山。比叡山に自生する叡山菊に、仏教の法輪を重ねて寺紋としている。菊紋は十六葉八重菊。

善通寺

十六葉《じゅうろくよう》八重菊《やえぎく》に善《ぜん》の字《じ》

空海が父・佐伯善通《さえきのよしみち》の邸宅を6年かけて寺に改めた。菊は空海も参加した遣唐使により中国から伝来したもの。

醍醐寺　三宝院唐門
（写真提供・醍醐寺）

宝《ほう》厳《ごん》寺《じ》

十《じゅう》五《ご》枚《まい》笹《ざさ》

琵琶湖の竹生島にある真言宗の寺。聖武天皇の勅願で、行基が弁才天をまつり創建したと伝わる。寺紋は竹生島にちなむという。

西本願寺

九《く》条藤《じょうふじ》

浄土真宗本願寺派の本山。九条家との猶子、姻戚関係など、古くから関係があるため、寺紋に九条藤を使う。

仁和寺

桜《さくら》に二《ふた》つ引《ひき》

光孝天皇と宇多天皇により建立した最初の門跡寺院。御《お》室桜《むろざくら》で知られる桜の名所で、寺紋も桜紋を用いた。

07 モチーフ別 家紋の図鑑

家紋は、おもに植物、動物、器材、文様、天文をモチーフにした図柄で描かれています。多種多様な家紋のデザインを見ていきましょう。

植物紋

葵《あおい》

葵紋は、ハート形の葉が特徴のフタバアオイがモチーフで、約200種類ものバリエーションがあるといわれている。徳川家が家紋として利用し、江戸時代は独占紋として使用が制限された。フタバアオイは葉が2枚であり、京都の賀茂神社はその2葉の葵を神紋として用いている。

徳川《とくがわ》葵《あおい》

二《ふた》葉《ば》葵《あおい》

西条《さいじょう》三《み》つ葵《あおい》

本《ほん》多《だ》立《た》ち葵《あおい》

水《み》戸《と》六《む》つ葵《あおい》

立《た》ち葵《あおい》

植物紋

銀杏《いちょう》

銀杏は強い生命力をもつ樹木であり、家が末永く存続するよう願いを込めて家紋のモチーフに好まれる植物だ。扇状の葉は図案化しやすく、さまざまなバリエーションの紋が考案された。木曽義仲の子孫という大石氏をはじめとする武家や、藤原氏系の公家などの家紋に採用されている。

一《ひと》つ銀杏巴《いちょうともえ》

六角《ろっかく》三《み》つ割《わ》り銀杏《いちょう》

三《み》つ組《く》み重《かさ》ね銀杏《いちょう》

剣《けん》三《み》つ銀杏《いちょう》

丸《まる》に重《かさ》ね銀杏《いちょう》

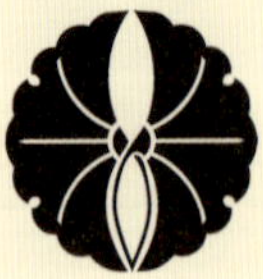
抱《だ》き銀杏《いちょう》

植物紋

稲《いね》

稲は日本人がもっとも重視してきた植物。世界的に文様にあまり使われておらず、日本独自に文様・紋章化したものとみられる。熊野神社の神官で、天皇より穂積姓を賜った穂積一族の鈴木氏が稲紋の8割を使用しているとも。神道関連や雀など、他の図柄と組み合わせた家紋が多いのも特徴である。

右廻《みぎまわ》り一《ひと》つ稲《いね》の丸《まる》

右追《みぎお》い掛《か》け稲菱《いねびし》

糸輪《いとわ》に立《た》ち稲《いね》

一本稲《いっぽんいね》

丸《まる》に抱《だ》き稲《いね》

植物紋

梅《うめ》

梅は8世紀頃に中国から渡来した植物である。春の到来を告げる花として貴族の間で愛され、紋に取り入れられるようになった。菅原道真も梅を好んだことから太宰府天満宮では「梅の花」、北野天満宮は「星梅鉢」と、道真を祀る神社の神紋には梅を図案化したものが共通点となっている。

加賀《かが》前田《まえだ》梅鉢《うめばち》

葉付《はつ》き三《み》つ横見梅《よこみうめ》

梅鉢《うめばち》

梅《うめ》の花《はな》

丸《まる》に向《む》こう梅《うめ》

植物紋

沢瀉《おもだか》

沢瀉は水田や湿地に自生する野草で「面高」とも呼ばれ、「面目が立つ」という言葉にも通じた。奈良時代の頃に図案化され、牛車や武具の装飾に使われた。使用家が多く、十大家紋のひとつ。葉の形が矢尻に似ているため、武家も多く用い、豊臣秀吉の親族である浅野家や福島家も家紋に使っていた。

大関《おおぜき》沢瀉《おもだか》

三《み》つ寄《よ》せ沢瀉《おもだか》

木下《きのした》沢瀉《おもだか》

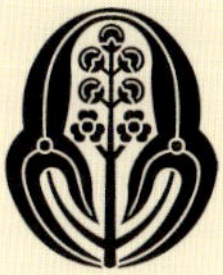
長門《ながと》沢瀉《おもだか》

水野《みずの》沢瀉《おもだか》

植物紋

梶《かじ》

梶はクワ科の落葉樹である。葉や皮は神事の際に用いる食器となり、図案化した葉は諏訪神社の神紋として使われている。信濃（長野県）・甲斐（山梨県）では、諏訪大社の神官家一族や、諏訪大社を信仰する武士が多く家紋とした。「抱き梶」「割り梶」など図柄のバリエーションも豊富である。

梶《かじ》の葉《は》

諏訪《すわ》梶《かじ》の葉《は》

割《わ》り梶《かじ》の葉《は》

抱《だ》き梶《かじ》の葉《は》

三《み》つ追《お》い梶《かじ》の葉《は》

植物紋

柏《かしわ》

柏は葉が大きいブナ科の落葉樹。梶の場合と同様、柏の葉は古代から神前に供《そな》える食器として使われた。そのため神聖視され、神道の家である卜部《うらべ》一族が多く用いた。やがて武家の家紋としても使用され、江戸時代には土佐藩主・山内家をはじめとして130もの大名や旗本の家紋となっている。

丸《まる》に一《ひと》つ柏《かしわ》

土佐《とさ》柏《かしわ》

丸《まる》に違《ちが》い柏《かしわ》

三《み》つ柏《かしわ》

中川《なかがわ》抱《だ》き柏《かしわ》

植物紋

片喰《かたばみ》

カタバミ科の多年草。繁殖力が強いことから子孫繁栄につながるとされ、古くから公家や武家の家紋として多く用いられた。葉の枚数の違い、花や実を模したものなどさまざまなデザインがある。江戸時代に葵紋の使用が禁じられた際に、片喰紋に変更する幕臣が増えて約160家が使用していた。

丸《まる》に片喰《かたばみ》

姫路《ひめじ》剣《けん》片喰《かたばみ》

実《み》片喰《かたばみ》

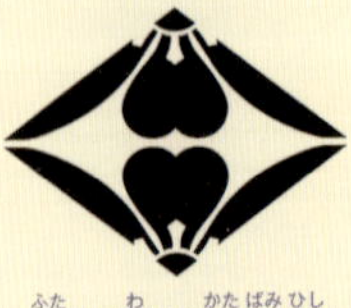

二《ふた》つ割《わ》り片喰菱《かたばみひし》

変《か》わり姫路《ひめじ》片喰《かたばみ》

植物紋

菊《きく》

菊は中国から渡来した植物で、高貴な香りが貴族たちに好まれた。天皇家の家紋として使われ、臣下に下賜《かし》された。花弁の数を違えたり、葉や茎を組み合わせるなどして多彩なデザインがあり、室町時代には武家の間でも使われたが、明治から昭和にかけては使用を制限された。

籬架菊《ませきく》

抱《だ》き菊《きく》の葉《は》に菊《きく》

十六葉八重表菊《じゅうろくようやえおもてきく》

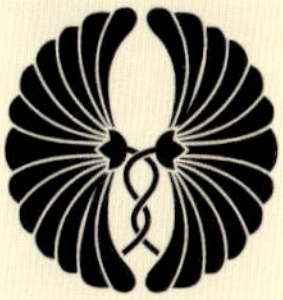
抱《だ》き開《ひら》き菊《きく》

菊水《きくすい》

葉菊菱《はきくびし》

乱菊《らんきく》

千葉菊《ちばきく》

上下割《じょうげわ》り菊《きく》

大宮菊《おおみやきく》

植物紋

桐《きり》

古くから人々に愛された樹木で、万葉の歌人たちにも詠われてきた。五大家紋に数えられ、菊と並んで天皇家を代表する家紋となっている。下賜された公家や武家により、独自のアレンジがくわえられた紋も多い。また、現在は日本政府も慣例として使用している。

花桐《はなきり》

上杉桐《うえすぎきり》

五七桐《ごしちきり》

花桐車《はなきりくるま》

五七割桐《ごしちわりきり》

桐《きり》の枝丸《えだまる》

捻《ね》じ桐車《きりくるま》

中陰五三桐《ちゅうかげごさんきり》

細川桐《ほそかわきり》

太閤桐《たいこうきり》

植物紋

竹・笹《たけ・ささ》

竹・笹は、区別せずに扱われる。笹は「清廉潔白」「節操」を表す植物として、まず公家の紋として使用された。ほかの動植物と組み合わせて多種多様な紋が考案され、なかでも上杉家の「竹に雀」や、上杉家から贈られた紋をアレンジした伊達家の「仙台笹」などが有名である。

上杉笹《うえすぎささ》（竹《たけ》に雀《すずめ》）

雪持《ゆきも》ち笹《ささ》

三枚笹《さんまいささ》

熊笹《くまささ》

仙台笹《せんだいささ》

鳥居笹《とりいささ》

切《き》り竹《たけ》に舟《ふね》

枝丸《えだまる》

根笹《ねささ》

笹船《ささぶね》

植物紋

橘《たちばな》

橘はミカン科の常緑小高木で、内裏（天皇の御所）の紫宸殿《ししんでん》前にも植えられており、「右近の橘、左近の桜」と称される日本固有の植物である。橘氏族の家々や、武家では井伊家などの家紋に使用されている。十大家紋のひとつに数えられ、とくに西日本に多い家紋である。

薬師寺橘《やくしじたちばな》

井伊橘《いいたちばな》

橘《たちばな》

向《む》こう橘《たちばな》

三《み》つ割《わ》り橘《たちばな》

花橘《はなたちばな》

黒田橘《くろだたちばな》

枝橘《えだたちばな》

抱《だ》き橘《たちばな》

葉陰橘《はかげたちばな》

植物紋

桔梗《ききょう》

桔梗は、浅い紫色と整った形が美しく、古くから文様に多く使われた。花弁が正五角形に並ぶ単純な図柄が基本。清和源氏土岐《とき》家の家紋として知られ、土岐家の地盤だった岐阜県や高知県、鹿児島県で多くみられる。

土《と》岐《き》桔《き》梗《きょう》

上《じょう》下《げ》割《わ》り桔《き》梗《きょう》

三《み》つ横《よこ》見《み》桔《き》梗《きょう》

捻《ね》じ桔《き》梗《きょう》

丸《まる》に八《や》重《え》桔《き》梗《きょう》

陰《いん》陽《よう》桔《き》梗《きょう》

植物紋

桜《さくら》

桜は、古代から日本で愛された花である。花弁を図案化した文様を、公家は装束や調度品などに、武家は武具の装飾などに用いられた。京都や東海地方で見られる家紋だが、家紋に採用する有名家は少なかったようだ。

桜《さくら》

細《ほそ》川《かわ》桜《さくら》

八《や》重《え》山桜《やまざくら》

三《み》つ割《わ》り細《ほそ》山桜《やまさくら》

九《く》曜《よう》桜《さくら》

葉《は》付《つ》き三《み》つ割《わ》り山桜《やまさくら》

植物紋

杉《すぎ》

杉は日本固有種の常緑高木で、古代神道との関係も深く、神樹として神域に植えられてきた。杉は三輪信仰に関わる家紋で、大神神社の神紋など古代氏族大神氏の子孫に多く用いられる。また名字に「杉」の字を使う家に多くみられる。徳川譜代の家臣である本多家の「一本杉」などが有名である。

一《いっ》本《ぽん》杉《すぎ》

本《ほん》多《だ》一《いっ》本《ぽん》杉《すぎ》

割《わ》り杉《すぎ》

三《み》つ割《わ》り杉《すぎ》

社《しゃ》頭《とう》杉《すぎ》

植物紋

茶の実《ちゃのみ》

茶の実紋は橘紋によく似ているが、茶の実紋では橘紋にある実の後ろに描かれる3枚の葉を描かない。武家社会で茶道が流行するようになり、家紋とする家が現れたという。江戸時代以前の史料にはみられないが、使用例は少なくない。京都府、兵庫県、宮城県、関東地方に多くみられる家紋である。

亀甲《きっこう》三《み》つ茶《ちゃ》の実《み》

三《み》つ葉《ば》埋《うず》み茶《ちゃ》の実《み》

一《ひと》つ茶《ちゃ》の実《み》

糸菱《いとひし》に覗《のぞ》き茶《ちゃ》の実《み》

花《はな》三《み》つ茶《ちゃ》の実《み》

植物紋

丁子《ちょうじ》

丁子は、香辛料に使われるクローブのこと。5~6世紀には日本にも輸入され、香料などに珍重された。1本に3枚の葉をもち、「丸に違い丁子」が一般的。公家の三条西家が使う「八つ丁子」が有名である。

八《や》つ丁子《ちょうじ》

丸《まる》に違《ちが》い丁子《ちょうじ》

丸《まる》に一《ひと》つ丁子《ちょうじ》

組《く》み合《あ》わせ二《ふた》つ丁子《ちょうじ》

子持《こも》ち抱《だ》き丁子《ちょうじ》

三《み》つ盛《も》り違《ちが》い丁子《ちょうじ》

植物紋

蔦《つた》

蔦文様は平安時代から絵巻物や調度品に多く描かれてきた。紅葉する色彩が美しく、特に能や狂言などの舞台衣装によくみられる。家紋には蔦の花や蔓よりも、蔦の葉を図案化したものがとても多い。使用家が多く、十大家紋のひとつ。石川県や新潟県、富山県などの北陸地方に多い家紋である。

割《わ》り蔦《つた》

鬼蔦《おにつた》

丸《まる》に蔦《つた》

蔦《つた》の花《はな》

結《むす》び蔦《つた》

植物紋

鉄線《てっせん》

鉄線は、強い蔓を持つことからこの名で呼ばれる。江戸時代には茶会を飾る花としても好まれ、これを家紋に使う家が増えた。鉄線紋は実を描いたものが多数派。東日本には比較的多く、西日本では珍しい。

花鉄線《はなてっせん》

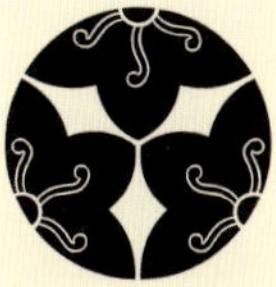
三《み》つ割《わ》り鉄線《てっせん》

鉄線《てっせん》

三《み》つ鉄線《てっせん》

菊座花鉄線《きくざはなてっせん》

五《いつ》つ鉄線《てっせん》

植物紋

柊《ひいらぎ》

柊は、魔除けのために鬼門の方角に植え、生垣などにも使われた常緑樹。文様として使われることは少なかったが、魔除け効果を期待して家紋の図柄に用いた。北陸から西日本にかけて、比較的よくみられる。

四《よ》つ追《お》い柊《ひいらぎ》

抱《だ》き柊《ひいらぎ》

丸《まる》に一《ひと》つ柊《ひいらぎ》

市《いち》の橋《はし》柊《ひいらぎ》

江《え》原《ばら》柊《ひいらぎ》

三《み》つ柊《ひいらぎ》

植物紋

瓢《ひさご》

瓢は、食用や加工品として太古の頃から栽培された植物。神霊が宿り、開運や魔除けの効果があると信じられてきた。豊臣秀吉が「一《ひと》つ瓢箪《ひょうたん》」を馬印にしたことで有名になり、家紋として使う家が増えたといわれる。

瓢桐《ひさごきり》

三《み》つ追《お》い瓢《ひさご》

丸《まる》に一《ひと》つ瓢《ひさご》

千《せん》成《な》り瓢《ひさご》

八《や》つ瓢車《ひさごくるま》

割《わ》り瓢菱《ひさごびし》

植物紋

藤《ふじ》

古来より一部の藤原氏が家紋として用い、武家や庶民の家紋にも使われるようになる。江戸時代には幕臣約160家の家紋となっていた。藤の葉を左右からのばして円を描く「藤丸」や十字形の「八つ藤」が多く、ほかにも葉の配置でさまざまなデザインが生まれている。

下《さ》がりばら藤《ふじ》

上《あ》がり藤《ふじ》

下《さ》がり藤《ふじ》

三《み》つ藤巴《ふじともえ》

花《はな》藤車《ふじぐるま》

丸《まる》に違《ちが》い藤《ふじ》の花《はな》

八《や》つ藤《ふじ》

東六条角《ひがしろくじょうかく》六《む》つ藤《ふじ》

三《み》つばら藤《ふじ》

九条藤《くじょうふじ》

植物紋

牡丹《ぼたん》

中国では百花の王として、もっとも高貴な植物とされた。8世紀頃には日本にも伝わり、貴族の筆頭である藤原氏の家紋として用いられた。貴族の衣服や牛車《ぎっしゃ》につける文様として使われ、摂関家の近衛家や鷹司家の家紋となる。武家では摂津（大阪・兵庫の一部）多田源氏の一族に多い。

葉付《はつ》き牡丹《ぼたん》

落《お》ち牡丹《ぼたん》

大割《おおわ》り牡丹《ぼたん》

蟹牡丹《かにぼたん》

上野牡丹《うえのぼたん》

近衛牡丹《このえぼたん》

抱《だ》き牡丹《ぼたん》

唐草牡丹菱《からくさぼたんびし》

鹿島牡丹《かしまぼたん》

鷹司牡丹《たかつかさぼたん》

植物紋

松《まつ》

松は、梅・竹とともに「歳寒《さいかん》の三《さん》友《ゆう》」と清廉な文人を表すイメージをもち、さらに長寿をイメージする縁起のよい樹木として、古くから文様として用いられた。家紋としては公家の五条家が用いた「三階松」が有名である。

松が多く自生する西日本の各地、中国地方や四国などでは比較的よくみかける。

一《ひと》つ松《まつ》

右《みぎ》寄《よ》り三《さん》階《かい》松《まつ》

櫛《くし》松《まつ》

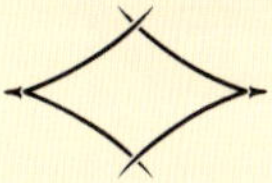
松《まつ》葉《ば》菱《ひし》

松《まつ》蓋《かさ》菱《ひし》

植物紋

茗荷《みょうが》

茗荷は大陸から伝来した植物で、食用の栽培植物として各地に広がった。仏の加護を受けるという意味の「冥加」という言葉にかけて、縁起を担いで家紋に使う家が多かった。大半の家紋が「抱き茗荷」となっている。

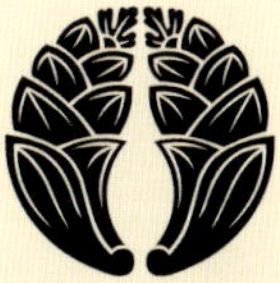
抱《だ》き茗荷《みょうが》

稲《いな》垣《り》茗荷《みょうが》

丸《まる》に陰陽《いんよう》茗荷《みょうが》

三《み》つ追《お》い茗荷《みょうが》

一《ひと》つ蔓《つる》茗荷《みょうが》の丸《まる》

茗荷《みょうが》の花《はな》

植物紋

龍胆《りんどう》

青紫色の釣鐘状の花をつける多年草。平安時代から村上源氏の一族の紋として用いられた。3つの花と5つの葉で構成するのが基本形だが、「抱き」や「合わせ」、蝶に擬態したものなどデザインの種類は豊富である。江戸時代以降、清和源氏一族にも家紋に使う家が増えて、全国各地に広まった。

笹《ささ》龍胆《りんどう》

二《ふた》つ葉《は》龍胆《りんどう》

久《こ》我《が》龍胆《りんどう》

池《いけ》田《だ》三《み》つ龍胆《りんどう》

蔓《つる》笹《ささ》龍胆《りんどう》

そのほかの植物紋

葛《くず》

葛《くず》の花《はな》

葛はマメ科の多年草。奈良時代は蔓草文様は葛花文と呼んだ。家紋は葛の花をかたどったもので、葛の字を含む名字の諸氏が用いた。

杜若《かきつばた》

杜若《かきつばた》の花《はな》

杜若はアヤメ科の多年草。濃紫色の花は衣服の文様や車紋に用いられ、家紋となった。京都府に多くみられる。

楓《かえで》

丸《まる》に楓《かえで》

楓の葉の形が蛙の手に似ていることから、カエルデ→カエデとなった。紋は葉のみ、葉と枝・幹を描いたものがある。

瓜《うり》

軸《じく》のせ瓜《うり》

子孫の繁栄を願う家紋。文様には真桑瓜《まくわうり》が用いられる。カボチャに似た阿古陀瓜《あこだうり》がモチーフの家紋も。茨城、埼玉など関東地方にみられる。

梨《なし》

梨切口《なしきりくち》

ベースとなった植物は不明。果実の切り口が唐梨《からなし》に似ていることから、梨紋、唐梨紋と呼ばれる。愛知県を中心に東海地方に多い。

棕櫚《しゅろ》

棕櫚《しゅろ》

棕櫚はヤシ科の常緑高木。神霊の憑代《よりしろ》として文様・家紋となった。紋は葉が開いた団扇《うちわ》状に描かれる。静岡、愛知などに分布。

歯朶《しだ》

歯朶《しだ》の丸《まる》

紋のモチーフはウラジロで、正月のしめ縄、鏡餅などに飾られる植物。文様のほか、鎧や兜の意匠としても用いられた。

河骨《こうほね》

丸《まる》に一《ひと》つ河骨《こうほね》

池や沼に生えるスイレン科の多年草。葵紋によく似ており、江戸幕府による葵紋の使用制限から生まれた文様である。

蘭《らん》

三《み》つ蘭《らん》

８世紀前半、奈良時代に中国から渡来した鑑賞花。紋は花のみ描いたものと、花と葉を描いたものがある。とても珍しい家紋である。

芭蕉《ばしょう》

違《ちが》い芭蕉《ばしょう》

長さ２メートルの葉をもつバショウ科多年草。武家では芭蕉の葉を破って必勝を祈るため、紋でも一部が破れている。

南天《なんてん》

三《み》つ葉《ば》南天《なんてん》

南天は「難を転ずる」という言葉に通じる縁起のよい植物。江戸時代以降、園芸の愛好家によって用いられたという。

撫子《なでしこ》

撫子《なでしこ》

中国より渡来した唐撫子《からなでしこ》（石竹《せきちく》）を紋としたもの。花を描いたものが多く、武家が用いた。長野、石川、岐阜などでみられる。

動物紋

板屋貝《いたやがい》

帆立貝によく似た形状の二枚貝で、山陰地方や九州の沿岸に生息する。描きやすい形状であり、また、兜にも似ていることから、武士が家紋に用いた。個数や配置を違えて、さまざまな形の図案がある。

板屋貝《いたやがい》

二《ふた》つ板屋貝《いたやがい》

二葉《ふたば》板屋貝《いたやがい》

板屋貝車《いたやがいくるま》

割《わ》り板屋貝《いたやがい》

三《み》つ板屋貝《いたやがい》

動物紋

馬《うま》

軍用馬や農耕馬として、馬は日本人の生活に欠かせない動物だが、文様にはあまり使われていない。相馬《そうま》氏の紋として知られ、その本拠地が馬の名産地のため、家紋として使われたという。相馬氏の家伝によると、相馬氏の先祖・平将門が神より黒馬を授かった故事にちなむ。福島、茨城、千葉に多い。

走《はし》り馬《うま》

相馬繋《そうまつな》ぎ馬《うま》

不破神馬《ふわしんば》

方杭覇馬《かたくいはば》

放《はな》れ馬《うま》

動物紋

亀《かめ》

長寿や瑞兆《ずいちょう》の動物として親しまれてきた。しかし、亀甲を家紋とする家はよくみられるが、亀そのものを家紋とするのは少数派である。『寛政重修諸家譜』に若干名ながら亀紋を使用する家がみられる。

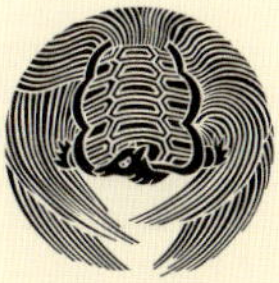

下《くだ》り亀《かめ》

上《のぼ》り亀《かめ》

光琳亀《こうりんかめ》

向《む》こう亀《かめ》の丸《まる》

親子亀《おやこかめ》

二《ふた》つ追《お》い亀《かめ》

動物紋

雁金《かりがね》

平安時代、渡り鳥の雁《かり》に「雁金」の字を当て、さまざまな文様に用いた。武士が武具の意匠や家紋に使用した紋でもある。紋では、羽根の描き方に特徴がある。通常の雁金紋は口を閉じているが、2羽で描かれる場合は、口を阿吽《あうん》（口を開いた阿形と口を閉じた吽形）に描くことが多い。

二《ふた》つ雁金《かりがね》

結《むす》び雁金《かりがね》

雁金《かりがね》

対《むか》い嘴合《はしあ》い雁金《かりがね》

金輪《かなわ》雁金《かりがね》

二羽《にわ》飛《と》び雁《かり》

尻合《しりあ》わせ三《み》つ雁金《かりがね》

小串《おぐし》雁金《かりがね》

尻合《しりあ》わせ三《み》つ結《むす》び雁金《かりがね》

四《よ》つ盛《も》り雁金菱《かりがねひし》

動物紋

蝶《ちょう》

蝶は不死再生や子孫繁栄を表現する動物で、その文様は貴族・武家ともに愛されて、甲冑などにも描かれた。平氏一族が家紋として使ったことで諸国に分布し、江戸時代には300余家にもなる幕臣の家紋となった。伊勢平氏の本拠地である三重県に多く、中部・東海地方に分布する。

伊豆蝶《いずちょう》

浮線蝶《ふせんちょう》

揚羽蝶《あげはちょう》

建部蝶《たてべちょう》

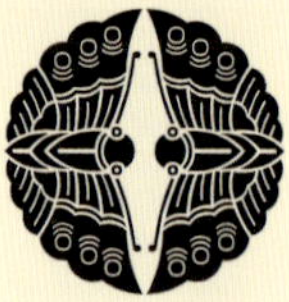
対《むか》い蝶《ちょう》

対《むか》い鎧蝶《よろいちょう》

蝶車《ちょうくるま》

対《むか》い揚羽蝶《あげはちょう》

池田備前蝶《いけだびぜんちょう》

池田《いけだ》三《み》つ蝶《ちょう》

動物紋

雀《すずめ》

雀は、昔から日本人にはなじみ深い鳥だった。突然変異の白雀は瑞鳥《ずいちょう》として珍重され、『日本書紀』には聖武天皇にも献上されたという記述がある。公家に多い家紋で、東京、神奈川、埼玉、京都に多い。

飛《と》び三《さん》羽《わ》雀《すずめ》

三《み》つ集《あつ》め雀《すずめ》

膨《ふく》ら雀《すずめ》

丸《まる》に飛《と》び雀《すずめ》

三《み》つ膨《ふく》ら雀《すずめ》

雲《くも》に飛《と》び雀《すずめ》

動物紋

鹿・鹿角《しか・かづの》

鹿は神の使いとして信仰された。また鹿の角は兜の前立てに使われるなど、武家にも好まれた。鹿の家紋はほぼ見られず、鹿角の家紋がおもに用いられる。図柄は鹿角の枝の有無や数で分けられる。東日本に多い。

割《わ》り角《つの》

丸《まる》に違《ちが》い折《お》れ角《つの》

抱《だ》き角《つの》

楓《かえで》に鹿《しか》

三《み》つ割《わ》り角《つの》

六《む》つ袋角《ふくろつの》

動物紋

鶴《つる》

鶴は、延命長寿や子孫繁栄の瑞鳥であり、また、雌雄2羽そろえば夫婦和合を表す。縁起のよい鳥として文様に使われることも多く、家紋に転用された。1羽の鶴が羽を広げて円形を描く「鶴の丸」、向かいあった2羽が円となる「対い鶴」、折り鶴を図案化したものなど、デザインも変化にとんでいる。

光琳鶴《こうりんつる》の丸《まる》

対《むか》い鶴《つる》

鶴《つる》の丸《まる》

折《お》り鶴《つる》

飛《と》び鶴《つる》

そのほかの動物紋

海老《えび》

海老《えび》の丸《まる》

古来よりめでたい生き物で、家紋は美作《みまさか》国（岡山県北部）の江見氏が用いた。名字に海老、蝦《えび》を含む氏族でも使用された。

鴛鴦《おしどり》

対《むか》い鴛鴦《おしどり》丸《まる》

「鴛」は雄を、「鴦」は雌を指し、雄雌が常に一緒で仲睦まじい姿が好まれ、文様として用いられた。使用家はとても少ない。

尾長鳥《おながどり》

尾長鶏丸《おながとりまる》

家紋の尾長鳥は、実際の尾長鳥の姿とは異なり、鳳凰《ほうおう》紋に似ている。江戸幕府の幕臣小河氏や惟宗《これむね》姓の神保《じんぼう》氏が用いる。

兎《うさぎ》

対《むか》い兎《うさぎ》

『日本書紀』の因幡《いなば》の白兎の神話など、古来より神聖な動物。紋は兎単体のほか、月や波と一緒に描かれることもある。

蟹《かに》

蟹《かに》

固い甲羅とはさみから、武家が使用した紋。海の蟹と川の蟹の２種類がある。愛知県、岐阜県、長野県でみられる。

烏《からす》

烏《からす》

日本神話に登場する八咫烏《やたがらす》は神の使いとして知られ、熊野三山では神聖な存在とされる。和歌山県を中心にみられる。

鷹《たか》

架《か》に鷹《たか》

古代より鷹狩りのため人に飼われ、その勇猛な姿から家紋とし武家が用いた。図柄は止まり木の鷹、羽を広げ円に描かれた鷹など。

鷺《さぎ》

丸《まる》に飛鷺《とびさぎ》

後醍醐天皇が鷺に位を授けた「五位鷺」で知られる水鳥。シラサギ神社などの神紋のほか、小泉八雲が家紋とした。

千鳥《ちどり》

千鳥《ちどり》

海岸や川、湿原に住む鳥で、３本指の脚で砂地をすばやく歩く。飛ぶ姿を三角形で描き、平安時代より文様として多く用いられた。

蜻蛉《とんぼ》

丸《まる》に対《むか》い蜻蛉《とんぼ》

蜻蛉は前に進み続けることから「勝ち虫」と呼ばれ、武士が好んで家紋とした。１～３匹を組み合わせた図柄がある。

鳩《はと》

対《むか》い鳩《ばと》

武神・八幡大菩薩《はちまんだいぼさつ》の使い、勝利のシンボルとして武家に好まれた。「対い鳩」は「鳩の八文字」と八幡神の「八」を掛けたもの。

鳳凰《ほうおう》

鳳凰《ほうおう》の丸《まる》

伝説上の瑞鳥《ずいちょう》で、仏教伝来とともに伝わり、飛鳥・白鳳文化で文様として人気があった。家紋として用いられた例は少ない。

器材紋

錨《いかり》

船の錨を図案化した「錨」は、昔から海運業がさかんな香川県や愛媛県、兵庫県などの瀬戸内海沿岸地方に多い。錨の形状や個数を違えて他家と差別化したり、近世になってからは「海軍錨」の家紋も登場する。

錨《いかり》

二《ふた》つ錨《いかり》

三《み》つ錨《いかり》

海《かい》軍《ぐん》錨《いかり》

綱《つな》付《つ》き錨《いかり》

錨《いかり》丸《まる》

器材紋

笠《かさ》

雨具や日除けの道具である笠をモチーフにした紋を、物部氏族の末裔《まつえい》たちが家紋として用いるようになる。一族が神職として全国各地に移住し、分布が広がった。特に高橋氏が笠紋のうち7割を用いる。多くは女性が被る市女《いちめ》笠《がさ》だが、ほかにも編笠や陣笠などを図案化したものもみうけられる。

笠《かさ》

建《たけ》部《べ》笠《かさ》

二《に》蓋《がい》笠《かさ》

二《に》階《かい》笠《かさ》

唐《とう》人《じん》笠《かさ》

器材紋

祇園守《ぎおんまもり》

祇園守とは八坂神社の発行する護符のこと。2本の巻物が十字に描かれていることで、江戸時代には多くの隠れキリシタンが家紋に使い、十字架に見立てて祈ったという説もある。巻物があるものとないものがあり、銀杏の葉や扇子などを組み合わせて、さまざまなデザインの紋が作られている。

祇《ぎ》園《おん》守《まもり》

柳《やな》川《がわ》守《まもり》

立《たち》花《ばな》守《まもり》

筒《つつ》守《まもり》菱《ひし》

御《お》札《ふだ》守《まもり》丸《まる》

器材紋

団扇《うちわ》

道教の八仙、鍾離権《しょうりけん》の団扇には死者を蘇らせる神通力があり、その瑞祥的な意義から文様になったという。武蔵七党児玉党の武士団が団扇を家紋として用い、児玉党の血族が大いに栄えて団扇紋も全国に広がった。現在も児玉党の本拠だった埼玉県や群馬県には多い紋である。

三《み》つ団扇《うちわ》

房《ふさ》付《つ》き団扇《うちわ》

丸《まる》に一《ひと》つ団扇《うちわ》

奥平《おくだいら》団扇《うちわ》

桑《くわ》名《な》団扇《うちわ》

軍配《ぐんばい》唐《とう》団扇《うちわ》

鷹《たか》の羽《は》団扇《うちわ》

三《み》つ割《わ》り羽《は》団扇《うちわ》

羽《はね》団扇《うちわ》

三《み》つ割《わ》り房《ふさ》付《つ》き唐《とう》団扇《うちわ》

器材紋

扇《おうぎ》

扇や扇子も武家には好まれた紋のひとつ。広げた状態、畳んだ状態、地紙に月の丸や文字を描いたものなど、バリエーションも変化にとんでいる。戦国大名・佐竹氏の「佐竹扇(五本骨に日の丸)」が有名。現在は九州や四国、京阪神地方でよく見かける家紋である。

三《み》つ反《そ》り扇《おうぎ》

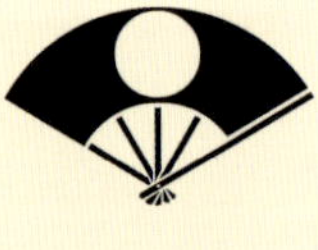
佐《さ》竹《たけ》扇《おうぎ》

五《ご》本《ほん》骨《ほね》扇《おうぎ》

浅《あさ》野《の》扇《おうぎ》

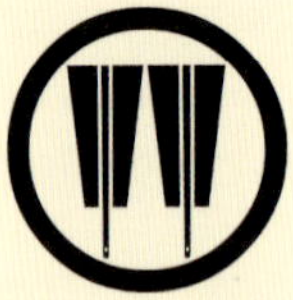
丸《まる》に並《なら》び扇《おうぎ》

違《ちが》い扇《おうぎ》

五《いつ》つ捻《ね》じ扇《おうぎ》

檜《ひ》扇《おうぎ》

扇《おうぎ》落《お》とし

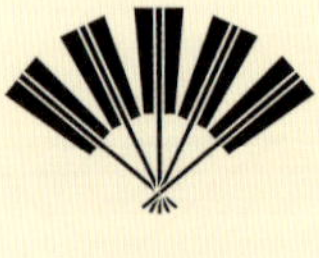
五《ご》本《ほん》束《たば》ね扇《おうぎ》

器材紋

杏葉《ぎょうよう》

杏葉は、馬の装飾や、鎧の肩当てにつけた武具で、古くから大陸でも使われた。茗荷《みょうが》紋に似ているが、杏葉紋は花や葉脈を描かない。公家では中御門家や持明院家など、武家では豊後（大分県）の大友氏などが用いた。家紋としては2枚の葉が向かい合う「抱き」が多い。九州の北部に集中している。

抱《だ》き花杏葉《はなぎょうよう》

鍋島杏葉《なべしまぎょうよう》

丸《まる》に違《ちが》い花杏葉《はなぎょうよう》

三《み》つ割《わ》り杏葉《ぎょうよう》

高野《たかの》杏葉《ぎょうよう》

器材紋

釘抜《くぎぬき》

釘抜は「九城《くき》を抜く」の語呂合わせで、武士は勝運を呼ぶ家紋として用いた。95％の紋が釘を抜いた座金《ざがね》をモチーフとしたもの。江戸時代には久留米藩有馬家、飯田藩堀家など用いる大名家も多く、広く全国に普及した。

釘抜《くぎぬき》

違《ちが》い釘抜《くぎぬき》

重《かさ》ね釘抜《くぎぬき》

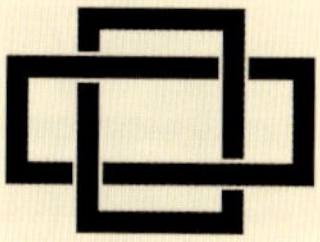

釘抜崩《くぎぬきくず》し

釘抜《くぎぬき》に梃子《てこ》

丸《まる》に一挺釘抜《いっちょうくぎぬき》

器材紋

蛇の目《じゃのめ》

予備の弓弦《ゆみづる》を巻いておく籐製の輪、弦巻《つるまき》を図案化したもの。蛇の目に似ており、この名で呼ばれた。シンプルな意匠は戦場の目印に適し、尚武的な意義で、個数や配列などを違えたさまざまな家紋が生まれた。江戸時代は幕臣の家紋にも多く使われた。現在は愛知、岐阜など東海地方でよく目にする。

蛇《じゃ》の目《め》

三《み》つ盛《も》り蛇《じゃ》の目《め》

三《み》つ剣蛇《けんじゃ》の目《め》

蛇《じゃ》の目《め》九曜《くよう》

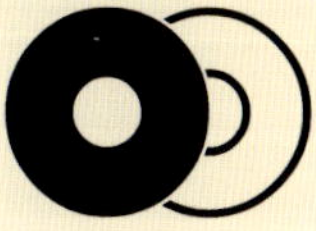

比翼蛇《ひよくじゃ》の目《め》

器材紋

車《くるま》

公家の用いた御所車の車輪を文様としたもの。秀郷流佐藤氏で用いられ、伊勢神宮の外宮の外宮《げくう》の神官となった一族が外宮奉献の白布についていた車輪紋を家紋とした。もっとも多い名字、佐藤氏が用いたことで全国に普及。

源氏車《げんじぐるま》

生駒車《いこまくるま》

榊原車《さかきばらくるま》

陰源氏車《かげげんじぐるま》

三《み》つ割《わ》り重《かさ》ね源氏車《げんじくるま》

源氏車《げんじぐるま》に矢《や》

器材紋

琴柱《ことじ》

琴柱は琴の音階を調節する道具。室町時代中期、馬に押す烙印の紋章に使われるようになる。家紋としては「丸に琴柱」が基本形。個数や配列を違え、他の紋と組み合わせるなどのバリエーションがある。東北地方に多い家紋。

丸《まる》に琴柱《ことじ》

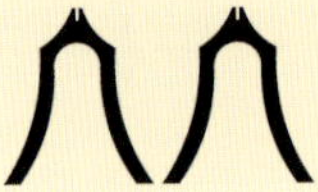

並《なら》び琴柱《ことじ》

五《いつ》つ琴柱《ことじ》

三《み》つ琴柱《ことじ》の丸《まる》

三《み》つ組《く》み琴柱《ことじ》

丸《まる》に三《み》つ琴《こと》の爪《つめ》

器材紋

地紙《ちがみ》

地紙は扇に貼る紙のこと。扇紋のバリエーションとして生まれた家紋で、末広がりの形から瑞祥的な意義をもつ家紋。地紙の上に他の紋を描くデザインが多い。全国的に分布するが、西日本にやや多い。

丸《まる》に地紙《じがみ》

陰陽重《いんようかさ》ね地紙《じがみ》

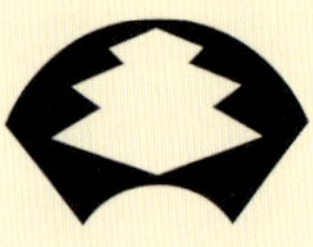

地紙《じがみ》に三階菱《さんかいびし》

地紙《ちがみ》に地抜《じぬ》き巴《ともえ》

丸《まる》に頭合《かしらあ》わせ三《み》つ地紙《じがみ》

細輪《ほそわ》に地紙《じがみ》に蔦《つた》

器材紋

鷹の羽《たかのは》

矢羽根に使う鷹の羽は、重要な戦略物資である。それだけに早い時期から紋章化され、武家の家紋として使われていた。図柄には1～13枚までの組み合わせがあり、江戸時代には庶民にも普及した。現在も使用する家が多く、五大家紋のひとつに数えられる。

抱《だ》き鷹《たか》の羽《は》

浅野《あさの》鷹《たか》の羽《は》

違《ちが》い鷹《たか》の羽《は》

並《なら》び鷹《たか》の羽《は》

違《ちが》い割《わ》り鷹《たか》の羽《は》

一《ひと》つ折《お》れ鷹《たか》の羽《は》丸《まる》

井上《いのうえ》鷹《たか》の羽《は》

三《み》つ違《ちが》い鷹《たか》の羽《は》

五《いつ》つ鷹《たか》の羽《は》丸《まる》に違《ちが》い鷹《たか》の羽《は》

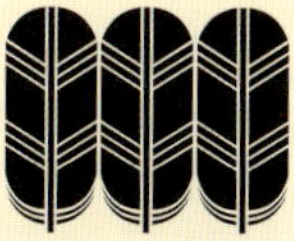
三《み》つ並《なら》び鷹《たか》の羽《は》

器材紋

矢《や》

矢は悪鬼を討つ破魔矢《はまや》として呪術にも用いられてきた。家を守るという信仰的な意味にくわえて、武士にはなじみ深い兵器でもあり、家紋に使う家は多い。矢の全体像だけではなく、矢尻、矢羽根などの部位を図案化したものなどもあり、紋の種類も豊富である。

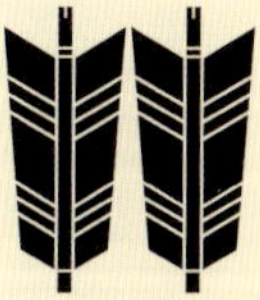
並《なら》び矢《や》

一《ひと》つ先割《さきわ》れ矢《や》

一《ひと》つ矢《や》

矢尻付《やじりつ》き違《ちが》い矢《や》

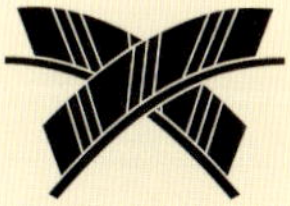
割《わ》り違《ちが》い矢《や》

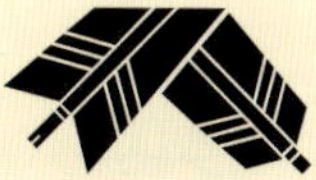
折《お》れ矢《や》

丸《まる》に横並《よこなら》び切《き》り竹矢筈《たけやはず》

違《ちが》い矢筈《やはず》

三本束《さんほんたば》ね矢《や》

十二本矢車《じゅうにほんやぐるま》

器材紋

打板《ちょうばん》

打板とは銅製の打楽器のこと。禅宗寺院で起床や食事の合図に使われていた。武士には禅宗に帰依《きえ》する者が多く、図案化されて家紋としても使われた。雲形の渦と上部に吊るすための穴があるのが特徴。甲斐源氏に打板の家紋が多く、山梨県、長野県、静岡県、埼玉県、東京都など関東地方に多い。

打板《ちょうばん》

三《み》つ盛《も》り打板《ちょうばん》

小《こ》菅《すげ》打板《ちょうばん》

団扇《うちわ》打板《ちょうばん》

釣《つ》り打板《ちょうばん》

器材紋

分銅《ふんどう》

金銀を計測する重量計測の重りで、家紋としては比較的新しい部類。貨幣経済が発展した江戸時代には、両替商の看板などに分銅を描いた看板が掲げられ、商人が用いたとみられる。兵庫、大阪、徳島などに分布。

分銅《ふんどう》

並《なら》び分銅《ふんどう》

花《はな》分銅《ふんどう》

五《いつ》つ捻《ね》じ分銅《ふんどう》

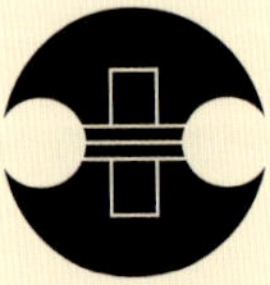

宝《たから》分銅《ふんどう》

五《いつ》つ分銅《ふんどう》

建造紋

井筒・井桁《いづつ・いげた》

井戸を囲む木組みのことで、その形状から「井筒」「井桁」と呼ばれる。水の湧く場所は神聖視され、信仰的な意義で文様に用いられた。また名字に「井」の字を含む家も使用した。圧倒的に静岡に多く、使用率は1割超。

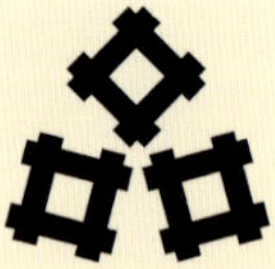

三《み》つ寄《よ》せ井筒《いづつ》

花形《はながた》井筒《いづつ》

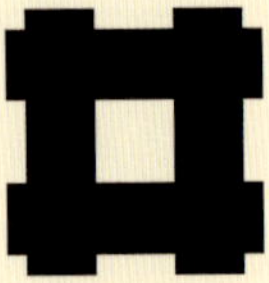

平《ひら》井筒《いづつ》

井桁《いげた》

違《ちが》い井桁《いげた》

三《み》つ井桁《いげた》

そのほかの器材紋

赤鳥《あかとり》

赤鳥《あかとり》

今川氏が考案した赤鳥紋は、馬櫛《うまぐし》（馬の毛梳《けす》き用の櫛）であるといわれる。たいていは替紋として使用される。

庵《いおり》

庵木瓜《いおりもっこう》

草木で作った質素な小屋で、風流な家として好まれた。ほかの紋と組み合わせて用い、庵紋の半数が「庵木瓜」であるという。

櫂《かい》

丸《まる》に違《ちが》い櫂《かい》

漕いで船を進める道具で室町時代から文様に描かれた。海運など海に関連のある家が用いたという。大阪府、徳島県、宮城県に多い。

垣《かき》

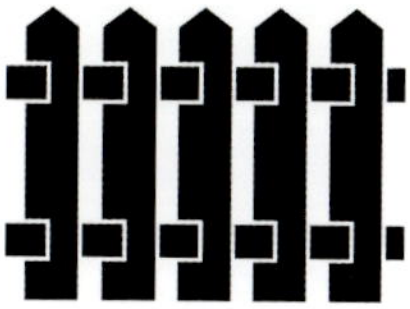

玉垣《たまがき》

俗世と神聖な区域を隔てるもので、瑞籬《みずがき》、玉垣《たまがき》などといわれる家紋は神社で見られる木製の垣根がベース。愛知県で多く見られる。

釜敷《かましき》

七《なな》つ釜敷《かましき》

火から下ろした鍋釜の下に敷く道具。幾何学的な形を家紋に用いた。３つ以上の輪の組み合わせで使用され、使用家は児島氏など。

轡《くつわ》

轡《くつわ》

馬を操るため、馬の口に装着する金属でできた輪状の馬具。キリストの十字架を隠し持つための家紋としても使用した。

久留子《くるす》

内田《うちだ》久留子《くるす》

別名十字架紋。キリスト教伝来で使用家が増えたが、禁教令で使用が禁止され、ほかの紋と組み合わせて使った。

洲浜《すはま》

洲浜《すはま》

浜辺にできる島型の洲を指すが、文様は中国蓬莱山《ほうらいさん》を模した台（洲浜台）がモチーフとなった。縁起物のため家紋となった。

銭《ぜに》

永楽銭《えいらくせん》

通貨をかたどった紋。最初は無文銭のデザインが使われたが、しだいに文字入りの有文銭が増えた。長野県と隣接する県に多い。

槌《つち》

六《む》つ槌車《つちくるま》

物をたたく道具。本来は水車の紋が、誤って槌車と呼ばれているものが多い。また小槌は、縁起物の打ち出の小槌にちなむ家紋である。

熨斗《のし》

熨斗《のし》の丸《まる》

熨斗鮑《のしあわび》のことで、アワビの肉を薄く削ぎ延ばして乾燥させたもの。「のし」は延寿に通じる縁起物として家紋に用いられた。

輪宝《りんぼう》

輪宝《りんぼう》

輪宝は寺院のシンボルで、仏教伝来とともに仏具として伝わった。仏教に関する家紋で、寺紋として多く用いる。

文字紋

文字《もじ》

文字を紋章化したもの。使用される文字が多いことにくわえ、書体や文字数の違いもあり、バリエーションはもっとも豊富な家紋といえる。村上水軍の一族が用いた「上の字」、宇喜多家の「児文字」などが有名。また、島津家の「十の字」も文字紋に分類される。

丸《まる》に十《じゅう》の字《じ》

一《いち》番《ばん》文《も》字《じ》

一《いち》文《もん》字《じ》

細輪《ほそわ》に利《り》の字《じ》

丸《まる》に本《ほん》の字《じ》

丸《まる》に大《だい》の字《じ》

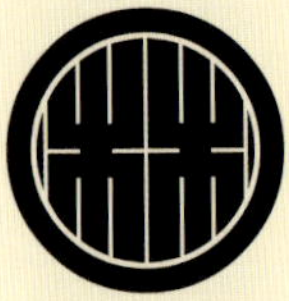
丸《まる》に林《はやし》文《も》字《じ》

丸《まる》に南《みなみ》の字《じ》

丸《まる》に小《こ》の字《じ》

丸《まる》に上《うえ》の字《じ》

児《こ》文《も》字《じ》

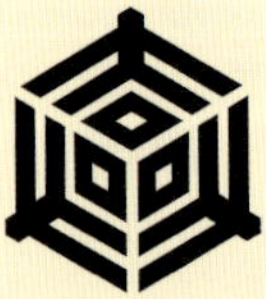
尻合《しりあ》わせ吉《きち》の字《じ》亀甲《きっこう》

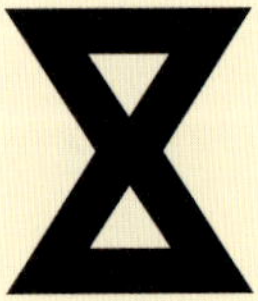
五《ご》の字《じ》

三《み》つ大《だい》の字《じ》

岩《いわ》の字《じ》丸《まる》

丸《まる》に山《やま》の字《じ》

巴《ともえ》の字《じ》桐《きり》

丸《まる》に無《む》の字《じ》

百《ひゃく》の字《じ》

大《だい》一《いち》大《だい》万《まん》大《だい》吉《きち》

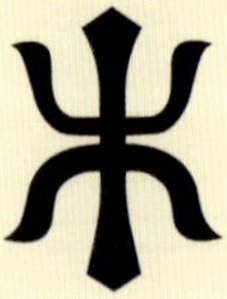
木《き》の字《じ》

大《だい》の字《じ》桔梗《ききょう》

丸《まる》の字《じ》（旭《あさひ》の字《じ》）

葵《あおい》の字《じ》

変《かわ》り剣《けん》山《やま》の丸《まる》

文様紋

石《いし》

石畳《いしだたみ》紋とも呼ばれ、大半は庭や玄関先の石畳を図案化したものである。平安時代から紋として採用され、1～16個まで個数や配置で豊富なバリエーションが生まれた。江戸時代には60余家の幕臣が家紋としており、小笠原姓が多い岩手県、青森県に多く、長野、静岡、関東地方などでよくみられる。

丸《まる》に一《ひと》つ石《いし》

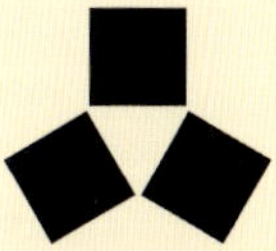
三《み》つ角合《かどあ》わせ石《いし》

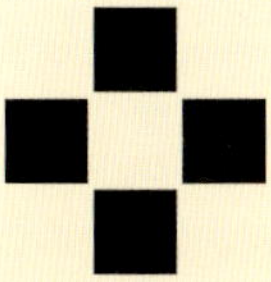
四《よ》つ石《いし》

四《よ》つ捻《ね》じ石《いし》

繋《つな》ぎ九《ここの》つ石《いし》

文様紋

稲妻《いなづま》

稲妻は古代から神秘的な自然現象として、人々の関心も強くさまざまな文様が作られ、装飾などに使われた。四角形の渦巻が基本形で、角の数を違えたり数個を組み合わせるなどの種類がある。大分県に多い。

角立《かくた》て稲妻《いなづま》

稲妻菱《いなづまひし》

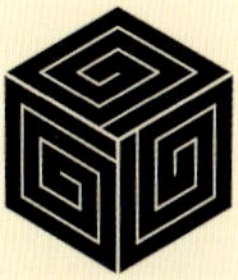
三《み》つ稲妻菱《いなづまひし》

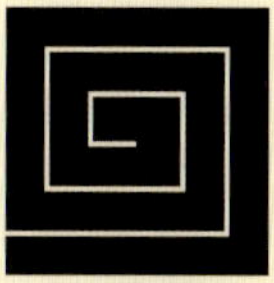
平稲妻《ひらいなづま》

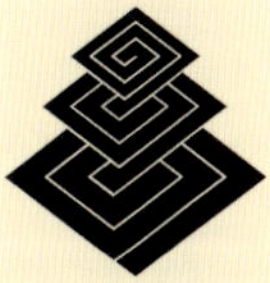
三階稲妻菱《さんかいいなづまひし》

稲光《いなびかり》四《よ》つ稲妻《いなづま》

文様紋

鱗《うろこ》

鱗には魔除けの効果があるといわれる。古代の壁画にも、三角形を組み合わせた鱗の文様を見ることができる。鎌倉幕府執権の北条家が家紋に使い、後北条氏が継承した。もっとも多いのは大分県、福岡県で、後北条氏が本拠とした神奈川県、後北条ゆかりの三重県、和歌山県、大阪府などに多い。

一《ひと》つ鱗《うろこ》

北条鱗《ほうじょううろこ》

剣三《けんみ》つ鱗《うろこ》

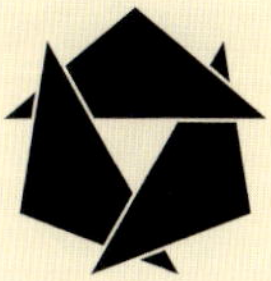
三《み》つ組《く》み合《あ》わせ鱗《うろこ》

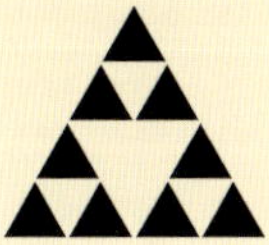
三《み》つ盛《も》り三《み》つ鱗《うろこ》

文様紋

唐花《からはな》

中国から伝来した文様。平安時代に和風にアレンジされ、公家の装束や調度品に付けられる。3〜6弁を組み合わせて使われた。4弁で構成されるものは「花菱」「花角」と呼ばれ、よく目にする紋のひとつ。四国や九州、奈良県など西日本に多い家紋である。

三《み》つ割《わ》り唐花《からはな》

剣《けん》唐花《からはな》

唐花《からはな》

花角《はなかく》

織田《おだ》唐花《からはな》

裏《うら》唐花《からはな》

四《よ》つ花角《はなかく》

四《よ》つ割《わ》り花角《はなかく》

三条花角《さんじょうはなかく》

剣花角《けんはなかく》

文様紋

亀甲《きっこう》

占いなどに用いられ、昔から人々にはなじみがある。長寿の亀にあやかろうと、衣裳や調度品の文様にも使用された。出雲大社は神紋に「亀甲に剣花角」を用い、島根県には使用家が多い。六角形の外郭を変化させたり、個数と配列を違えるなどして無数の紋が考案されている。

亀甲《きっこう》に剣花菱《けんはなびし》

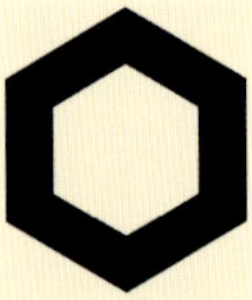
一重《ひとえ》亀甲《きっこう》

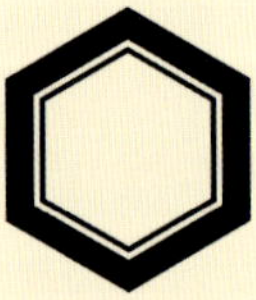
亀甲《きっこう》

三《み》つ盛《も》り亀甲《きっこう》に剣花菱《けんはなびし》

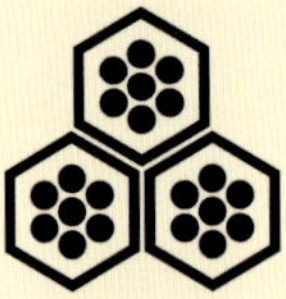
六郷《ろくごう》亀甲《きっこう》

亀甲《きっこう》に花角《はなかく》

三《み》つ割《わ》り亀甲《きっこう》に花菱《はなびし》

花亀甲崩《はなきっこうくず》し

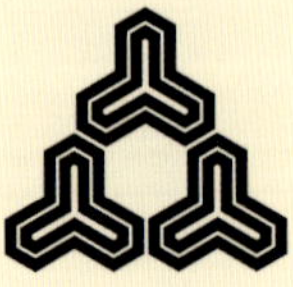
毘沙門亀甲《びしゃもんきっこう》

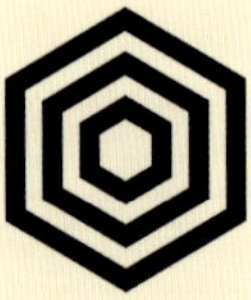
子持《こも》ち亀甲《きっこう》

図符紋

源氏香《げんじこう》

5種類の香木《こうぼく》を並べて焚く香道の楽しみ方を源氏香と呼び、それを図案化したもの。江戸時代初期に考案され、紋家紋となったのもそれ以降のこと。家紋としての種類は豊富だが、家紋として使用が確認できるのは8種類。

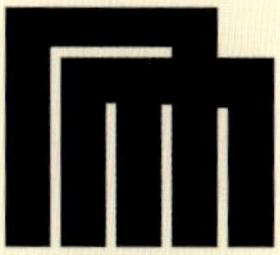
胡蝶《こちょう》

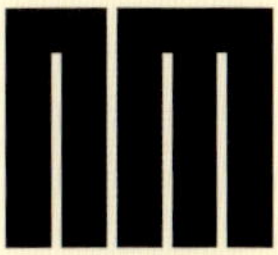
玉鬘《たまかずら》

野分《のわき》

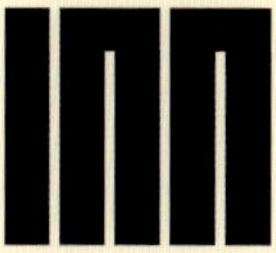
若紫《わかむらさき》

桐壺《きりつぼ》

花散里《はなちるさと》

文様紋

七宝《しっぽう》

正倉院の所蔵品にもみられる文様で、平安時代には貴族たちの牛車《ぎっしゃ》の紋に使われるようになる。室町幕府重臣の高師直《こうのもろなお》が旗印に用いたことで、武家の家紋としても定着した。西日本各地で比較的よく目にする。

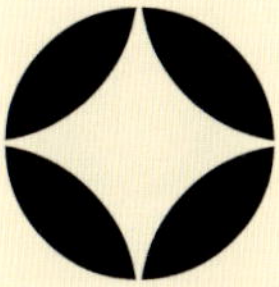
七宝《しっぽう》

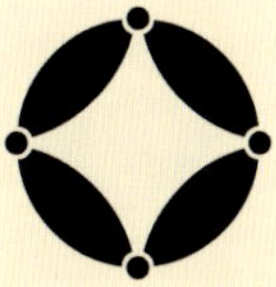
星付《ほしつ》き七宝《しっぽう》

大岡七宝《おおおかしっぽう》

七宝《しっぽう》に花菱《はなびし》

持《も》ち合《あ》い三《み》つ七宝《しっぽう》

持《も》ち合《あ》い四《よ》つ七宝《しっぽう》に花角《はなかく》

図符紋

輪鼓《りゅうご》

独楽《こま》の一種でほかの独楽とは違い空中で回転させる。形状が鼓に似ていることからこの名がついた。単純な文様が好まれ、嵯峨源氏や桓武平氏の一部が家紋に使うようになる。江戸時代の幕臣では内藤氏、滝氏が用いた。

輪鼓《りゅうご》

並《なら》び輪鼓《りゅうご》

三《み》つ輪鼓《りゅうご》

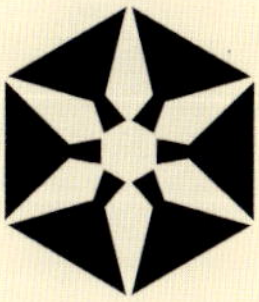
亀甲輪鼓《きっこうりゅうご》

三《み》つ盛《も》り輪鼓《りゅうご》

輪鼓《りゅうご》に手鞠《てまり》

文様紋

巴《ともえ》

巴紋の発祥は定かではないが、古代から世界各地に似た文様がある。日本でも縄文時代にはすでに存在し、平安時代には公家の紋として普及した。武家では下野（栃木県）宇都宮氏の一族が多く用い、江戸時代には幕臣約３５０家が用いた。現在も日本中に広く分布している。

対《むか》い巴《ともえ》

左《ひだり》二《ふた》つ巴《ともえ》

右《みぎ》一《ひと》つ巴《ともえ》

結《むす》び巴《ともえ》

有馬《ありま》巴《ともえ》

右《みぎ》三《み》つ巴《ともえ》

九曜《くよう》巴《ともえ》

台《だい》巴《ともえ》

左《ひだり》渦《うず》巻《ま》き巴《ともえ》

右《みぎ》五《いつ》つ巴《ともえ》

文様紋

花菱《はなびし》

唐花《からはな》紋をアレンジしたもので、４枚の唐花を菱形に並べたものが基本形。平安時代は装束や調度品の装飾に使われた。家紋となったあと、さまざまな変化をくわえて種類を増やし、花菱紋は、唐花紋から独立したひとつの家紋として認知されるようにもなった。

蔓《つる》に花菱《はなびし》

丸《まる》に剣《けん》花菱《はなびし》

花菱《はなびし》

柳沢《やなぎさわ》花菱《はなびし》

三《み》つ盛《も》り花菱《はなびし》

菱《ひし》に覗《のぞ》き花菱《はなびし》

杏葉《ぎょうよう》花菱《はなびし》

隅立《すみた》て四《よ》つ割《わ》り花菱《はなびし》

三《み》つ花菱《はなびし》

二《ふた》つ割《わ》り花菱《はなびし》

文様紋

引両《ひきりょう》

「引両」は線を引いただけの単純な文様。武家が戦場の旗印に使い、やがて家紋として定着する。足利氏一族の「丸に二つ引」や新田氏の「新田一つ引」が有名。線の本数や引両の数、形状などを違えて種類は多様。関東から東北地方にかけて多くみられる。

丸《まる》に二《ふた》つ引《ひき》

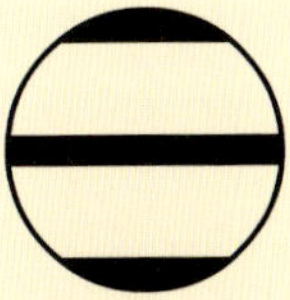
足利《あしかが》二《ふた》つ引《ひき》

揃《そろ》い二《ふた》つ引《ひき》

丸《まる》に揃《そろ》い二《ふた》つ引《ひき》

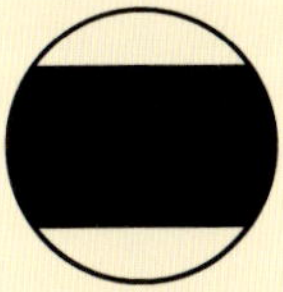
大中黒《おおなかぐろ》

新田《にった》一《ひと》つ引《ひき》

喰《く》い違《ちが》い七引《ななひき》

分部《わけべ》三《み》つ引《ひき》

丸《まる》に竪《たて》三《み》つ引《ひき》

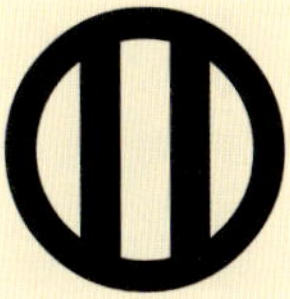
丸《まる》に竪《たて》二《ふた》つ引《ひき》

文様紋

菱《ひし》

古代から世界中にみられた文様。1～16の菱を組合せ、配列や置き方を違えて、多くの種類の家紋が考案されている。甲斐源氏や信濃源氏一族に多い紋で武田家の「割菱」、小笠原家の「三階菱」などが有名。江戸時代には幕臣150余の家紋に使われた。

武田菱《たけだびし》

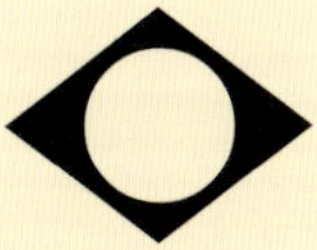
鉄砲菱《てっぽうびし》

菱持《ひしもち》

三階菱《さんかいびし》

四《よ》つ重《かさ》ね菱《ひし》

三《み》つ盛《も》り菱《びし》

米倉菱《よねくらびし》

松皮菱《まつかわびし》

大内菱《おおうちびし》

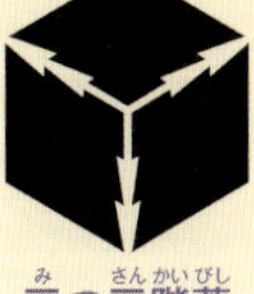
三《み》つ三階菱《さんかいびし》

文様紋

目結《めゆい》

布を糸で括って染めると、白く染め残る個所ができる。これを「目結」と呼んで文様化したもの。近江源氏の佐々木氏が「四つ目結」を家紋に使い、諸国に広まった。配列や他の紋との組み合せにより多くの紋が作られ、江戸時代には、大名家や旗本を問わず多くの家で用いられた。

隅《すみ》立《た》て一《ひと》つ目《め》

三《み》つ目《め》

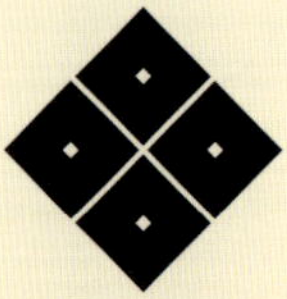
隅《すみ》立《た》て四《よ》つ目《め》

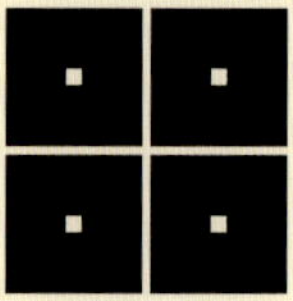
平《ひら》四《よ》つ目《め》

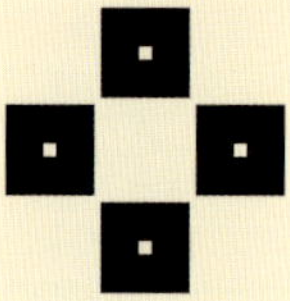
市松《いちまつ》四《よ》つ目《め》

糸輪《いとわ》に割《わ》り四《よ》つ目《め》

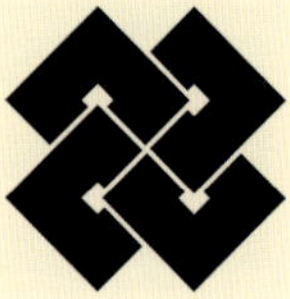
捻《ね》じ四《よ》つ目《め》

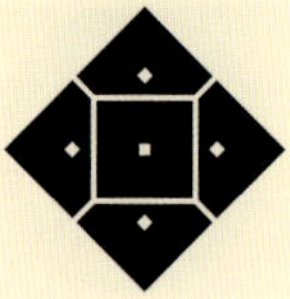
重《かさ》ね五《いつ》つ目《め》

陰陽《いんよう》繋《つな》ぎ九《ここの》つ目《め》

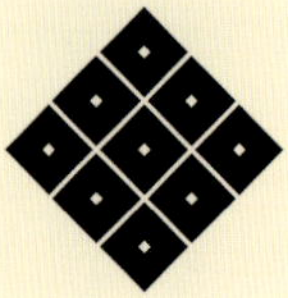
九《ここの》つ目《め》

文様紋

木瓜《もっこう》

中国で官服などに付いていた文様が、日本に伝わり社殿の御簾にあしらわれるようになる。それを家紋として多く家が取り入れ、さまざまな種類の木瓜紋が考案された。他の紋と組み合わせることも多い。五大紋のひとつ。北陸地方や東北地方に多くみられる。

木瓜《もっこう》

剣木瓜《けんもっこう》

石持《こくも》ち地抜《じぬ》き木瓜《もっこう》

堀田《ほった》木瓜《もっこう》

雲《くも》木瓜《もっこう》

三《み》つ盛《も》り木瓜《もっこう》

割《わ》り木瓜《もっこう》

三《み》つ割《わ》り木瓜《もっこう》

徳大寺《とくだいじ》木瓜《もっこう》

中津《なかつ》木瓜《もっこう》

天文紋

月星《つきほし》

北極星と北斗七星を神格化した妙見《みょうけん》信仰と深く関わる家紋。平安時代には旅の安全を守護する紋として使われ、関東に移住した桓武平氏千葉氏一族の家紋となる。江戸時代も多くの武家の家紋となり、幕臣200余家が使っていた。現在も発祥地の千葉県や宮城県には多い。

黒田《くろだ》月《つき》に水《みず》

月《つき》に北斗星《ほくとせい》

月星《つきほし》

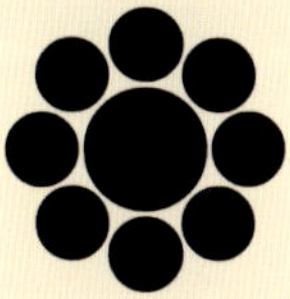
九曜《くよう》

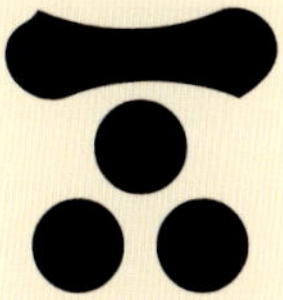
一文字《いちもんじ》三《み》つ星《ほし》

土星《どせい》

剣《けん》四《よ》つ星《ほし》

割《わ》り九曜《くよう》

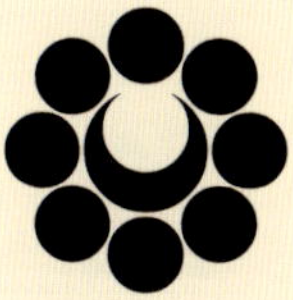
八曜《はちよう》に月《つき》

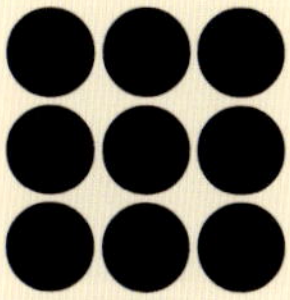
角九曜《かくくよう》

天文紋

浪《なみ》

古くから絵巻物などでよく見かける文様だが、家紋としては少数派である。また、常陸国（茨城県）で勢力があった大掾《だいじょう》氏の一族、小栗氏が用い、戦国武将、斎藤道三の肖像画に描かれる二頭立浪は有名。現在は茨城県や千葉県、愛知県などで多くみられる。

立《た》ち浪《なみ》

対《むか》い浪《なみ》

丸《まる》に青海波《せいがいは》

浪《なみ》の丸《まる》

三《み》つ浪巴《なみともえ》

浪巴《なみともえ》

二頭立浪《にとうたつなみ》

松田浪《まつだなみ》

竹生島浪《ちくぶしまなみ》

渦巻《うずま》き浪《なみ》

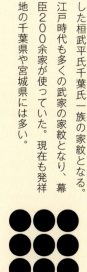

天文紋

雲《くも》

雲は雨を呼び、五穀豊穣《ごこくほうじょう》をもたらす縁起のよいものとして、文様に使われた。しかし、家紋として使う家は稀で、かなり珍しい家紋である。寺社の紋として武蔵国一宮氷川神社や京都の東寺が用いている。

一《ひと》つ雲《くも》

雨雲《あまぐも》

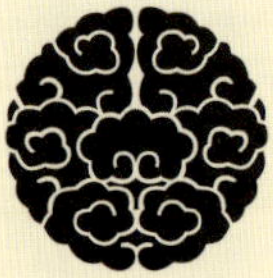
興正寺《こうしょうじ》雲《くも》

半月《はんげつ》に雲《くも》

五《いつ》つ雲《くも》

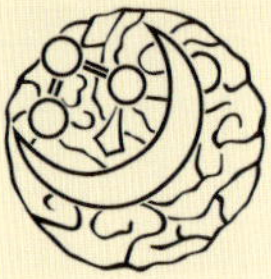
総《そう》陰《かげ》月《つき》北斗《ほくと》星《せい》

天文紋

山《やま》

古代からの山岳信仰が、日本人に山を神聖視する思考を根付かせた。山紋は富士山などの形状をリアルに描いたものと、山をイメージした単純な三角線に大別される。名字に「山」がつく家に使用が多い。

山《やま》に霞《かすみ》

青木《あおき》富士《ふじ》の山《やま》

三《み》つ遠山《とおやま》

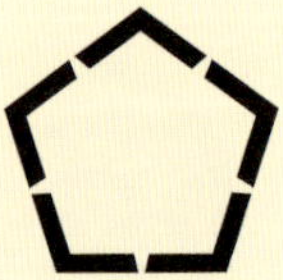
五角《ごかく》山形《やまがた》

違《ちが》い山形《やまがた》

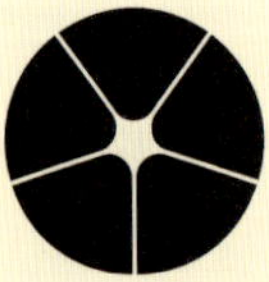
五《いつ》つ山《やま》

天文紋

雪《ゆき》

昔から、雪は豊作の前兆として喜ばれ、貴族から庶民まで広い階層に親しまれてきた自然現象である。室町時代に雪が積もる様や雪の結晶などが文様化され、江戸時代中期には雪輪の文様も登場する。家紋としては少数派。

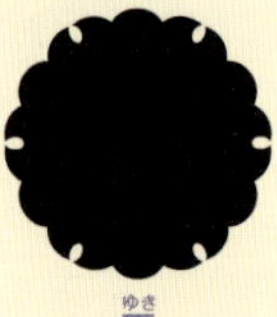
雪《ゆき》

雪菱《ゆきびし》

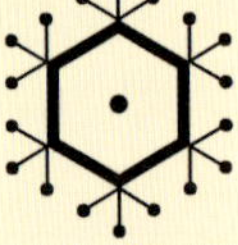
氷柱《つらら》雪《ゆき》

雪輪《ゆきわ》に覗《のぞ》き五瓜《ごか》

春風《はるかぜ》雪《ゆき》

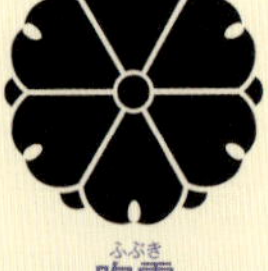
吹雪《ふぶき》

そのほかの文様・図符・天文紋

安倍晴明判《あべのせいめいばん》

安倍晴明判《あべのせいめいばん》

平安時代の陰陽師、安倍晴明が用いた魔除けの呪符の印を文様化したもの。晴明桔梗、五芒星とも呼ぶ。岐阜県、滋賀県に分布。

網《あみ》

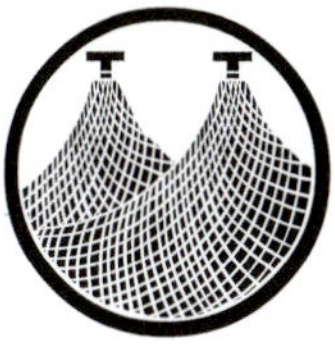

丸《まる》に二《ふた》つ干網《ほしあみ》

網紋は漁業に使う網をデザイン化したもので、網干《あぼし》文様とも呼ぶ。浅草神社が用いるほか、福島県の氏族菅井氏も使用。

角《かく》

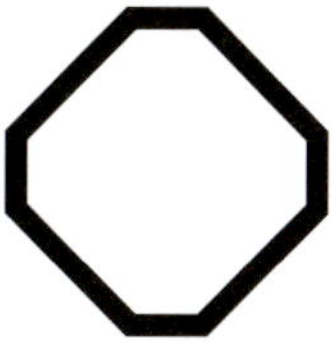

隅《すみ》切《き》り角《かく》

幾何学的な方形の紋。別の紋と組み合わせて用いる。４～８角の形で、角を切り落とした「隅切り」などバリエーションがある。

籠目《かごめ》

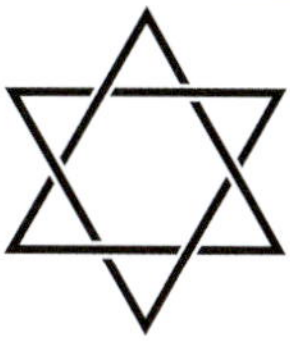

籠目《かごめ》

竹で編んだ籠の網目に似た文様。籠目文様は魔除けの図符として古来より用いられ、宗教的な意義から家紋にもなった。

太極図《たいきょくず》

陰陽《いんよう》勾玉《まがたま》巴《ともえ》

太極とは究極の根源を指す言葉。太極思想は儒教に取り入れられ、江戸時代、儒学を学ぶ学者や医者の家紋に用いられた。

麻《あさ》

麻《あさ》の葉《は》

星形の連続文様が麻の葉に似ていることから麻紋となった。大掾《だいじょう》氏族の麻生《あそう》氏など、「麻」の字を含む名字に多い。

村濃《むらご》

畠山村濃《はたけやまむらご》

まだら模様の染め方（「村濃」はまだらという意味）。村濃紋は畠山重忠が源頼朝から贈られたことで有名。現代に伝わるのは２種類。

輪違《わちが》い

輪違《わちが》い

２つ以上の輪を組み合わせた幾何学的な文様。２つの輪は仏教の金剛界と胎蔵《たいぞう》界の両界曼荼羅《まんだら》を表しているという。

輪《わ》

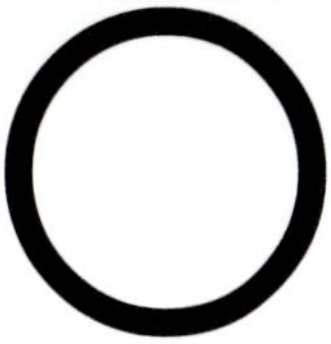

丸輪《まるわ》

幾何学的な円形の紋。単独で用いるよりも、本家と分家を明確にするため、別の紋と組み合わせて用いることが多い。

直違《すじかい》

太直違《ふとすじかい》

直違は建築物の柱と柱の間に入れる補強材で、魔除けの呪符をかたどった家紋。神奈川、大阪、福島で見られる。

日足《ひあし》

六《む》つ日足《ひあし》

円は太陽を表し、放射線状に日光を描いた紋。九州の龍造寺氏の家紋として有名。日光の光芒の線は４～16本。使用家は九州が多い。

水《みず》

水《みず》に楓《かえで》

水紋は水流をかたどったもの。能楽観世《かんせ》家が使う文様である観世水が有名。水紋のほとんどは安田氏、保田氏が用いる。

監修者 **高澤 等**（たかさわ ひとし）【家紋監修】

日本の歴史研究家。日本家紋研究会会長。学生時代より家紋収集を始め、実証的な家紋研究を行う。『ブラタモリ』『ファミリーヒストリー』（ともにNHK総合）などに出演。著書多数。

監修者 **森岡 浩**（もりおか ひろし）【名字監修】

姓氏研究家。学生時代から名字の研究を始め、文献だけにとらわれない実証的な研究を続けている。『ネーミングバラエティー 日本人のおなまえっ!』（NHK 総合）などに出演。ほか、著書多数。

イラスト	桔川 伸
デザイン	櫻井ミチ
DTP	櫻井ミチ、センターメディア
校閲	西進社
執筆協力	青山 誠、三浦茂子
編集協力	堀内直哉

※本書の家紋は、『家紋大全』（マツイシステム刊）より使用しました。

決定版《けっていばん》 面白《おもしろ》いほどよくわかる！ 家紋《かもん》と名字《みょうじ》

監修者	高澤 等、森岡 浩
発行者	若松和紀
発行所	株式会社 西東社
	〒113-0034 東京都文京区湯島2-3-13
	https://www.seitosha.co.jp/
	電話 03-5800-3120（代）

※本書に記載のない内容のご質問や著者等の連絡先につきましては、お答えできかねます。

ISBN 978-4-7916-2888-9